Aurrera!

THE BASQUE SERIES

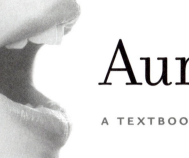

Aurrera!

A TEXTBOOK FOR STUDYING BASQUE

VOLUME 1

Linda White

UNIVERSITY OF NEVADA PRESS

RENO & LAS VEGAS

The Basque Series
University of Nevada Press, Reno, Nevada 89557 USA
Copyright © 2008 by University of Nevada Press
All rights reserved
Manufactured in the United States of America
Design by Kathleen Szawiola

Library of Congress Cataloging-in-Publication Data
White, Linda, 1949–
Aurrera! : a textbook for studying Basque / Linda White.
    p. cm. — (The Basque series)
Includes index.
ISBN 978-0-87417-726-8 (hardcover : alk. paper)
1. Basque language—Textbooks for foreign speakers—English. I. Title. II. Series.
PH5035.W55 2008
499'.9282421—dc22   2008016123

The paper used in this book is a recycled stock made from 30 percent
post-consumer waste materials, certified by FSC, and meets the requirements of
American National Standard for Information Sciences—Permanence of Paper
for Printed Library Materials, ANSI/NISO Z39.48 1992 (R2002).
Binding materials were selected for strength and durability.

FIRST PRINTING
17   16   15   14   13   12   11   10   09   08
5   4   3   2   1

This book is dedicated to
all of my Basque-American friends,
but especially to
Ann Louise Amestoy,
Kate Camino,
and Marc Ugalde.

Contents

Preface

I have written this text for the hyphenated Basques of the world who are more comfortable in English than any other language. They are the descendants of immigrants who started new lives in English-speaking countries, whose families made difficult and practical decisions about which language the children would use in their everyday lives. In my fourteen years as a teacher of Basque at the University of Nevada, Reno, I discovered that a great many of my students shared this experience and wanted to reconnect through language to their older relatives and the culture of their people back in Euskadi. This book is intended to give the children, grandchildren, and great-grandchildren of those immigrants the opportunity to acquire a basic familiarity with the language of their ancestors.

The book is designed to be used either in a classroom setting or by an individual studying independently. Each lesson covers some fundamentals of the language and reinforces the lesson with written and oral exercises. In a classroom, the presence of a skilled teacher will enhance the learning experience. For individuals who have no access to classroom instruction and who may be a bit rusty about grammatical terminology, I have made a point of explaining concepts and terms in clear everyday language. Such independent learners will find the written exercises helpful in developing their knowledge of Basque. In all cases, answers to the exercises are included at the end of each chapter. I urge readers who long for in-depth discussions of grammatical points or the precision of linguistic terminology to refer to Alan King's marvelous book, *The Basque Language.*

All readers will benefit from using the book's audio element, which is available online. Here, the book's dialogues are read by Basque speakers. Listening to them will help readers gain familiarity with the pronunciation of the modern Basque language and will help them learn to "hear" the language in a variety of social contexts. Classroom teachers can assign these recorded dialogues as homework to help students with their oral classroom performance. Independent learners can use them to enhance their study and ability to speak the language. I suggest that independent learners try to memorize the dialogues, both through repeated listening and by speaking the lines along with the recordings.

The Basque language as spoken in the Old Country includes several dialects with variants of pronunciation, grammar, and vocabulary. The version of Basque taught in this book is the modern Batua version approved by the Royal Academy of the Basque Language (Euskaltzaindia). Some readers may notice that the vocabulary or usages presented in this book sometimes differ from the Basque spoken by their older Basque relatives or friends. I recommend that such readers concentrate on mastering the principles presented in this book, because knowledge of Batua will allow them to move easily anywhere in the Basque-speaking world, and will also allow them to master more easily the unique peculiarities of whichever dialect may be spoken in their own community or family. Having said that, please remember that the native speakers in your family are speaking excellent and correct Basque in their particular dialect. Feel free to include as much from them as possible in your study.

The material in this volume represents the best-case scenario of the amount of Basque I have been able to impart to students over a period of two college semesters of beginning Basque. Not every class I taught was able to cover all the material presented here, so readers and teachers should not be discouraged if their progress is somewhat slower. I encourage instructors to move as quickly as their class can manage, but I also caution against the desire for speed over mastery of the material. You can expect to spend about two weeks on every chapter. In some instances, the instructor or independent student may wish to move more slowly. Don't worry, just use all the time you need to master the principles presented in each chapter before moving on.

Acknowledgments

I would like to thank the University of Nevada, Reno, for the sabbatical leave that allowed me to complete the manuscript for this book.

This textbook would also have not been possible without the varied contributions of several people. In 1981, William A. Douglass hired me to work at the Center for Basque Studies (then called the Basque Studies Program), and that event launched my pursuit of Euskara. For that, I shall always be grateful to Dr. Douglass. More recently, Joseba Zulaika, former Director of the Center for Basque Studies, first encouraged me to organize my teaching materials for a four-semester correspondence course, and he later supported my request for a sabbatical that allowed me to revise the materials and finish writing a considerable amount of new text to incorporate into this book. Without his enthusiasm, this textbook would not exist.

Before I could write the book, I had to learn the language, and in the early 1980s, Gorka Aulestia, professor of Basque language and literature, made the commitment to meet with me twice a week for private lessons over a period of two years. Later, as we worked together on the *Basque-English English-Basque Dictionary,* our lessons became less formal but were nonetheless ongoing for many years. One of his favorite sayings was "aurrera, beti aurrera," meaning "onward, ever onward." His words were the inspiration for the title of this textbook. Dr. Aulestia's generous contribution of time and his personal dedication to the Basque language ensured that I would come away with my own love of Euskara, and for that I offer him my deepest gratitude.

Over the years, many others have assisted me in practicing Euskara, but those who spent the most time at it were Jasone Astola Madariaga, Javier Cillero Goiriastuena, and Mariasun Landa Etxebeste. Their contributions to my Basque-language skills also made it possible for me to pursue a Ph.D. in Basque literature. I also owe a debt of gratitude to Nere Amenabar, who spent long hours proofreading much of the Basque-language material, and once again to Dr. Cillero Goiriastuena for his invaluable assistance in preparing this text for publication. They have contributed to all that is good in this text. As for any inaccuracies, the fault lies solely with me.

Another colleague who also studied Euskara, Jill Berner, has been a consistent and encouraging friend and coworker throughout the long process of learning the language, teaching it, compiling materials, and finally producing a textbook. Kate Camino took over the teaching of the first-year Basque classes at a time when I needed to focus on the more advanced material, and her input, as she implemented early drafts in the classroom, has been invaluable. *Mila esker denei.*

Also, a heartfelt thank-you to my editor and friend, Sara Vélez Mallea, who truly made this publication a reality.

How to Use This Book

It is my hope that this textbook will provide an easy route to communication in Euskara. This text is not a comprehensive descriptive grammar, and for that reason I suggest the user also acquire Alan King's book, *The Basque Language,* as well as the *Basque-English, English-Basque Dictionary* that Gorka Aulestia and I published, in order to satisfy those moments when the immediate desire to learn more about a subject is paramount. *Aurrera!* is intended to provide a step-by-step learning experience. This means that material is presented in amounts that, while challenging for the neophyte, will not overload the student with too much information.

The vocabulary and grammar that appear in each chapter are designed to build on the contents of the previous chapter, so the student will achieve the best results by following the lessons in the order given. Every chapter begins with a text, either in dialogue or story form. The lines of the text are numbered so the student can quickly find the corresponding line in the English equivalent provided in the answer section at the end of the chapter. Experienced instructors will find many ways to include the opening text in classroom activities. However, those students who are learning on their own may appreciate a few suggestions in this area.

The dialogue texts can be practiced as memorized exercises, especially early on when the lines are short enough to lend themselves to memorization. Repeat them aloud several times until you can read them without stumbling over any word. It helps to focus on one section of the text at a time, because it's easier to master a small piece than tackle the whole. You may also assign a companion to read one part of the dialogue while you produce your part from memory. After you have studied the chapter, you may gain additional practice by attempting to give the English equivalents of the dialogues and the texts without looking at the translations. If you desire a more difficult challenge, work from the English equivalents and try to produce the Basque lines.

The **Hitz eta esaldi berriak** (New words and phrases) sections consist of lists of words used in the initial text along with other vocabulary and phrases that will be encountered in the drills and activities of each chapter. Chapters often contain two and sometimes three separate texts, and most will be followed by a word list, unless all the words in that text have already appeared in a previous list. Various methods for studying vocabulary are offered throughout the book. A combination of methods often works best, so try out different activities while studying vocabulary. For many beginners, Basque words appear quite difficult at first, because there are so few similarities to English, except for the few borrowed words you will encounter. Allow yourself sufficient time for studying vocabulary, and quiz yourself (from Basque to English at first, and then from English to Basque) as you study each list. There is also a glossary at the end of the book with definitions of all the Basque words in the textbook.

Where drills are provided, they will be most useful if the student performs them repeatedly over time. I have made an effort to clearly explain how the drills work, for the benefit of the student undertaking self-study. Pay special attention to the introduction of drills in chapter 1 so that you can become familiar with their purpose and format. And remember that a good study plan includes reading the entire drill aloud a few times before covering one column and generating your own responses. Practice and repetition are the keys to mastering a language. From my own language-learning experiences, I have found that devoting thirty minutes a day to study helps immensely.

You can also create your own audio study practice by recording some of the drills yourself. Remember to allow enough time between lines to permit you to respond. If you do this, you should include the model, a cue, then a pause of about four seconds, and then the correct response. After the response, allow another pause of about four seconds to allow yourself time to repeat the correct response. Thus, you will have two chances to produce the correct response, once on your own and then again after hearing the response on the recorded media. Some students may worry that their pronunciation errors will be internalized. However, if you have no native speaker to record for you, your own voice is better than no practice at all. And making your own audio study aid provides a great deal of oral practice in itself. More than once, I discovered that after creating my own drill tape, I sailed through the drills themselves, because I had learned so much by making my own recordings.

Throughout each chapter, new material is presented followed by activities. Answers to most of the activities are provided at the end of the chapters. It is up to you to attempt the activities before looking at the answers. However, this feature will be extremely helpful in cases where the activity feels too difficult to attempt without guidance. In this case, you may peek at the answers before completing the activity, just to make sure you're on the right track.

You will also see abbreviations in the vocabulary lists, drills, and answer keys as follows:

adj. adjective
adv. adverb
fam. familiar
lit. literally
n. noun
pl. plural
poss. possessive
sing. singular
v. verb

Aurrera, beti aurrera! Onward, ever onward!

Aurrera!

CHAPTER ONE

To Be or Not to Be

Dialogue

Sorgina

1. Kaixo. Ni Goxo Begi Oker naiz.
2. Emakumea naiz.
3. Altua naiz, baina ez naiz erraldoia.
4. Argala naiz, baina ez naiz balet-dantzaria.
5. Orlegia naiz, baina ez naiz igela.
6. Ni sorgina naiz.
7. Emakumea al zara? Ala gizona?
8. Ikaslea al zara? Ala irakaslea?
9. A, zu ikaslea zara!
10. Adimentsua zara, baina ez zara Einstein.

11. Begira! Banpiroa!
12. Banpiroa Xurga da.
13. Xurga ez da altua. Txikia da.
14. Txakurrak ere txikiak dira.
15. Baina Xurga ez da txakurra.
16. Xurga pottoloa da.
17. Pottokak ere pottoloak dira.
18. Baina Xurga ez da pottoka.
19. Xurga eta biok lagunak gara.

■ Hitz eta esaldi berriak ■

Kaixo.	Hi. Hello.
ni	I

naiz	am, I am, I'm
goxo	sweet
begi	eye
begi(a), begi(ak)	(the, an) eye, (the) eyes
oker	evil, wrong
emakume	woman
emakume(a), emakume(ak)	(the, a) woman, (the) women
altu	tall (adj.)
altu(a), altu(ak)	tall (adj.)
baina	but
ez	no; not (when negating a verb)
ez naiz	I am not
erraldoi	giant (n.)
erraldoi(a), erraldoi(ak)	(the, a) giant, (the) giants
argal	thin (adj.)
argal(a), argal(ak)	thin (adj.)
balet-dantzari	ballet dancer
balet-dantzari(a)	(the, a) ballet dancer
balet-dantzari(ak)	(the) ballet dancers
orlegi	green (adj.)
orlegi(a), orlegi(ak)	green (adj.)
igel	frog
igel(a), igel(ak)	(the, a) frog, (the) frogs
sorgin	witch
sorgin(a), sorgin(ak)	(the, a) witch, (the) witches
al	[question marker, not translated]
zara	you are, you're (sing.)
ala	or
gizon	man
gizon(a), gizon(ak)	(the, a) man, (the) men
ikasle	student
ikasle(a), ikasle(ak)	(the, a) student, (the) students
irakasle	teacher

irakasle(a), irakasle(ak)	(the, a) teacher, (the) teachers
A	Oh
zu	you (singular)
adimentsu	intelligent, smart (adj.)
adimentsu(a), adimentsu(ak)	intelligent, smart (adj.)
ez zara	you are not
begira	look (v.)
banpiro	vampire
banpiro(a), banpiro(ak)	(the, a) vampire, (the) vampires
Xurga	Sucky (derived from the verb *xurgatu,* to suck)
txiki	short, small (adj.)
txiki(a), txiki(ak)	short, small (adj.)
txakur	dog
txakur(ra), txakur(rak)	(the, a) dog, (the) dogs
pottolo	chubby (adj.)
pottolo(a), pottolo(ak)	chubby (adj.)
pottoka	mountain pony found in the Pyrenees
pottoka, pottoka(k)	(the, a) mountain pony, (the) mountain ponies
Xurga eta biok	Xurga and I (lit.: Xurga and the two of us)
lagun	friend
lagun(a), lagun(ak)	(the, a) friend, (the) friends
gara	we are
euskara	Basque language (not capitalized in Basque)
hi	you (fam. sing.)
hura	that (used to represent sing. third-person pronouns)
bera	he, she, it (used to represent sing. third-person pronouns)

NOTE: For the first few lessons, nouns and adjectives will be presented as bare words and followed by singular and plural markers, as in:

lagun   friend
lagun(a), lagun(ak)   (the, a) friend, (the) friends

Later, only the bare word will be presented in the vocabulary lists.

■ Izan (to be) and nor (who) ■

Izan can serve as a stand-alone verb (called a synthetic verb) or a helper verb (auxiliary verb, which is used with other verbs). Whenever a new facet of an auxiliary verb or a synthetic verb is presented, information will be provided in parentheses as above with (**nor** / who). This information tells us that the forms of **izan** presented here are nominative-intransitive forms. The verb contains information about its subject, but there is no information about direct or indirect objects, because these forms do not take objects. These categories of verbs are very common in texts that discuss or explain Basque grammar, so it is interesting to know what purpose they serve.

Euskara has two verbs that translate into English as *to be*. **Izan** is used to say *what* something or someone is and *who* a person is. **Egon** is used to say *where* something or someone is and *how* a person is feeling. (We'll study **egon** in chapter 2.)

Izan	*To Be*
ni naiz	I am
[**hi haiz**]	[you are, familiar form, not studied in this course]
zu zara	you are
hura/bera da	he is, she is, it is
haiek dira	they are
gu gara	we are
zuek zarete	you (pl.) are

When it comes to learning, we are all individuals. I have found with my students that viewing material from various perspectives can often resolve confusion. In that spirit, I am including a second verb chart that presents **izan** in a slightly different way.

Person	Singular	Plural
I (first person)	**ni naiz**	**gu gara**
you (second person)	**(hi haiz) zu zara**	**zuek zarete**
she/he (third person)	**hura/bera da**	**haiek dira**

ACTIVITY 1.1 ■ SUBSTITUTION DRILLS

Below are several model sentences followed by cues. The cue is followed by the new sentence, which is formed by substituting the suggested word for one in the model. Read through each drill aloud before attempting to make the changes yourself. When you are ready cover the right-hand column with a piece of paper, and make each of the changes yourself based on the cues given. Practice all drills aloud, and allow time to practice them throughout the day, every day. Just fifteen or twenty minutes a day will help you make dramatic progress in Euskara.

The drills in this activity contain singular subjects, and therefore the cues will also be in the singular.

Model:

Ni Jon naiz.   I am Jon.

Cues:

Edurne	**Ni Edurne naiz.**
Linda	**Ni Linda naiz.**
Maialen	**Ni Maialen naiz.**
Marcelino	**Ni Marcelino naiz.**
Gloria	**Ni Gloria naiz.**

Model:

Ni ez naiz Jon.   I am not Jon.

Cues:

Kate	**Ni ez naiz Kate.**
Louise	**Ni ez naiz Louise.**
Cameron	**Ni ez naiz Cameron.**
Gorka	**Ni ez naiz Gorka.**
Nere	**Ni ez naiz Nere.**

Model:

    Ni ikaslea naiz.   I am a student.

Cues:

emakumea	**Ni emakumea naiz.**
gizona	**Ni gizona naiz.**
balet-dantzaria	**Ni balet-dantzaria naiz.**
sorgina	**Ni sorgina naiz.**
irakaslea	**Ni irakaslea naiz.**

Model:

    Ni ez naiz erraldoia.   I am not a giant.

Cues:

sorgina	**Ni ez naiz sorgina.**
banpiroa	**Ni ez naiz banpiroa.**
txakurra	**Ni ez naiz txakurra.**
pottoka	**Ni ez naiz pottoka.**
emakumea	**Ni ez naiz emakumea.**

Model:

    Zu Itxaso zara.   You are Itxaso. [Itxaso is a woman's name]

Cues:

Jon	**Zu Jon zara.**
Edurne	**Zu Edurne zara.**
Amaia	**Zu Amaia zara.**
Gotzon	**Zu Gotzon zara.** [Gotzon is a man's name]
Itxaso	**Zu Itxaso zara.**

Model:

Zu ez zara altua.   You are not tall.

Cues:

   argala   **Zu ez zara argala.**

   orlegia   **Zu ez zara orlegia.**

   pottoloa   **Zu ez zara pottoloa.**

   adimentsua   **Zu ez zara adimentsua.**

   altua   **Zu ez zara altua.**

Model:

Bera erraldoia da.   He (she) is a giant.

Cues:

   sorgina   **Bera sorgina da.**

   banpiroa   **Bera banpiroa da.**

   irakaslea   **Bera irakaslea da.**

   laguna   **Bera laguna da.**

   ikaslea   **Bera ikaslea da.**

Model:

Bera ez da gizona.   She is not a man.

Cues:

   emakumea   **Bera ez da emakumea.** [He is not a woman.]

   pottoka   **Bera ez da pottoka.**

   balet-dantzaria   **Bera ez da balet-dantzaria.**

   igela   **Bera ez da igela.**

   laguna   **Bera ez da laguna.**

ACTIVITY 1.2 ■ SUBSTITUTION DRILLS

Now let's practice with plural subjects.

Model:

Haiek adimentsuak dira.   They are intelligent.

Cues:

altuak	Haiek altuak dira.
orlegiak	Haiek orlegiak dira.
argalak	Haiek argalak dira.
pottoloak	Haiek pottoloak dira.
adimentsuak	Haiek adimentsuak dira.

Model:

Haiek ez dira lagunak.	They are not friends.

Cues:

txakurrak	Haiek ez dira txakurrak.
pottokak	Haiek ez dira pottokak.
ikasleak	Haiek ez dira ikasleak.
irakasleak	Haiek ez dira irakasleak.
igelak	Haiek ez dira igelak.

Model:

Gu txikiak gara.	We are small. We are short.

Cues:

adimentsuak	Gu adimentsuak gara.
altuak	Gu altuak gara.
argalak	Gu argalak gara.
gizonak	Gu gizonak gara.
emakumeak	Gu emakumeak gara.

Model:

Gu ez gara sorginak.	We are not witches.

Cues:

banpiroak	Gu ez gara banpiroak.
igelak	Gu ez gara igelak.
txakurrak	Gu ez gara txakurrak.
erraldoiak	Gu ez gara erraldoiak.
pottokak	Gu ez gara pottokak.

Model:

Zuek emakumeak zarete.	You (pl.) are women.

Cues:

gizonak	**Zuek gizonak zarete.**
sorginak	**Zuek sorginak zarete.**
balet-dantzariak	**Zuek balet-dantzariak zarete.**
banpiroak	**Zuek banpiroak zarete.**
lagunak	**Zuek lagunak zarete.**

Model:

Zuek ez zarete altuak.	You (pl.) are not tall.

Cues:

argalak	**Zuek ez zarete argalak.**
adimentsuak	**Zuek ez zarete adimentsuak.**
txikiak	**Zuek ez zarete txikiak.**
orlegiak	**Zuek ez zarete orlegiak.**
pottoloak	**Zuek ez zarete pottoloak.**

■ Affirmative word order ■

In an affirmative sentence, the verb most often appears at the end. This is especially true of brief declarative sentences such as those we'll be creating in our early lessons. This is not the same order we use in English.

I	am	a teacher.
S (subject)	V (verb)	P (predicate)
Ni	**irakaslea**	**naiz.**
S (subject)	P (predicate)	V (verb)

As you can see from the latter example, affirmative sentence order in Euskara is different from that of English.

■ Negative word order ■

NOTE: Observe the change in location of the verb in sentences where you make a negative statement:

Ni irakaslea <u>naiz</u>. (Irakaslea <u>naiz</u>.)
I'm a teacher.

Ni ez naiz irakaslea. (Ez naiz irakaslea.)
I'm not a teacher.

Zu mekanikaria zara. (Mekanikaria zara.)
You are a mechanic.
Zu ez zara mekanikaria. (Ez zara mekanikaria.)
You are not a mechanic.

Bera astronauta da. (Astronauta da.)
She/he/it is an astronaut.
Bera ez da astronauta. (Ez da astronauta.)
She/he/it isn't an astronaut.

Haiek argalak dira. (Argalak dira.)
They are thin.
Haiek ez dira argalak. (Ez dira argalak.)
They are not thin.

Gu abokatuak gara. (Abokatuak gara.)
We are lawyers.
Gu ez gara abokatuak. (Ez gara abokatuak.)
We are not lawyers.

Zuek pottoloak zarete. (Pottoloak zarete.)
You (pl.) are chubby.
Zuek ez zarete pottoloak. (Ez zarete pottoloak.)
You (pl.) are not chubby.

The negated verb moves to the front (or left end) of the sentence. This is especially evident when the subject is *invisible,* that is, when the pronoun subject is omitted in the sentence. This is a common occurrence in Euskara, because the verb supplies us with the person of its subject, making the subject pronoun redundant. If the subject (noun or pronoun) is used in the sentence, it may precede the negated verb.

ACTIVITY 1.3 ▓ SUBSTITUTION /
TRANSFORMATION DRILLS

The purpose of these drills is to acquire familiarity with substituting subjects and transforming verbs in sentences. In these exercises, you are offered cues that require you to make a transformation in the sentence after you substitute the cue. For example, in the first drill, in which the model is **ni naiz,** when substituting the subject **zu** for **ni,** you must also change or transform the verb to agree with the subject (**naiz** becomes **zara**).

In the following drills, we are focusing on present-tense forms of the verb **izan.** The model sentence precedes the cues, and the correct responses are in the right-hand column. All the cues in these drills are also subjects. If the subject of the model sentence is changed to **zu,** then the verb must also be changed to reflect the new subject. Thus, the correct response is **zu zara** (in the first drill) or **zu ikaslea zara** (in the second drill). You may cover the right column while creating your response then uncover it to check your answer.

Model:

  ni naiz   I am

Cues:

  zu   **zu zara**

  Jon   **Jon da**

  gu   **gu gara**

  haiek   **haiek dira**

  zuek   **zuek zarete**

  ni   **ni naiz**

Model:

  Ni ikaslea naiz.   I am a student.

Cues:

  zu   **Zu ikaslea zara.**

  Maialen   **Maialen ikaslea da.**

  ni   **Ni ikaslea naiz.**

Model:

Zuek ikasleak zarete.   You are students.

Cues:

gu	**Gu ikasleak gara.**
haiek	**Haiek ikasleak dira.**
zuek	**Zuek ikasleak zarete.**

NOTE: When the subject is singular, the predicate or modifier carries a singular marker: **ikaslea**. When the subject is plural, it carries a plural marker: **ikasleak**.

Model:

ni ez naiz   I am not

Cues:

zu	**zu ez zara**
haiek	**haiek ez dira**
gu	**gu ez gara**
ni	**ni ez naiz**
zuek	**zuek ez zarete**
Edurne	**Edurne ez da**

PRONUNCIATION REMINDER: In Basque the letter *z* represents the sibilant sound *ss*. It is never pronounced like the English *z* in *buzzing*, but rather like the *ss* in *bussing.*

Model:

Ni ez naiz banpiroa.   I am not a vampire.

Cues:

zu	**Zu ez zara banpiroa.**
bera	**Bera ez da banpiroa.**
ni	**Ni ez naiz banpiroa.**

Model:

Zuek ez zarete banpiroak.   You are not vampires.

Cues:

gu	**Gu ez gara banpiroak.**

zuek	**Zuek ez zarete banpiroak.**
haiek	**Haiek ez dira banpiroak.**

■ Singular and plural markers ■

sorgin	witch (the *bare word*)
sorgin(a)	(the, a) witch
sorgin(ak)	(the) witches

The Basque suffix -**a** translates literally as *the* but can also be translated as *a* in English. A more accurate description of this suffix is *case marker.* Cases can be either definite or indefinite. Observe the following sentences:

The book is on my desk.

A book is on my desk.

In the first sentence, *the book* is a definite usage. The speaker is referring to a specific or definite book. In the second sentence, *a book* is an indefinite usage, not a specific book but just any old book. The following are two more examples:

I want to find the book mentioned on television. [Definite usage]

I want to find a book [it doesn't matter which one] to use as a door stop.
[Indefinite usage]

Both nouns and adjectives carry case markers in Basque. Definite case markers can be singular or plural. In the vast majority of the time during these lessons, we will be using the definite case. We'll refer to -**a** as a singular marker. The plural marker is -**k.** At this point, it may be simpler to think of it as -**ak,** because they are used in conjunction with each other.

In the first few lessons, vocabulary lists will give the bare word (that is, a word with no markers attached), followed by the word with a singular marker and then with a plural marker. It's important to be able to recognize the bare word, because all suffixes (markers and declensions) will attach to this form.

If a word ends in -**r,** double the -**r** before adding a suffix, for example, **txakur** becomes **txaku_rr_a** or **txaku_rr_ak.**

Some words in Euskara end in -a before any markers are attached. This is often referred to as an *organic* -a, meaning it is part of the bare word.

neska	girl
neska, neska(k)	(the, a) girl, (the) girls

With the singular marker added, **neska** (the girl, a girl) looks just like the bare word **neska**. There is a spelling rule in Unified Basque that tells us when two -a's come together, they are reduced to one -a.

a + a = a
neska + **a** (sing. marker) = **neska**
neska + **ak** (pl. marker) = **neskak**

ACTIVITY 1.4 ■ VOCABULARY

In these drills, we are focusing on vocabulary acquisition and use of the singular and plural markers. The cue will be a bare word and will replace the predicate or modifier in the model sentence. Attach the appropriate marker (singular or plural) depending on whether the subject is one person or more than one person.

Model:

Ni altua naiz.	I am tall.

Cues:

argal	**Ni argala naiz.**
txiki	**Ni txikia naiz.**
pottolo	**Ni pottoloa naiz.**
sorgin	**Ni sorgina naiz.**
erraldoi	**Ni erraldoia naiz.**

Model:

Gu adimentsuak gara.	We are smart.

Cues:

sorgin	**Gu sorginak gara.**
orlegi	**Gu orlegiak gara.**

balet-dantzari	Gu balet-dantzariak gara.
ikasle	Gu ikasleak gara.
irakasle	Gu irakasleak gara.

Model:

Zu ez zara igela.	You are not a frog.

Cues:

gizon	Zu ez zara gizona.
txiki	Zu ez zara txikia.
pottolo	Zu ez zara pottoloa.
txakur	Zu ez zara txakurra.
pottoka	Zu ez zara pottoka.

Model:

Haiek ez dira banpiroak.	They are not vampires.

Cues:

sorgin	Haiek ez dira sorginak.
igel	Haiek ez dira igelak.
emakume	Haiek ez dira emakumeak.
txakur	Haiek ez dira txakurrak.
dantzari	Haiek ez dira dantzariak.

Model:

Goxo ez da argala.	Goxo is not thin.

Cues:

txiki	Goxo ez da txikia.
pottolo	Goxo ez da pottoloa.
altu	Goxo ez da altua.
adimentsu	Goxo ez da adimentsua.
orlegi	Goxo ez da orlegia.

◼ Yes and no questions ◼

In Euskara, you may use **al** in *yes or no* questions, or you may simply use a straightforward affirmative construction, but with question intonation. However, be aware that question intonation in Euskara is different than in English.

Ask the question aloud: *Are you a student?* Notice how your voice rises at the end of this question. Euskara uses a falling intonation instead.

Ikaslea al zara? The speaker's voice falls at the end of the question. This falling intonation on questions sometimes makes it difficult for beginners to determine if a native speaker is asking a question or giving information.

NOTE: The pronouns **ni** (I), **zu** (you), **hura/bera** (he, she, it), **haiek** (they), **gu** (we), and **zuek** (you, pl.) are not always necessary in Euskara.

Dialogue

Goazen hemendik! — *Let's get out of here!*

GOXO: **Xurga, banpiroa zara?** — Xurga, are you a vampire?

XURGA: **Bai, Goxo, banpiroa naiz.** — Yes, Goxo, I'm a vampire.

G: **Xurga, ikaslea al zara?** — Xurga, are you a student?

X: **Ez, ez naiz ikaslea.** — No, I'm not a student.

G: **Xurga, otsogizonak al gara?** — Xurga, are we werewolves?

X: **Goxo, ez gara otsogizonak. Haiek dira.** — No, Goxo, we are not werewolves. They are.

G: **Xurga, banpiroak al gara?** — Xurga, are we vampires?

X: **Beno, Goxo, ni banpiroa naiz. Baina zu ez zara banpiroa. Zu sorgina zara.** — Well, Goxo, I'm a vampire. But you're not a vampire. You're a witch.

G: **Xurga, legegizona zara?** — Xurga, are you a lawyer?

X: **Ez, ez naiz legegizona. Jose legegizona da.** — No, I'm not a lawyer. Jose is a lawyer.

G: **Beno, apaiza zara?** — Fine, are you a priest?

X: **Ez, ez naiz apaiza. Nire txanda da. Goxo, sumingarria al zara?** — No, I'm not a priest. It's my turn. Goxo, are you exasperating?

G: **(haserre) Ez, baina zu aspergarria zara.** — (angry) No, but you are boring.

A, begira! Beste pertsona batzuk! — Oh, look! Some more people!

Epa! Zuek!	Hey! You guys!
Otsogizonak al zarete?	Are you all werewolves?
IKASLEAK: **Ez, ez gara otsogizonak!**	No, we're not werewolves!
Ikasleak gara!	We're students!
Eta zuek? Zer zarete?	And you guys? What are you?
G: **Ni sorgina naiz, eta bera banpiroa da.**	I'm a witch and he's a vampire.
I: **Benetan?**	Really?
G: **Bai.**	Yes.
I: **Beno, gu ez gara sorginak.**	Well, we're not witches.
Ez gara banpiroak.	We're not vampires.
Goazen hemendik!	Let's get out of here!

STUDY SUGGESTIONS: After reading and studying the new words, cover the English column and write down the English meaning of every Basque utterance. For every word or phrase you could not recognize, make a flash card to review and practice later. Another technique that helps a lot is writing out new words and phrases several times. This feels brainless and can be done while listening to music, but the eye-hand connection as you write the words over and over seems to reinforce the learning experience.

■ Hitz eta esaldi berriak ■

bai	yes
otsogizon	werewolf
otsogizon(a), otsogizon(ak)	(the, a) werewolf, (the) werewolves
gu	we
gara	(we) are
haiek	they
dira	(they) are
legegizon	lawyer
legegizon(a), legegizon(ak)	(the, a) lawyer, (the) lawyers
apaiz	priest

apaiz(a), apaiz(ak)	(the, a) priest, (the) priests
txanda	turn
Nire txanda da.	It's my turn.
sumingarri	exasperating, infuriating (adj.)
sumingarri(a), sumingarri(ak)	exasperating, infuriating (adj.)
aspergarri	boring (adj.)
aspergarri(a), aspergarri(ak)	boring (adj.)
beste	another
beste batzuk	some others
beste pertsona batzuk	some other people
Epa!	Hey!
zuek	you (pl.), you all
zarete	(you) are (pl.)
eta	and
Zer?	What?
bera	he, she, it
beno	well, okay, fine
Goazen hemendik!	Let's get out of here!
goazen	let's go [command form of the verb **joan,** to go]
hemendik	from here
hemen	here
Nor?	Who? [with **izan** and **egon** (to be)]
da	is
neska	girl
neska, neska(k)	(the, a) girl, (the) girls
mekanikari	mechanic
mekanikari(a), mekanikari(ak)	(the, a) mechanic, (the) mechanics
abokatu	lawyer
abokatu(a), abokatu(ak)	(the, a) lawyer, (the) lawyers
astronauta	astronaut
astronauta, astronauta(k)	(the, a) astronaut, (the) astronauts
bera	he, she, it

gu	we
haiek	they
zuek	you (pl.)
kotxea	(the, a) car

ACTIVITY 1.5 ■ AFFIRMATIVE AND NEGATIVE

Write out answers to each of the following questions below, first in the affirmative and then in the negative. Check your written responses against the answers provided at the end of the chapter. Then use the answers in an oral exercise in which you ask each of the questions aloud, then answer them in the affirmative and in the negative. Pair off with other students to take turns asking and answering questions. Notice that the subject pronoun is often omitted in Euskara. The first question is asked in four different ways, all of them correct variations. This drill concentrates on first and second persons (you, I, you [plural], we).

1. Apaiza zara? Apaiza al zara? Zu apaiza zara? Zu apaiza al zara?
2. Otsogizona zara?
3. Neska al zara?
4. Mutila al zara?
5. Legegizona al zara?
6. Sumingarria al zara?
7. Zuek aspergarriak al zarete?
8. Banpiroak zarete?
9. Zuek ikasleak zarete?
10. Irakasleak al zarete?

ACTIVITY 1.6 ■ THIRD PERSON

Write out responses to the following questions. These questions and responses may also be practiced orally. This exercise focuses on third-person subjects (he, she, it, they). Answers are provided at the end of the chapter.

1. Xurga banpiroa al da?
2. Xurga legegizona da?
3. Goxo banpiroa al da?
4. Haiek otsogizonak al dira?
5. Ikasleak sorginak dira?
6. Xurga gizona da?
7. Xurga emakumea al da?
8. Goxo pottoka da?
9. Ikasleak otsogizonak dira?
10. Goxo sumingarria al da?
11. Otsogizona aspergarria da?
12. Banpiroak apaizak dira?

■ Ala or edo in questions ■

The conjunctions **ala** and **edo** both mean *or*. However, **ala** is used <u>only in questions</u> and implies an exclusive choice, that is, you may choose one <u>or</u> the other, but not both. **Edo** may be used in statements as well as questions.

Bilboko autobusa hemen ala hor dago?
Is the Bilbao bus here or there? (It can't be in two places at once.)

Zure laguna altua ala txikia da?
Is your friend tall or short?

Eta zu? Gizona ala emakumea zara?
And you? Are you a man or a woman?

The conjunction **edo** can be used to say *or* when the choice is <u>not</u> exclusive.

Elin edo Edurne etorriko da.
Elin or Edurne will come. (Maybe both. I'm not sure which.)

When you want to express *either . . . or . . .*, use **edo** for both elements.

Edo jan edo edan, baina ez hitz egin!
Either eat or drink, but don't talk!

ACTIVITY 1.7 ◼ ALA QUESTIONS

The purpose of this exercise is to form questions using **ala.** The cues are statements. Based on the cue, create a question as in the model. Read through the exercise first, then cover the column on the right and do the exercise orally. Uncover the column to check your answers. (Can you give English equivalents for all the sentences without peeking at your vocabulary list? If not, make flashcards for each word you don't recognize.)

Cue:

Goxo sorgina da.

Question:

Zer da Goxo, sorgina ala banpiroa?

Cues:

Jon mutila da.	**Zer da Jon, mutila ala neska?**
Beltz txakurra da.	**Zer da Beltz, txakurra ala pottoka?**
Edurne ikaslea da.	**Zer da Edurne, ikaslea ala irakaslea?**
Xurga banpiroa da.	**Zer da Xurga, banpiroa ala sorgina?**

Cues:

Ni irakaslea naiz.	**Zer zara zu, ikaslea ala irakaslea?**
Ni legegizona naiz.	**Zer zara zu, legegizona ala apaiza?**
Ni altua naiz.	**Zer zara zu, altua ala txikia?**
Ni otsogizona naiz.	**Zer zara zu, otsogizona ala banpiroa?**

◼ Responding to **zer? nor?** and **nortzuk?** ◼

Zer . . . ? What?

Nor . . . ? Who?

Nortzuk . . . ? Who? (plural, when you know more than one person is involved)

Zer da hau?

What is this?

Kotxea da. Kotxea da hori. Hori kotxea da.

It's a car. That's a car. That is a car.

Zer da Xurga?

What is Xurga?

Banpiroa da. Xurga banpiroa da. Banpiroa da Xurga.

He's a vampire. Xurga is a vampire. Xurga's a vampire.

Zer zarete?

What are you (pl.)?

Ikasleak gara. Gu ikasleak gara.

We're students. We are students.

Zer dira haiek?

What are they?

Otsogizonak dira. Haiek otsogizonak dira.

They are werewolves. They are werewolves.

Nor da hau?

Who is this?

Irakaslea da.

She's/he's the teacher.

Nor zara zu?

Who are you?

(Your name) naiz.

I am (your name here).

Nor naiz ni?

Who am I?

Linda zara.

You are Linda. You're Linda.

Nortzuk dira haiek?

Who are they?

Jon eta Edurne dira.

They are Jon and Edurne.

Nortzuk zarete?

Who are you (pl.)?

Maite eta Jose gara.

We are Maite and Jose.

NOTE: In English, we often use contractions with our verbs: I'm for I am; we're for we are, etc. The use of contractions in the English equivalents provided in this book is merely a reflection of spoken English. There is no relationship between the contractions in English and the verb forms in Euskara.

When responding to a question that contains a question word, a specific order is expected in the answer. Sometimes this order is different from that of a declarative sentence, or one that simply imparts information without answering any specific question.

Declarative sentence: **Xurga banpiroa da.** Xurga is a vampire. Xurga is the vampire.

The question: **Nor da banpiroa?** Who is a vampire? Who is the vampire?

The response to the question: **Xurga da banpiroa.**

Note the different word order. This difference is generated by the question word **Nor** in the question, **Nor da banpiroa?** When forming this type of question, the question word and the verb always appear as an inseparable unit, as in the examples below.

<u>Zer da</u> hau? <u>Zer dira</u> haiek? <u>Nor zara</u> zu?

We actually do the same thing in English: Who are you? What is this? If someone asks "Who you are?" we know immediately that they are not native speakers of English, because they have broken the rule that demands that the question word and verb go together.

In Euskara, the answer to the question word and its corresponding verb will remain together, just as they do in the question itself.

<u>Nor da</u> sorgina?	Who is a witch?
<u>Goxo da</u>.	Goxo is.
<u>Goxo da</u> sorgina.	Goxo is a witch.
<u>Zer da</u> Xurga?	What is Xurga?
<u>Banpiroa da</u>.	He's a vampire.
<u>Banpiroa da</u> Xurga.	Xurga is a vampire.
Xurga <u>banpiroa da</u>.	Xurga is a vampire.

This is a hard and fast rule in Euskara, and we will shorthand it as

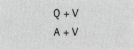

Q + V

A + V

which stands for the question word and its verb being inseparable, and the answer to the question word and its corresponding verb also being inseparable. They always go together. This is related to the fact that the most important piece of information in a Basque sentence immediately precedes the verb. In these responses, the information about the question word is the most important and therefore is placed immediately before the verb.

Dialogue

Lagunak

1. Jon gizona da eta ikaslea da.
2. Linda emakumea da. Gainera, irakaslea da.
3. Edurne ere emakumea da. Ez da gizona. Ez da txakurra. Ikaslea da.
4. Beltz txakurra da. Beltz ez da ikaslea.
5. Jose abokatua da. Gizona da.
6. Txema mutila da. Haurra da.
7. Brandon ere mutila da. Baina ez da haurra. Ikaslea da.
8. Katie neska da. Haurra da. Ez da gizona. Ez da mutila. Ez da abokatua.
9. Xurga banpiroa da. Eta Goxo sorgina da. Gainera, Goxo emakumea da.

■ Hitz eta esaldi berriak ■

Jon	John [the *J* in Jon is pronounced like a *Y*]
gainera	furthermore, in addition
Edurne	Snow, a woman's name
ere	also
beltz	black [used here as a dog's name, Blackie]
Jose	Jose [Basques often drop the diacritical *é*]

Txema	short for Jose Mari, a man's name
mutil	boy
mutil(a), mutil(ak)	(the, a) boy, (the) boys
haur	child
haur(ra), haur(rak)	(the, a) child, (the) children
Maite	Darling, a woman's name
Nor?	Who?
Nortzuk?	Who? (pl.)
Zer?	What?
hau	this
hori	that
kotxe	car
kotxe(a), kotxe(ak)	(the, a) car, (the) cars

ACTIVITY 1.8 ■ PRONUNCIATION

Read and repeat the sentences in the narrative above until you can read the passage aloud without hesitation.

ACTIVITY 1.9 ■ NOR? ZER? NORTZUK?

Answer the following questions based on the text **Lagunak** (Friends). The purpose of this exercise is to practice answering questions with **Nor? Zer?** and **Nortzuk?** Answers are provided at the end of the chapter.

1. **Zer da Jon?**
2. **Nor da irakaslea?**
3. **Nortzuk dira ikasleak?**
4. **Nor da abokatua?**
5. **Zer da Beltz?**
6. **Nortzuk dira gizonak?**
7. **Nor da banpiroa?**
8. **Zer da Goxo?**
9. **Nortzuk dira mutilak?**

■ Zenbakiak numbers 1–20 ■

1	**bat**	baht
2	**bi**	bee
3	**hiru**	EE-roo
4	**lau**	rhymes with "cow"
5	**bost**	boast
6	**sei**	say
7	**zazpi**	sahss-pee
8	**zortzi**	sort-see
9	**bederatzi**	beh-DEH-raht-see
10	**hamar**	ah-mar
11	**hamaika**	ah-MY-kah
12	**hamabi**	ah-MAH-bee
13	**hamairu**	ah-MY-roo
14	**hamalau**	ah-MAH-lau*
15	**hamabost**	ah-MAH-boast
16	**hamasei**	ah-MAH-say
17	**hamazazpi**	ah-MAH-sahss-pee
18	**hemezortzi**	eh-MEH-sort-see
19	**hemeretzi**	eh-MEH-ret-see
20	**hogei**	oh-gay

NOTE: * The word *lau* rhymes with *cow*.

ACTIVITY 1.10 ■ NUMBERS

Begin studying numbers right away.

There are several methods for practicing numbers.

Counting: Practice counting from one to ten, and from eleven to twenty.

Count from one to twenty by twos.

2, 4, 6, 8, 10, 12, 14, 16, 18, 20

Count by threes.

3, 6, 9, 12, 15, 18

Now do all of the above backwards.

Flashcards: Use three-by-five cards to make your own flashcards. Put the numerals on one side (2, 3, 4, etc.) and the Basque spellings and pronunciation reminders on the other side (**bat** / baht). Shuffle the cards and practice saying out loud the Basque for each numeral. Also practice by giving the numeral (in English) for each Basque spelling of the number.

Number games: Often physical activity will help us acquire vocabulary. Try bouncing a ball and counting in Euskara to the rhythm of the bounce. Ask a friend to toss a ball (or a crumpled piece of paper) back and forth with you. Every time you catch it, you must count off. This is especially helpful when counting by twos and threes. In a classroom situation, form a circle and toss the ball randomly from student to student. Whoever catches the ball gives the next number in the series. Don't laugh. This is harder than it sounds!

Handclapping can also be used to provide a rhythm for counting. At first, clap three times and give the number on the fourth clap.

Clap, clap, clap, **bat**

Clap, clap, clap, **bi**

Clap, clap, clap, **hiru,** and so on

As your skills improve, you can give the number on the third clap, then the second, and so on until you can count quickly enough to provide a number with every clap.

ANSWERS

ENGLISH EQUIVALENT OF **SORGINA** (THE WITCH)

1. Hi. I am Sweet Evil Eye.
2. I'm a woman.
3. I'm tall, but I'm not a giant.
4. I'm thin, but I'm not a ballet dancer.
5. I'm green, but I'm not a frog.

6. I'm a witch.

7. Are you a woman? Or a man?

8. Are you a student? Or a teacher?

9. Oh, you are a student!

10. You're smart, but you're not Einstein.

11. Look! A vampire!

12. The vampire is Xurga [Sucky].

13. Xurga isn't tall. He's short.

14. Dogs are short, too.

15. But Xurga isn't a dog.

16. Xurga is chubby.

17. Mountain ponies are also chubby.

18. But Xurga is not a mountain pony.

19. Xurga and I are friends.

ACTIVITY 1.5 ■ AFFIRMATIVE AND NEGATIVE

1. Are you a priest?

   Bai, apaiza naiz. Bai, ni apaiza naiz.

   Ez, ez naiz apaiza. Ez, ni ez naiz apaiza.

2. Are you a werewolf?

   Bai, otsogizona naiz. Bai, ni otsogizona naiz.

   Ez, ez naiz otsogizona. Ez, ni ez naiz otsogizona.

3. Are you a girl?

   Bai, neska naiz. Bai, ni neska naiz.

   Ez, ez naiz neska. Ez, ni ez naiz neska.

4. Are you a boy?

   Bai, mutila naiz. Bai, ni mutila naiz.

   Ez, ez naiz mutila. Ez, ni ez naiz mutila.

5. Are you a lawyer?

   Bai, legegizona naiz. Bai, ni legegizona naiz.

   Ez, ez naiz legegizona. Ez, ni ez naiz legegizona.

6. Are you exasperating?

   Bai, sumingarria naiz. Bai, ni sumingarria naiz.

   Ez, ez naiz sumingarria. Ez, ni ez naiz sumingarria.

7. Are you [pl.] boring?

   Bai, aspergarriak gara. Bai, gu aspergarriak gara.

   Ez, ez gara aspergarriak. Ez, gu ez gara aspergarriak.

8. Are you [pl.] vampires?

   Bai, banpiroak gara. Bai, gu banpiroak gara.

   Ez, ez gara banpiroak. Ez, gu ez gara banpiroak.

9. Are you [pl.] students?

   Bai, ikasleak gara. Bai, gu ikasleak gara.

   Ez, ez gara ikasleak. Ez, gu ez gara ikasleak.

10. Are you [pl.] teachers?

    Bai, irakasleak gara. Bai, gu irakasleak gara.

    Ez, ez gara irakasleak. Ez, gu ez gara irakasleak.

ACTIVITY 1.6 ■ THIRD PERSON

1. Is Xurga a vampire?   **Bai, Xurga banpiroa da.**
2. Is Xurga a lawyer?   **Ez, Xurga ez da legegizona.**
3. Is Goxo a vampire?   **Ez, Goxo ez da banpiroa.**
4. Are they werewolves?   **Ez, haiek ez dira otsogizonak.**
5. Are the students witches?   **Ez, ikasleak ez dira sorginak.**
6. Is Xurga a man?   **Bai, Xurga gizona da.**
7. Is Xurga a woman?   **Ez, Xurga ez da emakumea.**
8. Is Goxo a mountain pony?   **Ez, Goxo ez da pottoka.**
9. Are the students werewolves?   **Ez, ikasleak ez dira otsogizonak.**
10. Is Goxo exasperating?   **Bai, Goxo sumingarria da.**
11. Is the werewolf boring?   **Bai, otsogizona aspergarria da.**

    Ez, otsogizona ez da aspergarria.
12. Are (the) vampires priests?   **Ez, banpiroak ez dira apaizak.**

ENGLISH EQUIVALENT OF LAGUNAK FRIENDS

1. Jon is a man and (he) is a student.
2. Linda is a woman. Furthermore, (she) is a teacher.
3. Edurne is also a woman. (She) is not a man. (She) is not a dog. (She's) a student.
4. Blacky is a dog. Blacky is not a student.

5.   Jose is a lawyer. (He) is a man.

6.   Txema is a boy. (He) is a child.

7.   Brandon is also a boy. But he's not a child. He's a student.

In English we cannot omit the subject pronoun. For that reason, they will be supplied in English equivalents, even if they are missing in Euskara. The parentheses around pronouns above serve as a reminder that they did not appear in the Basque sentence.

8.   Katie is a girl. She is a child. She is not a man. She is not a boy. She is not a lawyer.

9.   Xurga is a vampire. And Goxo is a witch. Furthermore, Goxo is a woman.

ACTIVITY 1.9 ■ NOR? ZER? NORTZUK?

1.   **Zer da Jon?** What is John?
      Gizona da. Gizona da Jon. Jon gizona da. He's a man.
      Ikaslea da. Ikaslea da Jon. Jon ikaslea da. He's a student.

2.   **Nor da irakaslea?** Who is the teacher?
      Linda da. Linda da irakaslea. Irakaslea Linda da. Linda is the teacher.

3.   **Nortzuk dira ikasleak?** Who are (the) students?
      Jon, Edurne eta Brandon dira. Jon, Edurne and Brandon are.
      Jon, Edurne eta Brandon dira ikasleak. Jon, Edurne and Brandon are students.
      Ikasleak Jon, Edurne eta Brandon dira.

4.   **Nor da abokatua?** Who is a lawyer?
      Jose da. Jose is.
      Jose da abokatua. Jose is a lawyer.
      Abokatua Jose da. Jose is a lawyer.

5.   **Zer da Beltz?** What is Beltz?
      Txakurra da. He's a dog.
      Txakurra da Beltz. Beltz is a dog.
      Beltz txakurra da. Beltz is a dog.

6. **Nortzuk dira gizonak?** Who are the men?

   Jon eta Jose dira. Jon and Jose are.

   Jon eta Jose dira gizonak. Jon and Jose are (the) men.

You could also include Txema and Brandon, because the word **mutila** (*boy*) can include young men in their early twenties.

7. **Nor da banpiroa?** Who is a vampire?

   Xurga da. Xurga is.

   Xurga da banpiroa. Xurga is a vampire.

   Banpiroa Xurga da. Xurga is a vampire.

8. **Zer da Goxo?** What is Goxo?

   Sorgina da. She's a witch.

   Sorgina da Goxo. Goxo is a witch.

   Goxo sorgina da. Goxo is a witch.

9. **Nortzuk dira mutilak?** Who are (the) boys?

   Txema eta Brandon dira. Txema and Brandon are.

   Txema eta Brandon dira mutilak. Txema and Brandon are boys.

   Mutilak Txema eta Brandon dira. Txema and Brandon are boys.

REMEMBER: In Euskara, the important information—in this case, the answers to the question words **Nor? Zer?** and **Nortzuk?**—is placed immediately before the verb. The rest of the information in the sentence can come either in front of that unit (A + V) or behind that unit. Notice that we do not have that much syntactical flexibility in English. For example:

Txema eta Brandon dira mutilak.   Txema and Brandon are boys.

Mutilak Txema eta Brandon dira.   Txema and Brandon are boys.

The two responses above are both translated the same way in English, and both impart the same information in Euskara.

CHAPTER TWO

Location, Location, Location

Dialogue

Bulegoan

1. Jose Los Angeleseko abokatua da. Jose oso lanpetuta dago.
2. Gaur bulegoan dago. Bulegoa jendez beteta dago.
3. Edurne han dago, eserita aulkian.
4. Brandon ere bulegoan dago.
5. Oso triste dago Brandon. Bere katua hilik dago!

6. Australiako Katie ez dago bulegoan.
7. Katie oso txikia da eta Perth-en bizi da bere amarekin.
8. Jose eta ama lagunak dira.
9. Badago argazkia bulegoko mahaian.
10. Nortzuk dira argazkian? Katie eta ama!
11. Katie pozik dago.

12. Badaude arkatzak ere mahaian. Arkatzak, argazkia, eta papera.

13. Goxo Begi-Oker bulegoan dago. Goxo haserre dago.
14. Mendiko kobazuloan bizi da saguzahar handi batekin.
15. Baina gaur goizean saguzaharra ez dago kobazuloan.
16. Galduta dago!

17. Xurga banpiroa ez dago bulegoan.
18. Xurga lotan dago, hilkutxan.

19. Itxaso ere ez dago.
20. Itxaso oso neska txikia da, eta gaur gaixorik dago.
21. Etxean dago, ohean, amarekin.

22. Beltz badago bulegoan.
23. Beltz Joseren laguna da.
24. Txakurra nekatuta dago. Lotan dago, lurrean.

ACTIVITY 2.1 ■ VOCABULARY

After studying the vocabulary, give the English equivalents for each line of the text. The translation is provided at the end of the chapter. Make flashcards for any words or phrases you could not recognize. Repeat this process after studying the chapter, because new grammar and new verbs have been introduced in this text. It will seem much easier after you complete all of chapter 2's activities.

■ Hitz eta esaldi berriak ■

Jose	Jose, a man's name [in Euskara, no diacritical is used]
lanpetuta	busy (adv.)
dago	is
gaur	today
bulego	office
bulego(a), bulego(ak)	(the, a) office, (the) offices
bulegoan	in the office
jende	people [always sing. in Euskara]
jende(a)	(the, a) people
beteta	full (adv.)
jendez beteta	full of people
han	there
eserita	seated, sitting down (adv.)
aulki	chair
aulki(a), aulki(ak)	(the, a) chair, (the) chairs
oso	very
triste	sad (adv.)
bere	his

katu	cat
katu(a), katu(ak)	(the, a) cat, (the) cats
hilik	dead (adv.)
Australiako	from Australia
bizi	lives
ama	mother
ama, ama(k)	(the, a) mother, (the) mothers
amarekin	with mother, with [his, her] mother
badago	there is (emphatic form of **dago** from **egon**)
argazki	photograph
argazki(a), argazki(ak)	(the, a) photograph, (the) photographs
bulegoko	office (adj.)
mahai	table, desk
mahai(a), mahai(ak)	(the, a) desk, (the) desks
mahaian	on the desk
bulegoko mahaian	on the office desk
pozik	happy (adv.)
badaude	there are [emphatic form of **daude** from **egon**]
arkatz	pencil
arkatz(a), arkatz(ak)	(the, a) pencil, (the) pencils
paper	paper
paper(a), paper(ak)	(the, a) paper, (the) papers*
haserre	angry (adv.)
mendi	mountain
mendi(a), mendi(ak)	(the, a) mountain, (the) mountains
mendiko	mountain (adj.), of the mountain
kobazulo	cave
kobazulo(a), kobazulo(ak)	(the, a) cave, (the) caves
kobazuloan	in a cave
saguzahar	bat

saguzahar(ra), saguzahar(rak)	(the, a) bat, (the) bats
handi	big (adj.)
handi(a), handi(ak)	big (adj.)
bat	one
batekin	with one
goiz	early (adv.), morning (n.)
goizean	in the morning
gaur goizean	this morning
galduta	lost (adv.)
Joseren	Jose's
lotan	asleep, sleeping (adv.)
ere ez	either, neither
gaixorik	sick (adv.)
etxe	house
etxe(a), etxe(ak)	(the, a) house, (the) houses
etxean	in the house, at home
ohe	bed
ohe(a), ohe(ak)	(the, a) bed, (the) beds
ohean	in bed, in the bed
beltz	black [often used as a pet's name, Blackie]
nekatuta	tired (adv.)
lur	floor, ground, earth [when capitalized, it is planet Earth]
lur(ra), lur(rak)	(the, a) floor, (the) floors
lurrean	on the floor

NOTE: * **Papera** is *paper*. **Paperak** (papers) can also be used for documents (**agiriak**), just as in English. A sheet of paper is **orri bat**.

VOCABULARY NOTES: Be careful with words that sound similar to your English-speaking ears. **Argazki** (photograph) and **arkatz** (pencil) are often confused by beginners. **Aho** (mouth) and **ohe** (bed) are also easily confused, as are **haserre** (angry) and **eserita** (seated). Remember, **Nola zaude?** asks the question: "What is your current state of mind or position?" The English interrogative greeting "How are you?" is expressed by **Zer moduz?** (in parts of the south and in the unified dialect), by **Nola zira?** (in the north), and by **Zelan zaude (zagoz)?** (in the Bizkaian dialect).

ACTIVITY 2.2 ■ VOCABULARY

Studying vocabulary will be one of the biggest challenges faced by those who wish to learn Euskara. In my experience a combination of several methods is most helpful. Flashcards are always a good idea, and they are portable. You can mix them for review in a different order. You can practice by reading the word in Basque on one side and checking to see if you are correct by flipping the card over. You will find that it is generally more difficult to go from English to Basque than from Basque to English. This is because it is easier to recognize a word in a foreign language than it is to produce that word from an English cue.

Other ways of practicing vocabulary include recording the words on an iPod, cassette tape, or CD and listening to it in your car, having a friend drill you either orally or with your homemade flashcards, and using colored pens—or even crayons—to write the words in big letters on butcher paper. Acting out the words as you say them aloud (where acting out is possible) is also an excellent way to practice vocabulary. The physical activity seems to aid the mind in remembering the new word.

■ Egon (to be) and nor (who) ■

ni nago	I am
(hi hago)	(you are, familiar form, not studied in this course)
zu zaude	you are (sing.)
bera dago	she/he/it is
haiek daude	they are
gu gaude	we are
zuek zaudete	you are (pl.)

Here is another way to look at the forms of **egon.**

Person	Singular	Plural
I (first person)	**ni nago**	**gu gaude**
you (second person)	(**hi hago**) **zu zaude**	**zuek zaudete**
she/he (third person)	**bera dago**	**haiek daude**

The **-ago** forms are all singular. The **zaude** form is believed to have been plural once, but today it is used as the singular-formal second person (you). Actually, it's not all that formal. It's used for almost every situation. The other form **hi hago,** however, is used with children, pets, and certain close friends and family members, but only in certain dialects. You may have encountered the familiar *you* in other languages, such as Spanish or French, but in Euskara the usage rules are much more complicated, and the gender of the speaker and the listener must also be taken into account. We will not study the familiar *you,* called **hika,** in this course, but other Basque-language books will discuss it. If you have Basque speakers in your family, you may hear them use **hika,** so it is important to know that it exists.

ACTIVITY 2.3 ■ SUBSTITUTION DRILLS

Practice these substitution drills to familiarize yourself with some adverbs and location words commonly used with **egon.** These exercises also provide oral practice with the different forms of the verb. Read thoroughly first, always aloud, and then cover the right-hand column and use the cues to reproduce the model with the suggested substitutions. This activity focuses on the singular forms of **egon.** If you are uncertain about the English equivalents of what you are saying, they are provided at the end of the chapter.

Model:

Ni lanpetuta nago.   I am busy.

Cues:

triste   **Ni triste nago.**

lotan   **Ni lotan nago.**

pozik	Ni pozik nago.
haserre	Ni haserre nago.
nekatuta	Ni nekatuta nago.

Model:

| Zu gaixorik zaude. | You are sick. |

Cues:

lanpetuta	Zu lanpetuta zaude.
triste	Zu triste zaude.
lotan	Zu lotan zaude.
haserre	Zu haserre zaude.
eserita	Zu eserita zaude.

Model:

| Ama ez dago pozik. | Mother is not happy. |

Cues:

haserre	Ama ez dago haserre.
hilik	Ama ez dago hilik.
gaixorik	Ama ez dago gaixorik.
nekatuta	Ama ez dago nekatuta.
lanpetuta	Ama ez dago lanpetuta.

ACTIVITY 2.4 ■ PLURAL OF EGON

This activity focuses on the plural forms of **egon**. Notice that the words we use with **egon** do <u>not</u> carry plural markers. Read through the drills first, always aloud, and then cover the right-hand column and use the cues to reproduce the model with the suggested substitutions.

Model:

| Haiek ez daude hilik. | They are not dead. |

Cues:

| gaixorik | Haiek ez daude gaixorik. |
| lanpetuta | Haiek ez daude lanpetuta. |

haserre	Haiek ez daude haserre.
pozik	Haiek ez daude pozik.
lotan	Haiek ez daude lotan.

Model:

Gu bulegoan gaude.	We are in the office.

Cues:

ohean	Gu ohean gaude.
kobazuloan	Gu kobazuloan gaude.
etxean	Gu etxean gaude.
kotxean	Gu kotxean gaude.
lurrean	Gu lurrean gaude.

Model:

Zuek lurrean zaudete.	You (pl.) are on the floor.

Cues:

hilkutxan	Zuek hilkutxan zaudete.
bulegoan	Zuek bulegoan zaudete.
kobazuloan	Zuek kobazuloan zaudete.
aulkian	Zuek aulkian zaudete.
ohean	Zuek ohean zaudete.

ACTIVITY 2.5 ■ SUBSTITUTION / TRANSFORMATION DRILLS

Practice these transformation drills until you feel confident with the different persons of the verb **egon.**

Model:

Ni eserita nago.	I am sitting down.

Cues:

zu	Zu eserita zaude.
Xurga	Xurga eserita dago.
gu	Gu eserita gaude.

zuek	Zuek eserita zaudete.
haiek	Haiek eserita daude.
ni	Ni eserita nago.

NOTE: Adverbs do not take singular or plural markers, and **eserita** is an adverb. You'll find more adverbs later in the chapter under "Responding to **nola**?"

Model:

| **Gu ez gaude etxean.** | We are not at home. |

Cues:

ni	Ni ez nago etxean.
zuek	Zuek ez zaudete etxean.
gu	Gu ez gaude etxean.
haiek	Haiek ez daude etxean.
zu	Zu ez zaude etxean.
Edurne	Edurne ez dago etxean.

The word **etxean** is actually the inessive case of **etxe**. We'll begin learning to form the inessive later on in this chapter.

Dialogue

Non dago banpiroa?	*Where is the vampire?*
Xurga banpiroa naiz.	I am Xurga the vampire.
Non nago?	Where am I?
Goxo! Non zaude?	Goxo! Where are you?
Zu ez zaude hemen.	You're not here.
Non dago Goxo?	Where is Goxo?
Ez dakit.	I don't know.
Ez nago zutik.	I'm not standing up.
Ez nago eserita. Etzanda nago.	I'm not sitting. I am lying down.

Ilun dago hemen.	It's dark here.
Zer da leku hau?	What is this place?
A! Hilkutxan nago!	Oh! I'm in a coffin!
Nire hilkutxa da!	It's my coffin!
Pozik nago hemen.	I'm happy here.
Je, je! Banpiroa naiz.	Hee, hee! I'm a vampire.

■ Hitz eta esaldi berriak ■

non	where?
nago	I am
zaude	you are
dago	she/he/it is
Ez dakit.	I don't know.
zutik	standing up, standing
etzanda	lying down
ilun	dark
leku	place
A!	Oh!
hilkutxa	coffin
hilkutxa, hilkutxa(k)	(the, a) coffin, (the) coffins
hilkutxan	in a coffin
nire	my
je, je	hee-hee
zubi	bridge
eliza	church
aho	mouth
arbel	blackboard, board for writing on, chalk board
begi	eye
zuhaitz	tree

elkarte	organization
gorri	red
sutegi	fireplace
zikin	dirty
garaje	garage
handi	big
bat	a, one
kultur	culture, cultural
ilun	dark

■ Responding to non? ■

A simple way to respond to the question **non?** (where?) is by using the three location words: *here, there,* and *over there.*

hemen	here (very close to the speaker)
hor	there (away from the speaker)
han	there, over there (farther away than **hor**)
Q: **Non dago neska?**	Where is the girl?
A: **Hemen dago.**	Here (she) is.
A: **Hor dago neska.**	There is the girl.
Hor dago.	She is there. There she is.
Q: **Gorka hemen dago?**	Is George here?
A: **Ez, ez dago hemen.**	No, he's not here.
Ez, ez dago.	No, he's not.

In order to respond to questions about the whereabouts of our friend Xurga, however, we need to use a case ending called the *inessive.*

■ Inessive with common singular nouns ■

The inessive ending can translate into English as the prepositions *in, at,* or *on.* When common nouns are involved, the case markers are attached to the bare word.

etxe

mahai

hilkutxa

tren

arbel

lur

When the bare word ends in a vowel, the suffix is **-an:**

etxe	**etxeAN** = in the house, at home
mahai	**mahaiAN** = on the table
hilkutxa	**hilkutxAN** = on the wall

REMEMBER: **a + a = a,** thus **hilkutxa + an = hilkutxan.**

When the bare word ends in a consonant, the suffix is **-ean:**

tren	**trenEAN** = on the train
arbel	**arbelEAN** = on the blackboard
lur	**lurrEAN** = on the ground

REMEMBER: A final **-r** doubles when a suffix or marker is added.

If we have a phrase—a noun plus one or more modifiers, for example—the suffix attaches to the last word in the phrase.

kotxe bat	**kotxe batean** = in one car, in a car
bulegoko mahai	**bulegoko mahaian** = on the office desk

Inessive with proper nouns and inessive with plural nouns will appear in chapter 4.

ACTIVITY 2.6 ■ INESSIVE CASE

Part A. *Practice Aloud.* Cover the right-hand column below with a piece of paper. Pronounce the words and phrases in the left-hand column, and then say

each again in the inessive case. Check yourself by uncovering the right-hand
column one word at a time.

etxe	etxean
zubi	zubian
aulki	aulkian
mahai	mahaian
kotxe	kotxean
eliza	elizan (a + a = a)
aho	ahoan
arbel	arbelean
begi	begian
lur	lurrean (note double -rr)
zuhaitz	zuhaitzean
zuhaitz altu	zuhaitz altuan
elkarte txiki	elkarte txikian
kotxe gorri	kotxe gorrian
sutegi zikin	sutegi zikinean
garaje handi bat	garaje handi batean
kultur etxe ilun	kultur etxe ilunean

Part B. Give the English equivalents for each of the latter phrases in the right-
hand column. Answers are provided at the end of the chapter.

ACTIVITY 2.7 ■ INESSIVE EXPRESSIONS

For each of the location (inessive) expressions above make a short sentence,
using all the persons of **egon**. For each expression, you will say: **Ni** _____ **nago.**
Zu _____ **zaude. Bera** _____ **dago. Haiek** _____ **daude. Zuek** _____ **zaudete.**
Gu _____ **gaude.** For example, in using **Ni** _____ **nago,** your list would begin:

Ni etxean nago.	I am at home. (I am in the house.)
Ni zubian nago.	I am on the bridge.
Ni aulkian nago.	I am in the chair. (I am on the chair.)

More examples are provided at the end of the lesson.

Make flashcards for the expressions above, and pair off with another student to drill each other on short-sentence formations.

■ Responding to **nola?** ■

When we answer the question **Nola?** the appropriate verb is **egon,** just as it is when discussing location. **Egon** is used to express temporary states of being.

Nola zaude?	How are you?
Triste nago	I am sad.
Nola nago?	How am I?
Zu pozik zaude.	You're happy.
Nola dago Jasone?	How is Jasone?
Bera ondo dago.	She is fine.
Nola daude?	How are they [positioned]?
Haiek eserita daude.	They are seated.

NOTICE: In English, we ask the last question with an entirely different phrase. We are more likely to say, "What position are they in?" or "Are they sitting down?"

Here are some words that answer the question **nola?**

pozik	happy
triste	sad
haserre	angry
nekatuta	tired
ondo, ongi	well
gaixorik	sick
lanpetuta	busy
negarrez	crying
irrifarrez	smiling
barrez	laughing
lasai	relaxed, calm

urduri	worried
animatuta	excited
bizirik	alive
hilik	dead
eserita	seated, sitting
zutik	standing
etzanda	lying down

These words are adverbs. They modify verbs, not nouns, and no case endings are needed—or wanted, for that matter. Never put suffixes or case endings on these words.

Emakumea <u>haserre</u> dago.	The woman is angry.
Gizonak <u>haserre</u> daude.	The men are angry.

ACTIVITY 2.8 ■ DIRECTED RESPONSES

Answer the following questions as directed.

1. **Nola dago Antton?** (standing)
2. **Nola daude emakumeak?** (seated)
3. **Nola dago Begoña?** (smiling)
4. **Nola dago Gotzon?** (angry)
5. **Nola dago Begoñaren irakaslea?** (happy)
6. **Nola dago Gotzonen ama?** (sick)
7. **Nola dago Gotzonen aita?** (tired)

ACTIVITY 2.9 ■ PRACTICE WITH QUESTION WORDS

Read the following questions and answers aloud until you can cover the answers and respond correctly every time.

Nor da banpiroa?	**Xurga da. Xurga da banpiroa.**
Who is a vampire? Who's the vampire?	Xurga is. Xurga is the vampire.

Non dago Xurga?
Where is Xurga?

Hilkutxan dago.
He's in a coffin.

Eserita dago?
Is he sitting?

Ez, ez dago eserita.
No, he's not sitting.

Zutik dago?
Is he standing up?

Ez, ez dago zutik.
No, he's not standing up.

Nola dago?
How is he? What position is he in?

Etzanda dago.
He's lying down.

Eta zu? Zutik zaude?
And you? Are you standing up?

Ez, ez nago zutik.
No, I'm not standing up.

Bai, zutik nago.
Yes, I'm standing up.

Eserita zaude?
Are you sitting? Are you sitting down?

Bai, eserita nago.
Yes, I'm sitting down.

Ez, ez nago eserita.
No, I'm not sitting down.

Nola dago hilkutxan?
How is it in the coffin?
What's it like in the coffin?

Ilun dago. Ilun dago hilkutxan.
It's dark. It's dark in the coffin.

ACTIVITY 2.10 ■ ALA QUESTIONS AND ANSWERS

More practice asking and answering questions with **ala**.

1. **Zer da Beltz? Txakurra ala katua?**
2. **Non dago Edurne? Oxforden ala Kanadan?**
3. **Zer da Katie, neska ala mutila?**
4. **Non dago banpiroa, Londresen ala Bilbon?**
5. **Zer da Jose, abokatua ala ileapaintzailea?**

6.   **Non dago Jon, Londresen ala Franfurten?**

7.   **Nor da abokatua, Jose ala Brandon?**

8.   **Nor dago Bilbon, Edurne ala Txema?**

ANSWERS

ENGLISH EQUIVALENT OF BULEGOAN (IN THE OFFICE)

1.   Jose is a Los Angeles lawyer. Jose is very busy.

2.   Today he is in the office. The office is full of people.

3.   Edurne is there, seated in a chair.

4.   Brandon is also in the office.

5.   Brandon is very sad. His cat is dead!

6.   Katie from Australia is not in the office.

7.   Katie is very little and she lives in Perth with her mother.

8.   Jose and the mother are friends.

9.   There is a photo on the office desk.

10.   Who are [those people] in the photograph? Katie and [her] mother!

11.   Katie is happy.

12.   There are also pencils on the desk. Pencils, a photo, and paper.

13.   Goxo Begi-Oker is in the office. Goxo is angry.

14.   She lives in a mountain cave with a big bat.

15.   But this morning the bat is not in the cave.

16.   It is lost!

17.   Xurga the vampire is not in the office.

18.   Xurga is sleeping, in [his] coffin.

19.   Itxaso isn't there either. (Lit.: Itxaso also is not.)

20.   Itxaso is a very small girl, and today she is sick.

21.   She is home, in bed, with [her] mother.

22. Blackie <u>is</u> in the office.

23. Blackie is Jose's friend.

24. The dog is tired. She is asleep on the floor.

ACTIVITY 2.3 ■ SUBSTITUTION DRILLS

I am sad.	**Ni triste nago.**
I am sleepy.	**Ni lotan nago.**
I am happy.	**Ni pozik nago.**
I am angry.	**Ni haserre nago.**
I am tired.	**Ni nekatuta nago.**

You are tired.	**Zu lanpetuta zaude.**
You are sad.	**Zu triste zaude.**
You are sleepy.	**Zu lotan zaude.**
You are angry.	**Zu haserre zaude.**
You are seated. You are sitting down.	**Zu eserita zaude.**

Mother is not angry.	**Ama ez dago haserre.**
Mother is not dead.	**Ama ez dago hilik.**
Mother is not sick.	**Ama ez dago gaixorik.**
Mother is not tired.	**Ama ez dago nekatuta.**
Mother is not busy.	**Ama ez dago lanpetuta.**

ACTIVITY 2.4 ■ PLURAL OF EGON

They are not sick.	**Haiek ez daude gaixorik.**
They are not busy.	**Haiek ez daude lanpetuta.**
They are not angry.	**Haiek ez daude haserre.**
They are not happy.	**Haiek ez daude pozik.**
They are not sleepy.	**Haiek ez daude lotan.**

We are in bed.	**Gu ohean gaude.**
We are in the cave.	**Gu kobazuloan gaude.**

We are at home. We are in the house.	**Gu etxean gaude.**
We are in the car.	**Gu kotxean gaude.**
We are on the floor. We are on the ground.	**Gu lurrean gaude.**
You (pl.) are in the coffin.	**Zuek hilkutxan zaudete.**
You (pl.) are in the office.	**Zuek bulegoan zaudete.**
You (pl.) are in the cave.	**Zuek kobazuloan zaudete.**
You (pl.) are in the chair.	**Zuek aulkian zaudete.**
You (pl.) are in bed.	**Zuek ohean zaudete.**

ACTIVITY 2.6 ■ PART B

etxe	**etxean**	in the house, at home
zubi	**zubian**	on the bridge
aulki	**aulkian**	in the chair, on the chair
mahai	**mahaian**	on the table, at the table
kotxe	**kotxean**	in the car, on the car
eliza	**elizan**	in church, in the church
aho	**ahoan**	in the mouth, in (my, your) mouth
arbel	**arbelean**	on the blackboard
begi	**begian**	in the eye, in (my, your) eye
lur	**lurrean**	on the floor, on the ground
zuhaitz	**zuhaitzean**	in the tree
zuhaitz altu	**zuhaitz altuan**	in the tall tree
elkarte txiki	**elkarte txikian**	in the small organization

kotxe gorri	kotxe gorrian	in the red car
sutegi zikin	sutegi zikinean	in the dirty fireplace
garaje handi bat	garaje handi batean	in one big garage
kultur etxe ilun	kultur etxe ilunean	in the dark cultural center

ACTIVITY 2.7 ■ INESSIVE EXPRESSIONS

etxean	Ni etxean nago. Zu etxean zaude. Bera etxean dago. Haiek etxean daude. Gu etxean gaude. Zuek etxean zaudete.
zubian	Ni zubian nago. Zu zubian zaude. Bera zubian dago. Haiek zubian daude. Gu zubian gaude. Zuek zubian zaudete.
aulkian	Zu aulkian zaude. [as above, with all pronouns]
mahaian	Zu mahaian zaude. [on the table, at the table]
kotxean	Bera kotxean dago.
elizan	Bera elizan dago.
ahoan	Haiek ahoan daude. (They are in [my, your] mouth.)
arbelean	Haiek arbelean daude.
begian	Haiek begian daude.
lurrean	Gu lurrean gaude.
zuhaitzean	Gu zuhaitzean gaude.
zuhaitz altuan	Gu zuhaitz altuan gaude.
elkarte txikian	Gu elkarte txikian gaude. (We are in a small organization.)
kotxe gorrian	Zuek kotxe gorrian zaudete.
sutegi zikinean	Zuek sutegi zikinean zaudete. (You [pl.] are in a dirty fireplace.)
garaje handi batean	Zuek garaje handi batean zaudete.

kultur etxe ilunean   **Zuek kultur etxe ilunean zaudete.** (You [pl.] are in a dark cultural center.)

ACTIVITY 2.8 ■ DIRECTED RESPONSES

Did you remember?

$$\boxed{\begin{array}{c} Q + V \\ A + V \end{array}}$$

The question word and verb go together, and the answer to the question word also goes together with its verb.

1. **Zutik dago. Antton zutik dago.**
2. **Eserita daude. Emakumeak eserita daude.**
3. **Irribarrez dago. Begoña irribarrez dago.**
4. **Haserre dago. Gotzon haserre dago.**
5. **Pozik dago. Begoñaren irakaslea pozik dago.**
6. **Gaixorik dago. Gotzonen ama gaixorik dago.**
7. **Nekatuta dago. Gotzonen aita nekatuta dago.**

ACTIVITY 2.10 ■ PRACTICE WITH QUESTIONS WORDS

1. **Zer da Beltz? Txakurra ala katua?**
   Txakurra da.
   Beltz txakurra da.
2. **Non dago Edurne? Oxforden ala Kanadan?**
   Oxforden dago. (Given the choices, you could also respond **Kanadan dago.**)
   Edurne Oxforden dago.
   Oxforden dago Edurne.
3. **Zer da Katie, neska ala mutila?**
   Neska da.
   Katie neska da.
   Neska da Katie.

4. **Non dago banpiroa, Londresen ala Bilbon?**

   Londresen dago. [Given the choices, you could also respond **Bilbon dago.**]

   Banpiroa Londresen dago.

   Londresen dago banpiroa.

5. **Zer da Jose, abokatua ala ileapaintzailea?**

   Abokatua da.

   Jose abokatua da.

   Abokatua da Jose.

6. **Non dago Jon, Londresen ala Frankfurten?**

   Frankfurten dago.

   Jon Frankfurten dago.

   Frankfurten dago Jon.

7. **Nor da abokatua, Jose ala Brandon?**

   Jose da.

   Jose da abokatua.

   Abokatua Jose da.

8. **Nor dago Bilbon, Edurne ala Txema?**

   Txema dago.

   Txema dago Bilbon.

   Bilbon Txema dago.

CHAPTER THREE

I'm Not from Around Here

Dialogue

Ez naiz hemengoa.

1. GOXO: Hemen gaude kultur etxean.
2. Gaurko programa "Nazioarteko kultura" da. Baina bakarrik gaude.
3. XURGA: Non daude besteak? Non dago jendea?
4. Non daude brasildarrak, errusiarrak eta greziarrak?
5. G: Beno, hau zerrenda da. Badaude izenak zerrendan.
6. Brasildarrak Groseko hotelean daude.
7. Errusiarrak Amarako hotelean daude.
8. Eta greziarrak Ondarretako hotelean daude.
9. X: Hemengoak dira?
10. G: Ez, txoriburua. Haiek ez dira hemengoak.
11. Euskadin gaude. Donostian gaude. Hemengoak euskaldunak dira.
12. Donostiarrak dira, edo gutxienez Euskadikoak.
13. X: Ez badira hemengoak, nongoak dira?
14. G: Beno, brasildarrak Brasilekoak dira, errusiarrak Errusiakoak dira,
15. eta greziarrak Greziakoak dira.
16. X: Beno, eta suediarrak? Haiek hemengoak dira?
17. G: Ez, suediarrak Suediakoak dira. Hau mapa da. Begira.
18. Hona hemen, Suedia. Eta hangoak suediarrak dira.
19. Suediarrak Suediakoak dira. Ulertzen?
20. X: Bai, bai. Suediarrak ez dira hemengoak. Ez dira euskaldunak.
21. Ez dira Frantziakoak. Ez dira Espainakoak. Suediakoak dira.

22. G: Oso ondo. Ni, adibidez, euskalduna naiz. Baina zu, ez.
23. Zu ez zara euskalduna, ez zara donostiarra. Nongoa zara?
24. X: Londreskoa naiz. Baina orain, etxea Euskadin dago.
25. <<Nongoa zara?>> galdera garrantzitsua da, ez da?
26. G: Bai, oso galdera garrantzitsua da.
27. Baina beste galdera bat ere garrantzitsua da.
28. X: Zein?
29. G: Non daude atzerritarrak oraintxe bertan?!

▣ Hitz eta esaldi berriak ▣

hemengo	from here
kultur etxea	the cultural center (lit.: culture house)
gaur	today
gaurko	today's, of today
programa	program
programa, programa(k)	(a, the) program, (the) programs
nazioarteko	international
bakarrik	alone [use with **egon**]
beste	other
beste bat	another one
beste(a), beste(ak)	(the) other, (the) others
jende	people
jende(a)	(the) people [always sing. in Euskara]
brasildar	Brazilian
brasildar(ra), brasildar(rak)	(a, the) Brazilian, (the) Brazilians
errusiar	Russian
errusiar(ra), errusiar(rak)	(a, the) Russian, (the) Russians
greziar	Greek
greziar(ra), greziar(rak)	(a, the) Greek, (the) Greeks

zerrenda	list
zerrenda, zerrenda(k)	(a, the) list, (the) lists
badago	there are
izen	name
izen(a), izen(ak)	(a, the) name, (the) names
Gros	a neighborhood in Donosti
hotel	hotel
hotel(a), hotel(ak)	(a, the) hotel, (the) hotels
Groseko hotelean	in a hotel in Gros (lit.: of Gros)
Amara	a neighborhood in Donosti
Ondarreta	a neighborhood in Donosti
hemengoak	people from here, the ones from here
txoriburu	silly person (lit.: bird head)
txoriburu(a), txoriburu(ak)	(a, the) silly person, (the) silly people
Euskadi*	Euskadi
Euskadin	in Euskadi
Donostia	San Sebastián, Donosti, Donostia
Donostian	in San Sebastián, in Donosti(a)
euskaldun	Basque person (lit.: possessor of Euskara)
euskaldun(a), euskaldun(ak)	(a, the) Basque, (the) Basques
donostiar	native of Donosti
donostiar(ra), donostiar(rak)	(a, the) native of Donosti, (the) natives of Donosti
gutxienez	at least
Euskadiko	of, from Euskadi
Euskadiko(a), Euskadiko(ak)	(the, a) person from Euskadi, (the) people from Euskadi
ez badira	if they are not
Nongoak dira?	Where are they from?
Brasileko	from Brazil

Brasileko(a), Brasileko(ak)	(the one) from Brazil, (the ones) from Brazil
Errusiako	from Russia
Errusiako(a), Errusiako(ak)	(the one) from Russia, (the ones) from Russia
Greziako	from Greece
Greziako(a), Greziako(ak)	(the one) from Greece, (the ones) from Greece
hona hemen	here [is]
Suedia	Sweden
suediar	Swede, Swedish person
suediar(ra), suediar(rak)	(the, a) Swede, (the) Swedes
Suediako(a), Suediako(ak)	from Sweden
mapa	map
mapa, mapa(k)	(the, a) map, (the) maps
begira	look
hangoak	the people from there, the ones from there
ulertzen?	understand?
Frantzia	France
Frantziako(a), Frantziako(ak)	(the one) from France, (the ones) from France
Espaina	Spain
Espainako(a), Espainako(ak)	(the one) from Spain, (the ones) from Spain
oso	very
oso ondo	very good (lit.: very well)
adibidez	for example
baina	but
Nongoa zara?	Where are you from?
Londres	London

Londreskoa	the person from London
orain	now
etxe	house
etxe(a), etxe(ak)	(the, a) house, (the) houses
galdera	question
galdera, galdera(k)	(the, a) question, (the) questions
garrantzitsu	important
ez da?	isn't it?
zein?	which?
atzerritar	foreigner
atzerritar(ra), atzerritar(rak)	(the, a) foreigner, (the) foreigners
espazio	space, outer space

NOTE: * Euskadi is also known as the Basque Autonomous Community in Spain. It is comprised of the historical provinces or regions of Bizkaia, Gipuzkoa, and Araba. The Autonomous Community of Nafarroa is the official name of the historical province of Nafarroa (Navarre) in Spain.

■ Locative -ko with inanimate nouns and place names ■

We've seen the locative case in chapter 2 in the readings where it was used to transform a bare word into an adjective. Recall the phrases:

bulegoko mahaian	on the office desk
Australiako Katie	Katie from Australia

Both of these are examples of the locative case, that is, the suffix -[e]ko. It is used with inanimate objects or places. If the inanimate object is singular and ends in a vowel, the suffix -ko is added to the bare word.

mendia (the mountain)
mendi (mountain)

mendiko kobazuloa	the mountain cave
	the cave of the mountain
	the cave in the mountain

If the bare word ends in a consonant, a bridging vowel -e is inserted between the bare word and the suffix.

harana (the valley)
haran (valley)
haran<u>e</u>ko etxea

the valley house

the house of the valley

the house in the valley

NOTE: In English we can express this locative relationship in various ways. If we want to say *of the mountains* or *of the valleys,* we use the plural locative ending -**etako.** Because -**etako** already has an -**e** in it, there is no need for a special bridging vowel.

mendiak (the mountains)
mendi (mountain)
mendi<u>etako</u> kultura

the culture of the mountains

haranak (the valleys)
haran (valley)
haran<u>etako</u> musika

the music of the valleys

The -**eta**- in the plural suffix shows up in plural forms of five different suffixes. We will learn the others later in this book. As a word, **eta** means *and.*

We can also use the locative to express being from a place, usually in the sense of being born there. When adding the locative -**ko** to proper nouns (specifically place names), attach -**ko** to those that end in a vowel and -**eko** to those that end in a consonant. Common usage has resulted in some exceptions, as you will see in the following list:

Alemania
Germany

Alemaniako
from Germany, of Germany; German (as an adj.)

Australia
Australia

Australiako
from Australia, of Australia; Australian (as an adj.)

Brasil Brazil	**Brasileko** from Brazil, of Brazil, Brazilian (as an adj.)
Britainia Handia Great Britain	**Britainia Handiako; Britainiako** from Great Britain, of Great Britain; British (as an adj.)
Espainia Spain	**Espainiako** from Spain, of Spain; Spanish (as an adj.)
Frantzia France	**Frantziako** from France, of France; French (as an adj.)
Gales Wales	**Galesko** from Wales, of Wales; Welsh (as an adj.)

According to the rule, because **Gales** ends in a consonant, it should take **-eko,** but common usage has shortened it to **Galesko.**

Ingalaterra England	**Ingalaterrako** from England, of England; English (as an adj.)
Suedia Sweden	**Suediako** from Sweden, of Sweden; Swedish (as an adj.)
Errusia Russia	**Errusiako** from Russia, of Russia; Russian (as an adj.)
Estatu Batuak the United States	**Estatu Batuetako** (pl.) from the United States, of the United States
Euskadi Euskadi	**Euskadiko** from Euskadi, of Euskadi

Holanda	**Holandako**
Holland	from Holland, of Holland; Dutch (as an adj.)
Txina	**Txinako**
China	from China, of China; Chinese (as an adj.)

NOTE: **-ko** can be used with cities as well as countries. Compare the following sentences:

Baionakoa naiz.	I am from Bayonne.
(**Baionako + a naiz.**)	
Baionako emakumea naiz.	I am the woman from Bayonne.
(**Baionako emakume + a naiz.**)	
Baionako trena da.	It's the train from Bayonne.
(**Baionako tren + a da.**)	

A few more examples:

Hamburgekoa da.	He is from Hamburg.
Quebec-ekoak gara.	We are from Quebec.
Las Vegas-ekoak zarete.	You (pl.) are from Las Vegas.
Londreskoak dira.	They are from London.

As with **Gales** (Wales), common usage has resulted in **Londresko** instead of the expected **Londres + eko**.

ACTIVITY 3.1 ■ VOCABULARY

Give English equivalents for the following:

1. **Frantziako emakumea altua da.**
2. **Australiako gizonak legegizonak dira.**
3. **Zu Galeskoa zara?**
4. **Alemaniako kotxeak garajean daude.**
5. **Galesko balet-dantzariak pozik daude.**

6. Ni ez naiz Holandakoa.
7. Zuek Errusiakoak al zarete?
8. Nortzuk daude zerrendan? Suediakoak eta Espainakoak.

ACTIVITY 3.2 ■, QUESTIONS

Give the English equivalents for the questions below. Then ask the questions aloud and answer each, first in the negative and then in the affirmative.

1. Estatu Batuetakoa zara?
2. Alemaniakoa zara?
3. Australiakoa al zara?
4. Holandakoak al zarete?
5. Espainakoak zarete zuek?
6. Italiakoak zarete?

■ Responding to nongoa? (where from?) ■

Nongoa zara?	Where are you from?
Ni Reno-koa naiz.	I am from Reno. (I'm a Renoite)
Nongoa zara zu?	Where are you from?
Zu Kaliforniakoa zara?	Are you from California?
Ez, ni ez naiz	No, I'm not a Californian.
Kaliforniakoa.	I am not a Californian.
Ni Texasekoa naiz.	I'm a Texan.

NOTE: The Royal Academy of the Basque Language (Euskaltzaindia) has decided to spell *Kalifornia* with a *k*. The letter *c* does not officially exist in the Basque alphabet.

When adding Basque suffixes to foreign words (such as the place name *Reno*) a hyphen is sometimes used to separate the foreign word from the suffix. However, if the name is familiar to the Basque speaker (California), the hyphen is often omitted.

NOTE: Alan King calls this the local-genitive case when used with place names and adjectivalization with **-ko** when the product is used as a modifier.

Nongoak dira? Eta nola daude?	*Where are they from? And how are they?*
Kobazuloko sorginak Txinako hotelean daude.	The witches from the cave are in a Chinese hotel.
Sorginak animatuta daude.	The witches are excited.
Australiako irakasleak ere Txinako hotelean daude.	The teachers from Australia are also in the Chinese hotel.
Irakasleak nekatuta daude.	The teachers are tired.
Gainera, Frantziako balet-dantzariak ere Txinako hotelean daude.	Furthermore, the ballet dancers from France are also in the Chinese hotel.
Balet-dantzariak lanpetuta daude.	The ballet dancers are busy.
Eta beste pertsona batzuk ere hotelean daude.	And some other people are also in the hotel.
Txinako astronautak hoteleko ohean eserita daude.	The astronauts from China are sitting down on a hotel bed.
Astronautak ez daude pozik.	The astronauts are not happy.
Negarrez daude. Triste daude.	They're crying. They're sad.
Lurrean daude. Hoteleko ohean etzanda daude.	They're on the ground. They are lying on a hotel bed.
Haiek ez daude espazioan.	They are not in space.
Eta orain lotan daude.	And now they are asleep.

ACTIVITY 3.3 ■ PRACTICE WITH QUESTION WORDS

Answer the following questions based on the text above:

1. **Nongoak dira sorginak?**
2. **Nola daude sorginak?**
3. **Nongoak dira irakasleak?**
4. **Nola daude irakasleak?**
5. **Nongoak dira balet-dantzariak?**

6. **Nola daude balet-dantzariak?**
7. **Nongoak dira astronautak?**
8. **Nortzuk daude lotan?**
9. **Nortzuk daude animatuta?**
10. **Nortzuk daude lanpetuta?**
11. **Nortzuk daude triste?**

■ More about nationalities and countries ■

In the list below, two alternatives are given for each nationality. One is the locative suffix attached to the name of the country. We've just studied them, and we've seen that these forms are capitalized. The other forms vary from nationality to nationality and are <u>not</u> capitalized. They express the sense of having been born somewhere or being of a national origin.

Herria/nazioa	Nongoa?
Frantzia (France)	**Teresa Frantziakoa da.**
	Teresa frantsesa da.
Alemania (Germany)	**Adolfo Alemaniakoa da.**
	Adolfo alemana da.
Suedia (Sweden)	**Helena Suediakoa da.**
	Helena suediarra da.
Grezia (Greece)	**Telesforo Greziakoa da.**
	Telesforo greziarra da.
Brasil (Brazil)	**Antonio Brasilekoa da.**
	Antonio brasildarra da.
Espainia (Spain)	**Karmen Espainiakoa da.**
	Karmen espainola da.
Holanda (Holland)	**Hansel Holandakoa da.**
	Hansel holandarra da.

Errusia (Russia)	**Vladimir Errusiakoa da.**
	Vladimir errusiarra da.
Ingalaterra (England)	**Robert Ingalaterrakoa da.**
	Robert ingelesa da.
Italia (Italy)	**Sofia Italiakoa da.**
	Sofia italiarra da.
Euskal Herria (the Basque Country)	**Jokin Euskal Herrikoa da.**
	Jokin euskalduna da.
Estatu Batuak (United States)	**Heather Estatu Batuetakoa da.**
	Heather amerikarra da.
Q: **Bilbokoa zara?**	Are you from Bilbao?
Bilbotarra zara?	Are you a native of Bilbao?
A: **Ez, ez naiz Bilbokoa.**	No, I'm not from Bilbao.
Galeskoa naiz.	I'm from Wales.
Estatu Batuetakoa naiz.	I'm from the U.S.

ACTIVITY 3.4 ■ SUBSTITUTION DRILLS

Substitutions in this exercise vary from nationalities to subject pronouns. Remember, when the subject pronoun changes, the verb must change accordingly. The subjects in the first drill are all singular, whereas the subjects in the second are all plural.

Model:

Ni euskalduna naiz.	I am Basque.

Cues:

italiarra	**Ni italiarra naiz.**
suediarra	**Ni suediarra naiz.**
alemana	**Ni alemana naiz.**
espainola	**Ni espainola naiz.**

zu	Zu espainola zara.
holandarra	Zu holandarra zara.
errusiarra	Zu errusiarra zara.
ingelesa	Zu ingelesa zara.
bera	Bera ingelesa da.
amerikanoa	Bera amerikanoa da.
Italiakoa	Bera Italiakoa da.
Holandakoa	Bera Holandakoa da.

Model:

| Gu suediarrak gara. | We are Swedish. |

Cues:

alemana	Gu alemanak gara.
greziarra	Gu greziarrak gara.
brasildarra	Gu brasildarrak gara.
frantsesa	Gu frantsesak gara.
Errusiakoa	Gu Errusiakoak gara.
zuek	Zuek Errusiakoak zarete.
Suediakoa	Zuek Suediakoak zarete.
Alemaniakoa	Zuek Alemaniakoak zarete.
Frantziakoa	Zuek Frantziakoak zarete.
haiek	Haiek Frantziakoak dira.
Greziakoa	Haiek Greziakoak dira.
Brasilekoa	Haiek Brasilekoak dira.

ACTIVITY 3.5 ■ SUBSTITUTION DRILLS

Substitutions in this drill also vary from nationalities to subject pronouns, but the singular and plural forms are all mixed together. Practice aloud until you can make all the changes successfully.

Model:

| Zuek ingelesak zarete. | You (pl.) are English. |

Cues:

holandesa	Zuek holandesak zarete.
greziarra	Zuek greziarrak zarete.
Alemaniakoa	Zuek Alemaniakoak zarete.
ni	Ni Alemaniakoa naiz.
Italiakoa	Ni Italiakoa naiz.
frantsesa	Ni frantsesa naiz.
haiek	Haiek frantsesak dira.
Greziakoa	Haiek Greziakoak dira.
Brasilekoa	Haiek Brasilekoak dira.
zu	Zu Brasilekoa zara.
Alemaniakoa	Zu Alemaniakoa zara.
Estatu Batuetakoa	Zu Estatu Batuetakoa zara.
Australiakoa	Zu Australiakoa zara.
gu	Gu Australiakoak gara.
alemana	Gu alemanak gara.
Ingalaterrakoak	Gu Ingalaterrakoak gara.
Jon	Jon Ingalaterrakoa da.
amerikarra	Jon amerikarra da.
euskalduna	Jon euskalduna da.

ACTIVITY 3.6 ■ ALA QUESTIONS AND ANSWERS

Practice with questions using **ala**. Ask the questions aloud before responding.

1. Nongoa da Vladimir, Errusiakoa ala Espainakoa?
2. Nongoa da Heidi, Holandakoa ala Italiakoa?
3. Nongoa da Coquette, Frantziakoa ala Alemaniakoa?
4. Nongoa da Adolf, Alemaniakoa ala Brasilekoa?
5. Nongoa da Joseba, Euskal Herrikoa ala Estatu Batuetakoa?

Dialogue

Nolakoa da Xurga banpiroa? *What is Xurga the vampire like?*

Xurga Londreskoa da, baina Euskadin dago.

Xurga is from London, but he is in Euskadi.

Xurga banpiroa burusoila da.

Xurga the vampire is bald.

Ez da beltzarana. Ez da ilehoria. Ez da ilegorria. Burusoila da.

He's not a brunet. He's not a blond. He's not a redhead. He's bald.

Gainera, pottoloa da. Ez da lodia, pottoloa baizik.

Furthermore, he's chubby. He's not fat, but rather [he's] chubby.

Normalki banpiroak ez dira pottoloak.

Normally, vampires are not chubby.

Filmetan edo politak edo itsusiak dira, baina ia beti argalak dira.

In the movies, they are either handsome or ugly, but they are almost
always thin.

Xurga ez da banpiro normala.

Xurga is not a normal vampire.

Dracula adibidez altua da, baina Xurga ez da altua. Xurga txikia da.

Dracula, for example, is tall, but Xurga is not tall. Xurga is short.

**Nosferatu oso itsusia da, baina Xurga ez da itsusia. Xurga nahiko
polita da.**

Nosferatu is very ugly, but Xurga is not ugly. Xurga is rather handsome.

Askotan banpiroak indartsu eta sendoak dira.

Often vampires are strong and robust.

Xurga ere indartsu eta sendoa da. Ez da ahula.

Xurga is also strong and robust. He's not weak.

Baina pixkat alferra da.

But he is a little bit lazy.

Zer gehiago? Beno, bere hilkutxa oso garbia da.

What else? Well, his coffin is very clean.

Bere etxea ere oso garbia da. Oso banpiro garbia da Xurga.

His house is also very clean. Xurga is a very clean vampire.

■ Hitz eta esaldi berriak ■

Nolakoa da?	What is he (or she) like?
burusoil	bald (adj.)
burusoil(a), burusoil(ak)	bald (adj.)
beltzaran	brunet, brunette
beltzaran(a), beltzaran(ak)	(the, a) brunet(te), (the) brunet(tes)
ile	hair
ile(a)	(the, a) hair
ilehori	blond, blonde
ilehori(a), ilehori(ak)	(the, a) blond(e), (the) blonds / blondes
ilegorri	redhead
ilegorri(a), ilegorri(ak)	(the, a) redhead, (the) redheads
hori	yellow
hori(a)	yellow (adj. with sing. marker, or n. the yellow one)
gorri	red
gorri(a)	red (adj. with sing. marker, or n. the red one)
lodi	fat (adj.)
lodi(a), lodi(ak)	fat (adj.)
baizik	but rather
normal	normal (adj.)
normal(a), normal(ak)	normal (adj.)
normalki	normally (adv.)
film	film, movie
film(a), film(ak)	(the, a) movie, (the) movies
itsusi	ugly (adj.)
itsusi(a), itsusi(ak)	ugly (adj.)
ia	almost
beti	always

nahiko	rather, quite
polit	pretty, handsome (adj.)
polit(a), polit(ak)	pretty, handsome (adj.)
askotan	often
indartsu	strong (adj.)
indartsu(a), indartsu(ak)	strong (adj. with markers, or n. the strong one[s])
sendo	robust (adj.)
sendo(a), sendo(ak)	robust (adj. with markers, or n. the robust one[s])
ahul	weak (adj.)
ahul(a), ahul(ak)	weak (adj. with markers, or n. the weak one[s])
pixkat	a little bit
alfer	lazy (adj.)
alfer(ra), alfer(rak)	lazy (adj. with markers, or n. the lazy one[s])
gehiago	more
Zer gehiago?	What else?
garbi	clean (adj.)
garbi(a), garbi(ak)	clean (adj. with markers, or n. the clean one[s])
adjektibo	adjective
izenlagun	adjective

ACTIVITY 3.7 ■ SUBSTITUTION / TRANSFORMATION DRILLS

Rewrite the sentences below, substituting **ni** for **Xurga** and making the necessary changes in the verbs.

Model:

Xurga burusoila da.   <u>**Ni burusoila naiz.**</u>

Cues:

1. Xurga ez da banpiro normala.
2. Dracula adibidez altua da, baina Xurga ez da altua.
3. Xurga txikia da.
4. Nosferatu oso itsusia da, baina Xurga ez da itsusia.
5. Xurga nahiko polita da.
6. Xurga ere indartsu eta sendoa da.
7. Oso banpiro garbia da Xurga.

Rewrite the sentences again, this time substituting **gu** for **Xurga** and making the necessary changes <u>in the verbs and in the adjectives</u>.

Model:

Xurga burusoila da.   <u>**Gu burusoilak gara.**</u>

Cues:

8. Xurga ez da banpiro normala.
9. Dracula adibidez altua da, baina Xurga ez da altua.
10. Xurga txikia da.
11. Nosferatu oso itsusia da, baina Xurga ez da itsusia.
12. Xurga nahiko polita da.
13. Xurga ere indartsu eta sendoa da.
14. Oso banpiro garbia da Xurga.

■ Responding to **nolakoa?/nolakoak?** (what is someone like?) ■

Nolako and **nola** are only a syllable apart, but that **-ko** makes all the difference. **Nola** requires an adverb in the response (see chapter 2). **Nolako** is answered with adjectives, which modify nouns. They can take case endings (suffixes) and be used with markers (like **bat** and the demonstratives). In fact, even the question word often takes a suffix!

Nolakoa da Begoña?   What is Begoña like?

or

Nolakoak dira neskak?   What are the girls like?

The question word **nolakoa** asks "what (is a person or thing) like?" Well, "she's tall, she's short, she's smart, she's stupid, she's thin, she's fat, . . ." You get the idea. Answer with an adjective. The word list that accompanies the reading **Nolakoa da Xurga banpiroa?** contains several new adjectives.

Q: **Nolakoa da Begoña?**	What is Begoña like?
A: Begoña altua da.	Begoña is tall.
Altua da.	She's tall.

Q: **Nolakoa zara?**	What are you like?
A: (Ni) adimentsua naiz.	I'm intelligent.
Ez naiz kirtena.	I'm not stupid.

Q: **Nolakoak dira haiek?**	What are they like?
A: Haiek gazte eta sendoak dira.	They're young and healthy.
Haiek politak dira.	They're pretty.
Ez dira txikiak.	They aren't short.

If the adjective is modifying a plural, then the adjective must also carry the plural marker. If the modifier is a string of adjectives, then the last adjective in the string must carry the marker.

Here are some more adjectives to use when describing people and things:

berri	new
bibotedun	mustached, having a mustache
bizkor	energetic
gazte	young
zahar	old
zikin	dirty

ACTIVITY 3.8 ■ ADJECTIVE SUBSTITUTION DRILLS

Do all drills orally. Read through the drill, then cover the right-hand column and try to make the changes without looking. Pay special attention to the pronunciation of -z as in **zu ez zara** (ssoo etSARa).

Model:

Zu ez zara bizkorra.	You are not energetic.

Cues:

altu	**Zu ez zara altua.**
txiki	**Zu ez zara txikia.**
garbi	**Zu ez zara garbia.**
haiek	**Haiek ez dira garbiak.**
gazte	**Haiek ez dira gazteak.**
zahar	**Haiek ez dira zaharrak.**
gu	**Gu ez gara zaharrak.**
bibotedun	**Gu ez gara bibotedunak.**

Model:

Haiek politak dira, ezta?	They are handsome, right?

Cues:

ilegorri	**Haiek ilegorriak dira, ezta?**
indartsu	**Haiek indartsuak dira, ezta?**
zikin	**Haiek zikinak dira, ezta?**
ni	**Ni zikina naiz, ezta?**
garbi	**Ni garbia naiz, ezta?**
ahul	**Ni ahula naiz, ezta?**
alfer	**Ni alferra naiz, ezta?**
zuek	**Zuek alferrak zarete, ezta?**
beltzaran	**Zuek beltzaranak zarete, ezta?**
itsusi	**Zuek itsusiak zarete, ezta?**

ACTIVITY 3.9 ■ NOLAKOA QUESTIONS AND ANSWERS

Answer the following questions based on the text **Nolakoa da Xurga banpiroa?**
The purpose of this exercise is to practice asking and answering questions with
nolakoa. There may be more than one way to answer the question. Remember:

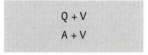

Q + V
A + V

1. Nolakoa da Xurga?
2. Nolakoak dira banpiroak filmetan?
3. Nolakoa da Dracula?
4. Nolakoa da Nosferatu?
5. Nolakoak dira banpiroak askotan?
6. Nolakoa da hilkutxa?
7. Nolakoa da etxea?

ACTIVITY 3.10 ■ QUESTIONS AND ANSWERS

Answer the following questions based on the text **Nolakoa da Xurga banpiroa?** The purpose of this exercise is to review previous ways of asking and answering questions.

1. Xurga beltzarana al da?
2. Nor da burusoila?
3. Banpiroak pottoloak dira normalki?
4. Nolakoa da Xurga, altua ala txikia?
5. Nor da itsusia?
6. Nortzuk dira indartsuak?
7. Nolakoa da Xurga, lodia ala pottoloa?

■ Building phrases with adjectives ■

Often we talk about *big houses* or *small cars* or *naughty children* or *dirty stinking pigs*, not just *a house, the car, this child* or *that pig*. We use adjectives to describe exactly what we are talking about. In English, these adjectives normally precede the noun they modify. In Euskara, most adjectives follow the noun, as do the markers for *the, one, this,* and *that.* (We'll learn the demonstrative forms *this* and *that* in chapter 5.) If you use an adjective (or two) to modify a noun, you still need to choose a marker that will appear at the end of the string or phrase. Observe below how the markers **-a, -ak,** and **bat** appear only once at the end of the noun phrase.

etxe	house (bare word)
etxea	the house (with a sing. marker)
etxe handia	the big house
etxe handi eta garbia	the big clean house

NOTE: In English we don't usually use *and* with two adjectives, but we do in Basque.

sorgin	witch
sorginak	the witches
sorgin burusoilak	the bald witches
sorgin burusoil eta alferrak	the bald lazy witches
gizon	man (bare word)
gizon bat	one man
gizon altu bat	one tall man
gizon altu eta ilehori bat	one tall blond man
gizon altu, ilehori eta gazte bat	one tall blond young man

Notice that the marker (**-a** in the examples with **sorgin,** or **bat** in the examples with **gizon**) moves to the end of the noun phrase. It does not repeat on every word.

The adjectives formed with **-ko** are exceptions to the rule of placement (following the noun) demonstrated above. Adjectives with **-ko,** the locative case, always precede the noun, as we saw earlier in the chapter.

mahai	desk, table [bare word]
mahaiak	the desks [with a pl. marker]
mahai handiak	the big desks
bulegoko mahai handiak	the big desks from the office
neska	girl [bare word]
neska bat	one girl
neska txiki bat	one small girl
neska txiki eta ilegorri bat	one small redheaded girl

Australiako neska txiki eta　　one small redheaded girl from
ilegorri bat　　Australia

If you use a phrase like one of the above as your subject, do not separate its parts. The string is a noun phrase and cannot be interrupted or divided by any other part of the sentence. Keep this in mind when forming negatives:

Balet-dantzari txiki bat ez da Errusiakoa.
One small ballet dancer is not from Russia.
Londresko banpiro pottolo horiek ez dira hemengoak.
Those chubby London vampires are not from here.

NOTE: When you have two adjectives following the noun, you link them with **eta** (and) in Euskara. When you have three or more adjectives, you only use **eta** between the last two.

Brasildar altu eta garrantzitsuak abokatuak dira.
The tall important Brazilians are lawyers. ·
Irakasle garbi, burusoil eta adimentsuak ez daude irrifarrez.
The clean, bald, and intelligent teachers are not smiling.

Think of these noun phrases as sacred cows. You can never cut them into pieces. (Come to think of it, *sacred cow* is a noun phrase.)

ACTIVITY 3.11　■　SENTENCE BUILDING

Write out this exercise to practice creating longer sentences. Each model is very short. Add the cues one at a time to make increasingly longer sentences. Check each sentence against the answers at the end of the chapter before attempting the next one.

Model:

Xurga banpiroa da.　　Xurga is a vampire.

Cues:

1. altu　　Xurga is a tall vampire.

2. **burusoil**   Xurga is a tall bald vampire.

3. **garbi**   Xurga is a tall, bald, clean vampire.

4. **Londresko**   Xurga is a tall, bald, clean vampire
                           from London.

Model:

Ni ikaslea naiz.   I am a student.

Cues:

5. **adimentsu**   I am an intelligent student.

6. **polit**   I am a handsome intelligent student.

7. **bizkor**   I am a handsome, intelligent, ener-
                           getic student.

Model:

Gu ez gara sorginak.   We are not witches.

Cues:

8. **itsusi**   We are not ugly witches.

9. **alfer**   We are not ugly lazy witches.

10. **kobazuloko**   We are not ugly lazy witches from
                           the cave.

■ Hilabeteak (months of the year) ■

urtarril(a)	January	**urtarrilean**	in January
otsail(a)	February	**otsailean**	in February
martxo(a)	March	**martxoan**	in March
apiril(a)	April	**apirilean**	in April
maiatz(a)	May	**maiatzean**	in May
ekain(a)	June	**ekainean**	in June
uztail(a)	July	**uztailean**	in July
abuztu(a)	August	**abuztuan**	in August
irail(a)	September	**irailean**	in September
urri(a)	October	**urrian**	in October
azaro(a)	November	**azaroan**	in November
abendu(a)	December	**abenduan**	in December

STUDY SUGGESTION: Memorize the months of the year by associating the sound or spelling of each with a mnemonic device or memory aid. March, April, and May are similar to English, but for each of the other months I provide a sample mnemonic phrase below. Feel free to create your own.

urtarrilean	In January <u>your tarry lean</u> dog is sunk in the snow.
otsailean	<u>Oh, sigh,</u> I wish I could go <u>sail</u>ing in February.
ekainean	<u>A kind</u> of sunny month.
uztailean	<u>Whose style</u> is red, white, and blue in July?
abuztuan	<u>A boost to</u> those whose birthdays are in August.
irailean	<u>I rail</u> at the notion of school. (spelling) We <u>rile</u> the teacher. (sound)
urrian	B<u>rrrr, real</u>ly cold in October.
azaroan	<u>Ah, sorrow</u> for the turkey in November.
abenduan	<u>I bend to</u> collect gifts from beneath the Christmas tree.

■ **Zenbakiak** numbers 20–40 ■

20	**hogei**
21	**hogeita bat** (lit.: twenty and one)
22	**hogeita bi**
23	**hogeita hiru**
24	**hogeita lau**
25	**hogeita bost**
26	**hogeita sei**
27	**hogeita zazpi**
28	**hogeita zortzi**
29	**hogeita bederatzi**
30	**hogeita hamar** (twenty and ten)

31	**hogeita hamaika** (twenty and eleven)
32	**hogeita hamabi** (twenty and twelve)
33	**hogeita hamairu** (twenty and thirteen)
34	**hogeita hamalau** (twenty and fourteen)
35	**hogeita hamabost** (twenty and fifteen)
36	**hogeita hamasei** (twenty and sixteen)
37	**hogeita hamazazpi** (twenty and seventeen)
38	**hogeita hemezortzi** (twenty and eighteen)
39	**hogeita hemeretzi** (twenty and nineteen)
40	**berrogei** (two twenties)

In Basque, when using a number with a noun, the number 1 (**bat**) follows the noun. All others precede it.

Emakume bat but **bi emakume, hiru gizon**

NOTE: Use the bare word with numbers. No articles, please!

ACTIVITY 3.12 ■ NUMBERS

Practice counting in Euskara. Here are some ideas to use in class. Try counting to a rhythm. It will sharpen your wits and keep you from getting bored. Form a circle with other students. Begin clapping together. Not too fast! At first, clap three times, then on the fourth clap have a student announce **bat.** Clap three more times, and on the fourth clap a student announces **bi.** As you improve, you can cut the clapping to two beats between numbers, and then to one beat between numbers.

Another fun way to practice numbers is to toss a ball from student to student. For instance, let's count by threes. A student takes the ball and announces **hiru.** Then the student tosses the ball to another student who must announce **sei.** That student in turn tosses the ball to the next student who will announce **bederatzi.** Continue until you have counted all the way to forty (or in this case, thirty-nine.)

Vary your counting practice by counting backwards.

ENGLISH EQUIVALENT OF **EZ NAIZ HEMENGOA**
(I'M NOT FROM HERE)

1. GOXO: Here we are in the cultural center.

2. Today's program is "International Culture." But we are alone.

3. XURGA: Where are the others? Where are the people? (Note that **jende** is sing. in Euskara.)

4. Where are the Brazilians, the Russians, and the Greeks?

5. G: Well, this is a list. There are names on the list.

6. The Brazilians are in a hotel in Gros (lit.: hotel of Gros).

7. The Russians are in a hotel in Amara.

8. And the Greeks are in an Ondarreta hotel.

9. X: Are they from here? (Are they natives of this place?)

10. G: No, silly. They are not from here.

11. We are in Euskadi. We are in Donosti. People from here are Basques.

12. They're natives of Donosti or at least they are from Euskadi.

13. X: If they're not from here, where are they from?

14. G: Well, the Brazilians are from Brazil, the Russians are from Russia,

15. and the Greeks are from Greece.

16. X: Okay, and the Swedes? Are they from here?

17. G: No, the Swedes are from Sweden. This is a map. Look.

18. Here, Sweden. And people from there are Swedes.

19. The Swedish are from Sweden. Understand?

20. X: Yes, yes. The Swedes are not from here. They are not Basques.

21. They are not from France. They aren't from Spain. They are from Sweden.

22. G: Very good. (lit.: very well) I, for example, am Basque. But not you.

23. You are not Basque, you aren't a native of Donosti. Where are you from?

24. X: I'm from London. But now, [my] house is in Euskadi.

25. "Where are you from?" is an important question, isn't it?

26. G: Yes, it's a very important question.

27. But another question is also important.

28. x: Which one?

29. G: Where are the foreigners right now?!

ACTIVITY 3.1 ■ VOCABULARY

1. The woman from France is tall. (The French woman is tall.)

2. The men from Australia are lawyers. (The Australian men are lawyers.)

3. Are you from Wales? Are you Welsh?

4. The German cars are in the garage.

5. The Welsh ballet dancers are happy.

6. I am not from Holland.

7. Are you (pl.) from Russia? (Are you Russian?)

8. Who (pl.) is on the list? Swedes and Spaniards. (The ones from Sweden and the ones from Spain.)

ACTIVITY 3.2 ■ QUESTIONS

1. **Estatu Batuetakoa zara?** Are you from the United States?
   Bai, Estatu Batuetakoa naiz. Bai, ni Estatu Batuetakoa naiz.
   Ez, ez naiz Estatu Batuetakoa. Ez, ni ez naiz Estatu Batuetakoa.

2. **Alemaniakoa zara?** Are you from Germany? (Are you German?)
   Bai, Alemaniakoa naiz.
   Ez, ez naiz Alemaniakoa.

3. **Australiakoa al zara?** Are you from Australia? (Are you Australian?)
   Bai, Australiakoa naiz.
   Ez, ez naiz Australiakoa.

4. **Holandakoak al zarete?** Are you (pl.) from Holland? (Are you Dutch?)
   Bai, Holandakoak gara. Bai, gu Holandakoak gara.
   Ez, ez gara Holandakoak. Ez, gu ez gara Holandakoak.

5. **Espainiakoak zarete zuek?** Are you (pl.) from Spain?

Bai, Espainiakoak gara.

Ez, ez gara Espainiakoak.

6.   **Italiakoak zarete?** Are you (pl.) from Italy? (Are you (pl.) Italian?)

    Bai, Italiakoak gara.

    Ez, ez gara Italiakoak.

ACTIVITY 3.3 ■ QUESTION WORD PRACTICE

1. **Nongoak dira sorginak?**   Where are the witches from?
   Kobazulokoak dira.
   Sorginak kobazulokoak dira.
2. **Nola daude sorginak?**   How are the witches feeling?
   Animatuta daude.
   Sorginak animatuta daude.
3. **Nongoak dira irakasleak?**   Where are the teachers from?
   Australiakoak dira.
   Irakasleak Australiakoak dira.
4. **Nola daude irakasleak?**   How are the teachers feeling?
   Nekatuta daude.
   Irakasleak nekatuta daude.
5. **Nongoak dira balet-**   Where are the ballet dancers from?
   dantzariak?
   Frantziakoak dira. Balet-
   dantzariak Frantziakoak
   dira.
6. **Nola daude balet-dantzariak?**   How are the ballet dancers feeling?
   Lanpetuta daude.
   Balet-dantzariak lanpetuta
   daude.
7. **Nongoak dira astronautak?**   Where are the astronauts from?
   Txinakoak dira.
   Astronautak Txinakoak dira.
8. **Nortzuk daude lotan?**   Who (pl.) are sleeping?
   Astronautak daude lotan.   The astronauts are sleeping.

9. **Nortzuk daude animatuta?** Who (pl.) are excited?
   Sorginak daude animatuta. The witches are excited.

10. **Nortzuk daude lanpetuta?** Who (pl.) are busy?
    Balet-dantzariak daude The ballet dancers are busy.
    lanpetuta.

11. **Nortzuk daude triste?** Who (pl.) are sad?
    Astronautak daude triste. The astronauts are sad.

ACTIVITY 3.6 ■ ALA QUESTIONS AND ANSWERS

1. Where is Vladimir from, Russia or Spain? (from Russia or from Spain)
   Errusiakoa da. Vladimir Errusiakoa da.

2. Where is Heidi from, Holland or Italy?
   Holandakoa da. Heidi Holandakoa da.

3. Where is Coquette from, France or Germany?
   Frantziakoa da. Coquette Frantziakoa da.

4. Where is Adolf from, Germany or Brazil?
   Alemaniakoa da. Adolf Alemaniakoa da.

5. Where is Joseba from, the Basque Country or the United States?
   Euskal Herrikoa da. Joseba Euskal Herrikoa da.

ACTIVITY 3.7 ■ SUBSTITUTION / TRANSFORMATION DRILLS

1. **Ni ez naiz banpiro normala.** I am not a normal vampire.
2. **Dracula adibidez altua da, baina ni ez naiz altua.** For example, Dracula is tall, but I am not tall.
3. **Ni txikia naiz.** I am short.
4. **Nosferatu oso itsusia da, baina ni ez naiz itsusia.** Nosferatu is very ugly, but I'm not ugly.
5. **Ni nahiko polita naiz.** I am rather handsome.
6. **Ni ere indartsu eta sendoa naiz.** I am also strong and healthy.
7. **Oso banpiro garbia naiz ni.** I am a very clean vampire.
8. **Gu ez gara banpiro normalak.** We are not normal vampires.

9. **Dracula adibidez altua da, baina gu ez gara altuak.** For example, Dracula is tall, but we are not tall.

10. **Gu txikiak gara.** We are short.

11. **Nosferatu oso itsusia da, baina gu ez gara itsusiak.** Nosferatu is very ugly, but we are not ugly.

12. **Gu nahiko politak gara.** We are rather handsome.

13. **Gu ere indartsu eta sendoak gara.** We are also strong and healthy.

14. **Oso banpiro garbiak gara gu.** We are very clean vampires.

ACTIVITY 3.9 ■ NOLAKOA QUESTIONS AND ANSWERS

1. **Nolakoa da Xurga?** What is Xurga like? What does Xurga look like?
   Burusoila da. Xurga burusoila da.

2. **Nolakoak dira banpiroak filmetan?** What are vampires like in the movies?
   Edo politak edo itsusiak dira, baina ia beti argalak dira.

3. **Nolakoa da Dracula?** What is Dracula like?
   Altua da. Dracula altua da.

4. **Nolakoa da Nosferatu?** What is Nosferatu like?
   Itsusia da. Nosferatu itsusia da.

5. **Nolakoak dira banpiroak askotan?** What are vampires often like?
   Askotan banpiroak indartsu eta sendoak dira.

6. **Nolakoa da hilkutxa?** What is the coffin like?
   Oso garbia da. Hilkutxa oso garbia da.

7. **Nolakoa da etxea?** What is the house like?
   Oso garbia da. Etxea ere oso garbia da.

ACTIVITY 3.10 ■ QUESTIONS AND ANSWERS

1. Is Xurga brunet?
   Ez, Xurga ez da beltzarana.

2. Who is bald?
   Xurga da. Xurga da burusoila.

3. Are vampires normally chubby?
   Ez, ez dira pottoloak. Ez, normalki banpiroak ez dira pottoloak.

4.   What is Xurga like, tall or short?

     Txikia da. Xurga txikia da.

5.   Who is ugly?

     Nosferatu da. Nosferatu da itsusia.

6.   Who are strong?

     Banpiroak dira. Banpiroak dira indartsuak.

7.   What is Xurga like, fat or chubby?

     Pottoloa da. Xurga pottoloa da.

ACTIVITY 3.11 ■ SENTENCE CONSTRUCTION

1.   **Xurga banpiro altua da.**
2.   **Xurga banpiro altu eta burusoila da.**
3.   **Xurga banpiro altu, burusoil eta garbia da.**
4.   **Xurga Londresko banpiro altu, burusoil eta garbia da.**
5.   **Ni ikasle adimentsua naiz.**
6.   **Ni ikasle adimentsu eta polita naiz.**
7.   **Ni ikasle adimentsu, polit eta bizkorra naiz.**
     (Did you remember to double the final -**rr** on **bizkor**?)
8.   **Gu ez gara sorgin itsusiak.**
9.   **Gu ez gara sorgin itsusi eta alferrak.**
10. **Gu ez gara kobazuloko sorgin itsusi eta alferrak.**

CHAPTER FOUR

Living It Up

Dialogue

Non bizi zara?

Goxo Begi Oker kobazuloan bizi da. Bakarrik bizi da. Ez da inorekin bizi. Ez da Xurgarekin bizi. Xurga ere bakarrik bizi da, baina ez da kobazulo batean bizi.

Non bizi da Xurga? Xurga etxean bizi da. Hilkutxa etxean dago. Norekin bizi da Xurga? Inorekin ez da bizi. Bakarrik bizi da.

1. GOXO: Xurga, non bizi dira Errusiako astronautak?

2. XURGA: Errusian bizi dira, noski.

3. G: Eta non bizi da Estatu Batuetako presidentea?

4. X: Washington-en bizi da.

5. G: Oso adimentsua zara. Eta ni, non bizi naiz?

6. X: Haitzuloan bizi zara. Euskadin bizi zara.

7. Lur planetan bizi zara. Esne-bide galaxian bizi zara.

8. G: Ederki! Gu elkarrekin bizi gara!

9. X: Ez, ez da egia.

10. Ni etxean bizi naiz, bakarrik, eta zu haitzuloan bizi zara.

11. Gu ez gara elkarrekin bizi.

12. G: Baina Euskadin bizi gara, ezta?

13. Eta Lur planetan bizi gara. Gainera, Esne-bide galaxian bizi gara.

14. Horrela, elkarrekin bizi gara!

15. X: Oso pertsona arraroa zara, Goxo.

■ Hitz eta esaldi berriak ■

Beginning with chapter 4, nouns and adjectives will be listed as bare words, without the singular and plural markers.

bizi da	she/he lives
bakarrik	alone
inor	someone
inor ez	no one
inorekin ez	with no one, not with anyone
Xurgarekin	with Xurga
Norekin?	With whom?
bizi dira	they live
Non bizi dira?	Where do they live?
noski	of course
presidente	president
bizi naiz	I live
haitzulo	cave
kobazulo	cave
bizi zara	you live
Lur	Earth
planeta	planet
planetan	on the planet
esne	milk
Esne-bide	Milky Way
galaxia	galaxy
Ederki!	Very well (done)! Great! Excellent!
elkar	each other
elkarrekin	with each other, together
egia	truth
ez da egia	it isn't true, it isn't the truth
horrela	in that way, therefore, thus

pertsona	person
arraro	rare, unusual, strange

ACTIVITY 4.1 ■ VOCABULARY

Try different methods for learning new vocabulary. Here are some suggestions.

Make flashcards with Euskara on one side and English on the other. After testing yourself a few times with the cards, set a timer for two minutes and see how many you can answer correctly in that time.

Write out each vocabulary word five times. Then test your knowledge by covering the English and giving the meanings of the Euskara. When you are able to do that well, reverse the process. Cover the Euskara, and use the English for your cue. Which one is more difficult for you to do?

Purchase the wide-lined paper that elementary students use to practice penmanship. Print your new words large with colored markers on the wide lines. Do whatever you need to do to keep vocabulary practice from getting boring.

■ Bizi izan (to live) verb ■

The word **bizi** means *live*. It is used with the auxiliary verb **izan** (to be) to form the present tense of *to live*. For example,

(ni) bizi naiz	I live
(zu) bizi zara	you live (sing.)
(hi) bizi haiz	you live (sing., familiar)
(bera) bizi da	she lives, he lives, it lives
(haiek) bizi dira	they live
(gu) bizi gara	we live
(zuek) bizi zarete	you live (pl.)
Q: **Non bizi zara?**	Where do you live?
A: **Galesen bizi naiz.**	I live in Wales.
Ni Galesen bizi naiz.	I live in Wales.
Estatu Batuetan bizi naiz.	I live in the U.S.

Ni Estatu Batuetan bizi naiz.	I live in the U.S.
Kanadan bizi naiz.	I live in Canada.
Ni Kanadan bizi naiz.	I live in Canada.
Q: Ingalaterran bizi da?	Does she live in England?
A: Ez, ez da Ingalaterran bizi.	No, she doesn't live in England.
Australian bizi da.	She lives in Australia.

■ Affirmative and negative sentences ■

NOTE: **bizi da** separates in the negative, as the auxiliary verb **da** moves to the front of the sentence where it is preceded by the negative **ez** (not). **Ez** can mean both *no* and *not*.

Gorka Donostian bizi da.	Gorka lives in Donostia.
Gorka ez da Frankfurten bizi.	Gorka doesn't live in Frankfurt.
(Zu) Queenslanden bizi zara.	You live in Queensland.
(Zu) ez zara Nevadan bizi.	You don't live in Nevada.
(Ni) Amerikan bizi naiz.	I live in America.
(Ni) ez naiz Frantzian bizi.	I don't live in France.

ACTIVITY 4.2 ■ SUBSTITUTION / TRANSFORMATION DRILLS

Read through the right-hand column until you feel familiar with the exercise. Then cover the column and do the drill orally, using only the cues to guide you.

Model:

Zu Londresen bizi zara.

Cues:

ni	**Ni Londresen bizi naiz.**
bera	**Bera Londresen bizi da.**
gu	**Gu Londresen bizi gara.**
zuek	**Zuek Londresen bizi zarete.**

haiek	**Haiek Londresen bizi dira.**
zu	**Zu Londresen bizi zara.**

Model:

Haiek ez dira Australian bizi.

Cues:

ni	**Ni ez naiz Australian bizi.**
zu	**Zu ez zara Australian bizi.**
Xurga	**Xurga ez da Australian bizi.**
gu	**Gu ez gara Australian bizi.**
zuek	**Zuek ez zarete Australian bizi.**
haiek	**Haiek ez dira Australian bizi.**

■ Inessive with proper nouns (place names) ■

In chapter 2, we began using the inessive endings with common nouns. Specifically, we used the definite singular inessive case endings with inanimate beings.

To say "in Europe" or "in the United States," we must use inessive case markers with the proper nouns *Europe* and *United States*. Euskara is a postposition language, which means we add case markers to the end of words. Serendipitously, the case marker that means *in* is **-n**. It can also mean *at* or *on*.

When proper nouns of place names end in a vowel, simply add **-n**.

Idaho	**IdahoN** (EE-dah-ohn)
Boise	**BoiseN**
Kanada	**KanadaN**
Australia	**AustraliaN**
Europa	**EuropaN** (ay-oo-ROH-pahn)
Euskadi	**EuskadiN**

When the proper noun ends in a consonant, Basques add the **-n** with a bridging vowel in between, which in this case is **-e-,** so the suffix becomes **-en.**

Oregon	**OregonEN**
Londres	**LondresEN**

| Queensland | QueenslandEN |
| Montreal | MontrealEN |

ACTIVITY 4.3 ■ INESSIVE CASE

Practice aloud. Cover the right-hand column below with a piece of paper. Pronounce the words and phrases in the left-hand column, then say each again in the inessive case. Check yourself by uncovering the right-hand column one word at a time.

Euskadi	Euskadin
Gales	Galesen
India	Indian
Texas	Texasen
Txina	Txinan (Chee-nahn)
Frantzia	Frantzian
Errusia	Errusian
Washington	Washingtonen
Madril	Madrilen
Londres	Londresen
Kalifornia	Kalifornian
Maine	Maine-n (May-nenn)

ACTIVITY 4.4 ■ SUBSTITUTION DRILLS

Model:

Gu ez gara Txinan bizi.   We do not live in China.

Cues:

Euskadin	**Gu ez gara Euskadin bizi.**
Texasen	**Gu ez gara Texasen bizi.**
Londresen	**Gu ez gara Londresen bizi.**
Frantzian	**Gu ez gara Frantzian bizi.**
Errusian	**Gu ez gara Errusian bizi.**

Model:

> **Amerikarra naiz, baina pozik nago Italian.**
>
> I am an American, but I am happy in Italy.

Cues:

> **Espainan**
>
> **Amerikarra naiz, baina pozik nago Espainan.**

> **Britainian**
>
> **Amerikarra naiz, baina pozik nago Britainian.**

> **Galesen**
>
> **Amerikarra naiz, baina pozik nago Galesen.**

> **Kanadan**
>
> **Amerikarra naiz, baina pozik nago Kanadan.**

> **Mexicon**
>
> **Amerikarra naiz, baina pozik nago Mexicon.**

> **Australian**
>
> **Amerikarra naiz, baina pozik nago Australian.**

■ Inessive in the plural ■

This is a good time for a quick review of chapter 2 where we first introduced the inessive.

In the plural, we form the inessive by adding **-etan** to the bare noun:

etxe	**etxeetan** (in the houses)
klase	**klaseetan** (in the classes)
unibertsitate	**unibertsitateetan**
aulki	**aulkietan**
mahai	**mahaietan**
motxila	**motxiletan** (a + e = e)
aurpegi	**aurpegietan**
arbel	**arbeletan**
lur	**lurretan** (final **-r** doubles when a suffix is added)

| zuhaitz | zuhaitzetan (in the trees) |
| zuhaitz handi | zuhaitz handietan (in the big trees) |

NOTE: When using the inessive with phrases, add the case marker to the last item in the phrase.

ACTIVITY 4.5 ■ PRACTICE WITH PLURAL INESSIVE

Answer the questions as directed. Check your answers at the end of the chapter.

1. **Non daude begiak?** (in faces)
2. **Non daude sorginak?** (in the caves)
3. **Non daude ikasleak?** (in the classes)
4. **Non daude irakasleak?** (in the universities)
5. **Non daude zuhaitzak?** (in the mountains)
6. **Non daude atzerritarrak?** (in the new hotels)
7. **Non daude mapak?** (on the big tables)
8. **Non daude autobusak?** (in the dirty garages)

ACTIVITY 4.6 ■ SINGULAR TO PLURAL TRANSFORMATION

Rewrite the following sentences, changing the singular to plural. Be careful. There's a lot going on here!

Models:
| **Atzerritarra hotelean bizi da.** | The foreigner lives in the hotel. |
| **Atzerritarrak hoteletan bizi dira.** | The foreigners live in the hotels. |

1. **Banpiroa hilkutxan dago.**
2. **Sorgina kobazulo handian bizi da.**
3. **Balet-dantzaria ez da ilegorria.**
5. **Mekanikari biboteduna etxean bizi da.**
6. **Txakur beltza ez dago aulkian.**

■ Inessive with inanimate things ■

The two lists below summarize what we have learned about the inessive endings thus far.

Definite, singular	*Definite, plural*
etxeAN	etxeETAN
mendiAN	mendiETAN
soinekoAN	soinekoETAN
liburuAN	liburuETAN
hilkutxaN (a + a = a)	hilkutxETAN (a + e = e)
haranEAN (insert bridging -E)	haranETAN
arbelEAN	arbelETAN
lurrEAN (final -r is doubled)	lurrETAN

■ Inessive with inanimate proper nouns ■

BoiseN

EuskadiN

TokioN

TimbuktuN

NevadaN

ParisEN (insert bridging -E)

GasteizEN

ACTIVITY 4.7 ■ QUESTIONS

Answer the following questions. Use the model as a pattern, but provide locations appropriate to the nationality in each sentence.

Model:

Non bizi dira amerikarrak?

Estatu Batuetan bizi dira. Amerikarrak Estatu Batuetan bizi dira.

Cues:

1. **Non bizi dira Errusiakoak?**
2. **Non bizi dira frantzesak?**
3. **Non bizi dira Txinakoak?**
4. **Non bizi dira Brasileko abokatuak?**
5. **Non bizi dira Greziako dantzariak?**

■ Responding to **norekin?** (with whom?):
Associative case in the singular and plural ■

The associative suffixes are used to express *with*.

PROPER NAMES

When declining proper names that end in a consonant, use **-ekin**.

Jon	**Jonekin**
Gladys	**Gladysekin**
Jonekin bizi naiz.	I live with Jon.
Gladysekin bizi al zara?	Do you live with Gladys?

When declining proper names that end in a vowel, use **-rekin**.

Xurga	**Xurgarekin**
Txema	**Txemarekin**
Goxo Xurgarekin bizi da, Lur planetan.	Goxo lives with Xurga on planet Earth.
Txemarekin bizi naiz.	I live with Txema.

COMMON NOUNS

With common nouns in the singular, attach **-arekin** to the bare word.

emakume	**emakumearekin**	with the woman
abokatu	**abokatuarekin**	with the lawyer
gizon	**gizonarekin**	with the man

If the bare word ends in -a, remember the spelling rule: **a + a = a.**

neska   **neskarekin**   with the girl

If the bare word ends in -r, remember that final -r doubles when markers or suffixes (case endings) are added:

txakur + r + arekin   **txaku<u>rr</u>arekin** with the dog

With common nouns in the plural, attach **-ekin** to the bare word.

emakume	**emakumeekin**	with the women
abokatu	**abokatuekin**	with the lawyers
neska	**neskekin** (a + e = e)	with the girls
gizon	**gizonekin**	with the men
txakur	**txakurrekin**	with the dogs

ACTIVITY 4.8 ■ SENTENCE BUILDING

In this exercise, part of the model sentence is underlined. You are given bare words or phrases to which you must attach the appropriate associative ending, thereby transforming the model into a new sentence.

Do the exercises orally first, until you can cover the right-hand column and perform them without errors. These exercises should also be written out to ensure that you are practicing the spelling of words. In addition, many people learn more efficiently by writing out exercises. The numbers will be useful for the next activity.

Model:

Xurga ez da <u>Goxorekin</u> bizi.

Cues:

1. Jon	**Xurga ez da Jonekin bizi.**
2. Edurne	**Xurga ez da Edurnerekin bizi.**
3. Katie	**Xurga ez da Katierekin bizi.**
4. Elvis	**Xurga ez da Elvisekin bizi.**
5. Joseba	**Xurga ez da Josebarekin bizi.**

Model:

Txakurrak <u>katuarekin</u> bizi dira.

Cues:

6. igel	**Txakurrak igelarekin bizi dira.**
7. ama	**Txakurrak amarekin bizi dira.**
8. astronauta altu	**Txakurrak astronauta altuarekin bizi dira.**
9. erraldoi	**Txakurrak erraldoiarekin bizi dira.**
10. neska ilehori	**Txakurrak neska ilehoriarekin bizi dira.**
11. aktore gazte	**Txakurrak aktore gaztearekin bizi dira.**

Model:

Gu <u>gurasoekin</u> bizi gara.

NOTE: The cues in this exercise will be given in the plural to indicate use of the plural associative ending. Find the bare word, then attach the suffix.

Cues:

12. neskak	**Gu neskekin bizi gara.**
13. txakurrak	**Gu txakurrekin bizi gara.**
14. erizain garbiak	**Gu erizain garbiekin bizi gara.**
15. azafata alferrak	**Gu azafata alferrekin bizi gara.**
16. abeslari pottoloak	**Gu abeslari pottoloekin bizi gara.**

ACTIVITY 4.9 ■ ENGLISH EQUIVALENTS

For each of the sixteen final sentences above, write out the English equivalent. Check your answers at the end of the chapter to make sure you understand what you have written out.

ACTIVITY 4.10 ■ SUBSTITUTION DRILL

Rewrite the model sentence, making the substitutions indicated.

Model:

Jonekin bizi naiz.   I live with Jon.

Cue:

Edurne

Response:

Edurnerekin bizi naiz.

Cues:

1. **abokatu**
2. **txakur beltz bat**
3. **gizon altu eta burusoil**
4. **neskak**
5. **Gotzon**
6. **Txema**
7. **aktore gazte**
8. **erraldoi alferrak**
9. **banpiro pottolo**
10. **Edurne**
11. **Lurdes**

■ Associative with personal pronouns ■

What if you want to say, "He lives with me" or "We live with you"? In that case, use the associative endings with the personal pronouns. **Ni** means *I,* but with the associative, it corresponds to *with me.* Below are the personal pronouns in the associative case.

ni	**niREKIN**	with me
zu	**zuREKIN**	with you
bera	**beraREKIN**	with him, with her
gu	**guREKIN**	with us
haiek	**haiEKIN**	with them (Note the absence of an **-r.**)
zuek	**zuEKIN**	with you (pl.) (Note the absence of an **-r.**)

ACTIVITY 4.11 ■ DIRECTED TRANSLATION

Write the following in Euskara. Check your answers at the end of the chapter.

1. I live with you.
2. I don't live with them.
3. We live with her.
4. We don't live with you (pl.).
5. You live with me.
6. You don't live with us.
7. They live with him.
8. They don't live with me.

Dialogue

Norekin bizi da Xurga? With whom does Xurga live?

Xurga ez da otsogizonarekin bizi.

Xurga doesn't live with the werewolf.

Xurga ez da sorginarekin bizi.

Xurga doesn't live with the witch.

Goxo Begi-Oker saguzahar batekin bizi da, kobazuloan.

Goxo Evil-Eye lives with a bat in the cave.

Baina Xurga ez da kobazuloan bizi.

But Xurga doesn't live in the cave.

Xurga etxe handi batean bizi da. Baina norekin?

Xurga lives in a big building. But with whom?

Beste pertsona batzuk etxea handian bizi dira.

Some other people live in the big building.

Etxe handian abeslari bat azafata batekin bizi da.

In the big building a singer lives with a flight attendant.

Baina haiek ez dira banpiroarekin bizi.

But they don't live with the vampire.

Haiek ez dira Xurgarekin bizi.

They don't live with Xurga.

Gainera bi ileapaintzaile erizain politarekin bizi dira etxe handian.

Furthermore, two hairdressers live with a pretty nurse in the big building.

Eta taxista bat postariarekin bizi da.

And one taxi driver lives with a postal worker.

Baina haiek ez dira Xurgarekin bizi.

But they don't live with Xurga.

Norekin bizi da Xurga?

Who does Xurga live with? (With whom does Xurga live?)

Inorekin ez da bizi!

He doesn't live with anyone!

Bakarrik bizi da.

He lives alone.

■ Hitz eta esaldi berriak ■

abere	animal
abeslari	singer
aktore	actor
astronauta	astronaut
autobus	bus
azafata	flight attendant
elefante	elephant
erizain	nurse
esnesaltzaile	milkman (or woman), a person who sells milk
etxekoandre	housewife
ileapaintzaile	hairdresser
jirafa	giraffe
katu	cat
lehendakari	president (of the Basque Country)
lehoi	lion [don't confuse it with **leiho (a)**, *window!*]
pinguino	penguin
postari	postman (or woman)

presidente	president
profesio	profession
taxista	taxi driver

Observe the following questions and answers, paying special attention to the negative constructions to refresh your memory:

Q: **Zu abeslaria zara?**	Are you a singer?
A: **Bai, abeslaria naiz.**	Yes, I'm a singer.
Ez, ez naiz abeslaria!	No, I'm not a singer!
Q: **Miren azafata da?**	Is Miren an airline stewardess?
A: **Bai, Miren azafata da.**	Yes, Miren is a stewardess
Bai, azafata da.	Yes, (she) is a stewardess.
Ez, ez da azafata.	No, (she) isn't a stewardess.
Ez, Miren ez da azafata.	No, Miren is not a stewardess.
Q: **Joseba altua da?**	Is Joseba tall?
A: **Bai, altua da.**	Yes, he's tall.
Bai, Joseba altua da.	Yes, Joseba is tall.
Ez, ez da altua.	No, he's not tall.
Ez, Joseba ez da altua.	No, Joseba isn't tall.
Q: **Zure pinguinoa lodia da?**	Is your penguin fat?
A: **Bai, nire pinguinoa lodia da.**	Yes, my penguin is fat.
Bai, lodia da.	Yes, it is fat.
Ez, nire pinguinoa ez da lodia.	No, my penguin isn't fat.
Ez, ez da lodia.	No, it isn't fat.

ACTIVITY 4.12 ■ ANSWERING QUESTIONS

Answer the following questions based on the text **Norekin bizi da Xurga?**

1. **Xurga otsogizonarekin bizi da?**
2. **Sorginarekin bizi da Xurga?**
3. **Norekin bizi da Goxo Begi-Oker?**
4. **Xurga Goxorekin bizi da?**

5. Norekin bizi da abeslaria?

6. Norekin bizi dira ileapaintzaileak?

7. Norekin bizi da taxista?

8. Norekin bizi da Xurga?

ACTIVITY 4.13 ■ CREATING QUESTIONS

Pair off with another student and take turns asking each other the questions below. The first part of your activity should be creating the questions. Try to do so without looking at the answers. Then check your accuracy before practicing orally.

1. Do you live with the werewolf?

2. Do you live with a vampire?

3. Do you live with witches?

4. Do you live with the singer?

5. Do you live with hairdressers?

6. Do you live with [your] mother?

7. Who do you live with? (With whom do you live?)

ACTIVITY 4.14 ■ BUILDING NEGATIVE SENTENCES

Change the following sentences to negatives. Check your answers at the end of the chapter. Be sure you know the meaning of each sentence.

Model:

Nire jirafa altua da.   **Nire jirafa ez da altua.**

Cues:

1. **Emakumeak erizainak dira.**

2. **Mekanikaria ikaslea da.**

3. **Bilboko autobusak garbiak dira.**

4. **Ni abeslaria naiz.**

5. **Zuek ileapaintzaileak zarete.**

6. **Gu aktore argalak gara.**

7. Zu esnesaltzailea zara.

8. Ni Parisen nago.

9. Zuek Euskadin bizi zarete.

10. Xurga Goxorekin bizi da.

11. Otsogizonak urduri daude.

12. Pinguino lodiak gara.

ENGLISH EQUIVALENT OF NON BIZI ZARA?
WHERE DO YOU LIVE?

Goxo Begi Oker lives in a cave. She lives alone. She doesn't live with anyone. She doesn't live with Xurga. Xurga also lives alone, but he doesn't live in a cave.

Where does Xurga live? Xurga lives in a house. [His] coffin is in a house. With whom does Xurga live? He doesn't live with anyone. He lives alone.

1. GOXO: Xurga, where do the Russian astronauts live?

2. XURGA: They live in Russia, of course.

3. G: And where does the president of the United States live?

4. X: He lives in Washington.

5. G: You are very smart. And where do I live?

6. X: You live in a cave. You live in Euskadi.

7. You live on planet Earth. You live in the Milky Way galaxy.

8. G: Excellent! We live together!

9. X: No, it's not true.

10. I live in a house, alone, and you live in a cave.

11. We don't live with each other.

12. G: But we live in Euskadi, don't we?

13. And we live on planet Earth. Furthermore, we live in the Milky Way galaxy.

14. In that way [therefore], we live together!

15. X: You are a very strange person, Goxo.

ACTIVITY 4.5 ■ PRACTICE WITH PLURAL INESSIVE

1. **Non daude begiak?** Where are the eyes? (in faces)
   Aurpegietan daude. Begiak aurpegietan daude.

2. **Non daude sorginak?** Where are the witches? (in the caves)
   Kobazuloetan daude. Sorginak kobazuloetan daude.

3. **Non daude ikasleak?** Where are the students? (in the classes)
   Klaseetan daude. Ikasleak klaseetan daude.

4. **Non daude irakasleak?** Where are the teachers? (in the universities)
   Unibertsitateetan daude. Irakasleak unibertsitateetan daude.

5. **Non daude zuhaitzak?** Where are the trees? (in the mountains)
   Mendietan daude. Zuhaitzak mendietan daude.

6. **Non daude atzerritarrak?** Where are the foreigners? (in the new
   hotels)
   Hotel berrietan daude. Atzerritarrak hotel berrietan daude.

7. **Non daude mapak?** Where are the maps? (on the big tables)
   Mahai handietan daude. Mapak mahai handietan daude.

8. **Non daude autobusak?** Where are the buses? (in the dirty garages)
   Garaje zikinetan daude. Autobusak garaje zikinetan daude.

ACTIVITY 4.6 ■ SINGULAR TO PLURAL TRANSFORMATION

1. **Banpiroak hilkutxetan daude.**
   The vampires are in the coffins.

2. **Sorginak kobazulo handietan bizi dira.**
   The witches live in the big caves.

3. **Abokatu aspergarriak haranetan bizi dira.**
   The boring lawyers live in the valleys.

4. **Balet-dantzariak ez dira ilegorriak.**
   The ballet dancers are not redheads.

5. **Mekanikari bibotedunak etxeetan bizi dira.**
   The mustached mechanics live in houses.

6. **Txakur beltzak ez daude aulkietan.**
   The black dogs are not on the chairs.

ACTIVITY 4.7 ■ QUESTIONS

1. Non bizi dira Errusiakoak?

   Errusian bizi dira.

   Errusiakoak Errusian bizi dira.

2. Non bizi dira frantsesak?

   Frantzian bizi dira.

   Frantsesak Frantzian bizi dira.

3. Non bizi dira Txinakoak?

   Txinan bizi dira.

   Txinakoak Txinan bizi dira.

4. Non bizi dira Brasileko abokatuak?

   Brasilen bizi dira.

   Brasileko abokatuak Brasilen bizi dira.

   (You could also have said **Rio de Janeiron bizi dira.**)

5. Non bizi dira Greziako dantzariak?

   Grezian bizi dira.

   Greziako dantzariak Grezian bizi dira.

   Greziako dantzariak Atenas-en bizi dira.

ACTIVITY 4.9 ■ ENGLISH EQUIVALENTS

1. Xurga doesn't live with Jon.
2. Xurga doesn't live with Edurne.
3. Xurga doesn't live with Katie.
4. Xurga doesn't live with Elvis.
5. Xurga doesn't live with Joseba.
6. The dogs live with the frog.
7. The dogs live with mother.
8. The dogs live with the tall astronaut.
9. The dogs live with the giant.
10. The dogs live with the blonde girl.
11. The dogs live with the young actor.
12. We live with the girls.

13. We live with the dogs.

14. We live with the clean nurses.

15. We live with the lazy flight attendants.

16. We live with the chubby singers.

ACTIVITY 4.10 ■ SUBSTITUTION DRILL

1. **Abokatuarekin bizi naiz.**

2. **Txakur beltz batekin bizi naiz.**

3. **Gizon altu eta burusoilarekin bizi naiz.**

4. **Neskekin bizi naiz.**

5. **Gotzonekin bizi naiz.**

6. **Txemarekin bizi naiz.**

7. **Aktore gaztearekin bizi naiz.**

8. **Erraldoi alferrekin bizi naiz.**

9. **Banpiro pottoloarekin bizi naiz.**

10. **Edurnerekin bizi naiz.**

11. **Lurdesekin bizi naiz.**

ACTIVITY 4.11 ■ DIRECTED TRANSLATION

1. I live with you. **Zurekin bizi naiz. Ni zurekin bizi naiz.** (Note that the subject pronoun **ni** is optional.)

2. I don't live with them. **Ez naiz haiekin bizi. Ni ez naiz haiekin bizi.**

3. We live with her. **Berarekin bizi gara. Gu berarekin bizi gara.**

4. We don't live with you (pl.). **Ez gara zuekin bizi. Gu ez gara zuekin bizi.**

5. You live with me. **Nirekin bizi zara. Zu nirekin bizi zara.**

6. You don't live with us. **Ez zara gurekin bizi. Zu ez zara gurekin bizi.**

7. They live with him. **Berarekin bizi dira. Haiek berarekin bizi dira.**

8. They don't live with me. **Ez dira nirekin bizi. Haiek ez dira nirekin bizi.**

ACTIVITY 4.12 ■ ANSWERING QUESTIONS

1. Does Xurga live with the werewolf?

   Ez, Xurga ez da otsogizonarekin bizi.

2. Does Xurga live with the witch?

   Ez, Xurga ez da sorginarekin bizi.

3. With whom does Goxo Evil-Eye live?

   Goxo Begi-Oker saguzahar batekin bizi da.

4. Does Xurga live with Goxo?

   Ez, Xurga ez da Goxorekin bizi.

5. With whom does the singer live?

   Azafata batekin bizi da. Abeslaria azafata batekin bizi da.

6. With whom do the hairdressers live?

   Erizain politarekin bizi dira ileapaintzaileak.

   Ileapaintzaileak erizain politarekin bizi dira.

   Haiek erizain politarekin bizi dira.

7. With whom does the taxi driver live?

   Postariarekin bizi da taxista. Taxista postariarekin bizi da.

8. With whom does Xurga live?

   Inorekin ez da bizi.

   Inorekin ez da bizi Xurga.

   Xurga inorekin ez da bizi.

ACTIVITY 4.13 ■ CREATING QUESTIONS

1. Do you live with the werewolf?

   Otsogizonarekin bizi zara? Zu otsogizonarekin bizi al zara?

2. Do you live with a vampire?

   Banpiroarekin bizi zara? Zu banpiroarekin bizi zara?

3. Do you live with witches?

   Sorginekin bizi al zara? Zu sorginekin bizi zara?

4. Do you live with the singer?

   Abeslariarekin bizi zara?

5.   Do you live with the hairdressers?

    Ileapaintzaileekin bizi zara?

6.   Do you live with [your] mother?

    Amarekin bizi zara?

7.   Who do you live with? (With whom do you live?)

    Norekin bizi zara?

ACTIVITY 4.14. ■ BUILDING NEGATIVE SENTENCES

1.   **Emakumeak ez dira erizainak.**

    The women are not nurses.

2.   **Mekanikaria ez da ikaslea.**

    The mechanic is not the teacher.

3.   **Bilboko autobusak ez dira garbiak.**

    The Bilbao buses are not clean. (Actually, they are very clean.)

4.   **Ni ez naiz abeslaria.**

    I am not a singer.

5.   **Zuek ez zarete ileapaintzaileak.**

    You (pl.) are not hairdressers.

6.   **Gu ez gara aktore argalak.**

    We are not slender actors.

7.   **Zu ez zara esnesaltzailea.**

    You are not a milkman.

8.   **Ni ez nago Parisen.**

    I am not in Paris.

9.   **Zuek ez zarete Euskadin bizi.**

    You (pl.) do not live in Euskadi.

10.   **Xurga ez da Goxorekin bizi.**

    Xurga doesn't live with Goxo.

11.   **Otsogizonak ez daude urduri.**

    The werewolves are not worried.

12.   **Ez gara pinguino lodiak. Gu ez gara pinguino lodiak.**

    We are not fat penguins.

CHAPTER FIVE

This, That, and the Other

Dialogue

Liburu hau garrantzitsua da!

1. GOXO: **Xurga! Esnatu!**
2. XURGA: **(hilkutxan, lotan) Zer? Nor da?**
3. G: **Goxo naiz. Esnatuta zaude?**
4. X: **Gutxi gorabehera. Larri zaude?**
5. G: **Bai, pixkat. Galdera bat.**
6. **Non dago liburu handi eta urdina?**
7. X: **Beno, liburu asko dago hilkutxan.**
8. **(liburu bat jasotzen) Liburu hau?**
9. G: **Ez, liburu hori ez. Liburu hori orlegia da.**
10. **Non dago liburu handi eta urdina?**
11. X: **(beste liburu bat jasotzen) Liburu hau?**
12. G: **Begira, liburu hori laranja da. Non dago liburu urdina?**
13. X: **(beste liburu bat jasotzen) A! Liburu hau! Ziur nago.**
14. G: **Ez, txoriburua. Liburu hori ez. Liburu hori horia da! Eta txikia.**
15. **Non dago liburu handi eta urdina?**
16. X: **Handi eta urdina? (Begiratzen. Badaude apalak hormetan.)**
17. **Liburu handi eta urdin bat hormako apalean dago.**
18. **Liburu hura?**
19. G: **Bai! Bai! Liburu hura! Mila esker!**
20. X: **Oso liburu zahar eta itsusia da.**
21. G: **Egia da, liburu hau oso zahar eta itsusia da.**
22. **Baina barruan, badaude hitz sorginduak.**
23. **Badaude hitz eta esaldi sorginduak.**

24. Hitz hauek oso boteretsuak dira.

25. Hitz hauekin, ni ere boteretsua naiz.

26. x: A! Liburu hori garrantzitsua da!

27. Beno. (Liburu lodi bat jasotzen.) Liburu lodi hau ere boteretsua da.

28. G: Zer da liburu hori?

29. x: Liburu hau hiztegia da!

    Liburu hau garrantzitsua da!

■ Hitz eta esaldi berriak ■

Esnatu!	Wake up!
esnatuta	awake
Esnatuta zaude?	Are you awake?
gutxi gorabehera	more or less
larri	upset
liburu	book
urdin	blue
asko	a lot, many
jasotzen	lifting
laranja	orange
ziur	sure, certain
ziur nago	I'm sure, I'm sure of it
begiratzen	looking
apal	shelf
horma	wall
hormako apalean	wall shelf
hura	that over there [farther away than **hori**]
mila esker	thanks a lot (lit.: a thousand thanks)
barruan	inside
hitz	word
sorgindu	enchanted (by witchcraft)
esaldi	phrase

hitz eta esaldi sorginduak	enchanted words and phrases
hauek	these
boteretsu	powerful
hauekin	with these
lodi	thick, fat
hiztegi	dictionary, vocabulary list

ACTIVITY 5.1 ■ VOCABULARY

Read the dialogue aloud several times until you are confident that you understand what you are saying. Remember, the English equivalents can always be found at the end of the chapter.

Spend at least thirty minutes a day drilling new vocabulary words. Always practice two ways, orally and by writing the words several times.

■ Demonstratives—this one, that one, and that one over there ■

Look at the dialogue between Goxo and Xurga again. See how they banter back and forth? One uses **hau** (this), the other replies with **hori** (that), and so on.

8.   XURGA: (liburu bat jasotzen) Liburu <u>hau</u>?

9.   GOXO: Ez, liburu <u>hori</u> ez. Liburu <u>hori</u> orlegia da.

10.   Non dago liburu handi eta urdina?

11.   X: (beste liburu bat jasotzen) Liburu <u>hau</u>?

12.   G: Begira, liburu <u>hori</u> laranja da. Non dago liburu urdina?

13.   X: (beste liburu bat jasotzen) A! Liburu <u>hau</u>! Ziur nago.

14.   G: Ez, txoriburua. Liburu <u>hori</u> ez. Liburu <u>hori</u> horia da!

The last bit is a reminder that **hori** can mean both *that* and *yellow*.

The demonstratives in the dialogue are being used with nouns as modifiers. When they are used to modify nouns (or phrases), they follow the noun. When used to modify a string of words, they are the last item in the string. They can also be used all by themselves, as pronouns.

We've seen **hau, hori,** and **haiek** in our vocabulary lists already. **Haiek** can mean both *those over there* and *they*. The following are the nominative forms of the demonstratives.

Singular	*Plural*
hau	**hauek**
hori	**horiek**
hura	**haiek**

Pronunciation Note

Hau rhymes with *COW*, and **hauek** sounds like *OW-ekk*. **Hori** sounds like *OH-dee*, but **horiek** sounds like *OY-yekk*. **Hura** sounds like *OO-da*, but **haiek** sounds like *EYE-yekk*. In the approximate pronunciations shown above, the final -**k**s are doubled for a reason. In English, final -ks are almost lost. Say the word *back out* loud. The final -k is barely there, because it has almost no air behind it. Now say *back out*. Did you notice that the intervocalic (between vowels) k- sound in *back out* is more evident? It has more air behind it. Now say *cat* aloud. The initial k- sound in *cat* is the most evident of all. Pronouncing a sound with air behind it is called aspiration. In English, initial k- sounds are strongly aspirated. In Euskara, final -ks are much more strongly aspirated than they are in English. In fact, they are as aspirated as initial -ks in English. The double -**kk** sound for Basque words is used to remind you to aspirate your final -**k** in Euskara.

RESPONDING TO QUESTIONS WITH DEMONSTRATIVES

Zer da hau?	**Hori emakumea da.**
What is this? (closest to speaker)	That is a woman.

When you ask someone "What's this?" the object of your question is usually very close to you. When someone answers the question, they are usually farther away from the object than the person who asked "What's this?" So the response is usually "That is . . ." or in Euskara, **Hori . . . da.** The same logic will apply to the plural forms.

Zer da hori?	**Hau liburua da.**	**Liburua da.**
What is that? (a little farther away)	This is a book.	It's a book.

NOTE: The same logic as above applies here. Often, the response to "What is that?" will be "This is . . ." or **Hau . . . da.**

Zer da hura?	**Hura apala da.**	**Apala da.**
What is that over there? (the farthest distance away)	That over there is a shelf.	It's a shelf.

Zer dira hauek?	**Horiek hitz sorginduak dira.**
What are these?	Those are enchanted words.

Nortzuk dira horiek?	**Hauek lagunak dira. Lagunak dira.**
Who are those [people]?	These are friends. They're friends.

Zer dira haiek?	**Haiek lagun boteretsuak dira.**
What are those over there?	Those (over there) are powerful friends.

Haiek lagunak ala etsaiak al dira?	**Haiek etsaiak dira. Etsaiak dira.**
Are they friends or enemies? Are those over there friends or enemies?	They are enemies.

ACTIVITY 5.2 ■ DEMONSTRATIVES

Practice the following drill orally to accustom yourself to the location of the demonstratives. Read through the drill, then cover the right side and repeat the drill until you can do it easily. The numbers will be helpful in the next activity.

Model:

Liburu <u>hori</u> urdina da.	That book is blue.
1. **hau**	**Liburu hau urdina da.**
2. **hura**	**Liburu hura urdina da.**
3. **hori**	**Liburu hori urdina da.**

Model:

| **Jirafa <u>haiek</u> ez daude larri.** | Those giraffes over there are not upset. |

4. hauek	Jirafa hauek ez daude larri.
5. horiek	Jirafa horiek ez daude larri.
6. haiek	Jirafa haiek ez daude larri.

Model:

<u>Hau</u> azafata pottoloa da.	This is a chubby flight attendant.
7. Hori	Hori azafata pottoloa da.
8. Hura	Hura azafata pottoloa da.
9. Hau	Hau azafata pottoloa da.

Model:

Azafata <u>hauek</u> ez dira argalak.	These flight attendants are not thin.
10. horiek	Azafata horiek ez dira argalak.
11. haiek	Azafata haiek ez dira argalak.
12. hauek	Azafata hauek ez dira argalak.

Notice that **hau** in the third model (phrases 7, 8, and 9) is being used as a pronoun subject. The phrase **azafata pottoloa** is the predicate. It looks like it has two singular markers until we remember that the bare word **azafata** ends in **-a**. The only singular marker is at the end of **pottolo̲a**.

ACTIVITY 5.3 ■ ENGLISH EQUIVALENTS

Write out the English equivalents of the sentences in the right-hand column for 1 through 12 in activity 5.2. Check your answers at the end of the chapter.

■ Inessive demonstratives with inanimate things ■

In chapter 2, we learned how to say *in, at, on* using the inessive case. What do we do if we want to say *in this* or *on that*? We can use the inessive forms of the demonstratives. By now you should be seeing a pattern. All the case endings attach to the end of the word or phrase. If the phrase ends with a demonstrative marker, then the suffixes or case endings attach to the demonstrative. There is only one marker per subject whether the subject is a single word or a longer phrase. Likewise, there is only one marker per predicate, the part of the sentence that refers back to the subject, as in "The dog is big and fat." *Big and fat* refer back to the *dog*, so this phrase is the predicate. In English it's easy to find, because it is separated from the subject by the verb. However, in Euskara we have to be on our toes, because the verb appears at the end of affirmative sentences, so the subject and the predicate can sit right next to each other in the sentence. We have to look for markers, and demonstratives often serve as markers.

Let's see what Xurga and Goxo are up to now.

XURGA: **Apal hura horman dago. Badaude liburu handiak apal hartan.**
That shelf over there is on the wall. There are big books on that shelf over there.

GOXO: **Apal hartan? (keinua egiten)**
On that shelf over there? (pointing it out)

XURGA: **Bai, apal hartan.**
Yes, on that shelf over there.

G: **Liburu haiek?**
Those books over there?

X: **Bai, liburu haiek.**
Yes, those books over there.

Badaude gauza interesgarriak liburu haietan.
There are interesting things in those books over there.

G: **Liburu urdina ez dago apal hartan.**
The blue book is not on that shelf over there.

X: **Beno, beharbada apal honetan dago. Badago apal honetan?**
Well, maybe it's on this shelf. Is it on this shelf?

G: **Bai, bai! Badago apal horretan!**
Yes, yes! It is on that shelf!

Liburu urdina apal horretan dago.
The blue book is on that shelf. (Closer than "on that shelf over there" **apal hartan.**)

Let's take a look at the inessive forms of the demonstratives we saw earlier.

liburu hau (this book)   **liburu honetan** (in this book)
liburu hori (that book)   **liburu horretan** (in that book)

liburu hura (that book over there)

liburu hartan (in that book over there)

apal hauek (these shelves)

apal hauetan (on these shelves)

apal horiek (those shelves)

apal horietan (on those shelves)

apal haiek (those shelves over there)

apal haietan (on those shelves over there)

The following singular forms

honetan

horretan

hartan

look very irregular. However, once you become accustomed to these, all the other singular forms of the demonstratives that we'll see in the future will be quickly recognizable.

The following plural forms

hauetan

horietan

haietan

are just **hau, hori** and **haiek** (minus the -**k**) with the plural inessive ending -**etan** attached.

These forms of the demonstrative are only used with things, not with living beings. In a later chapter we will learn how to use the inessive with people and animals, but for now, let's stick to *things*.

There will be lots of opportunities to use these demonstrative forms. For now, do the best you can, and try to recognize them when you see them, even if you are not immediately able to use them in conversation.

ACTIVITY 5.4 ■ TRANSFORMATION DRILL

In this drill we are transforming the cues into the inessive case. In other words, instead of saying **liburu hau** (this book), we want to say **liburu honetan** (in this book).

As usual, read through the entire exercise, then cover the right-hand column and practice until your responses are perfect, or at least until you are comfortable.

Model:

1. autobus hau	autobus honetan

Cues:

2. apal hori	apal horretan
3. horma hura	horma hartan
4. hilkutxa hau	hilkutxa honetan
5. liburu urdin hori	liburu urdin horretan
6. bulego handi hura	bulego handi hartan
7. hotel garbi hau	hotel garbi honetan
8. kobazulo itsusi hori	kobazulo itsusi horretan
9. argazki hauek	argazki hauetan
10. horma horiek	horma horietan
11. kotxe orlegi haiek	kotxe orlegi haietan
12. kultur etxe horiek	kultur etxe horietan
13. leku ilun hauek	leku ilun hauetan
14. mahai handi haiek	mahai handi haietan
15. aulki polit horiek	aulki polit horietan
16. ohe garbi hauek	ohe garbi hauetan

ACTIVITY 5.5 ■ ENGLISH EQUIVALENTS

Be sure you know the meaning of what you are saying. Write out the English equivalents of the sixteen phrases in the responses column in activity 5.4. Then check your answers at the end of the chapter.

■ Associative demonstratives with animates and inanimates ■

In chapter 4, we learned how to say "with someone" as in **Xurga ez da Goxo-rekin bizi** (Xurga doesn't live with Goxo.) We can use the associative forms of the demonstratives to express sentences, such as **Ni neska horrekin bizi naiz.** (I live with that girl.) These forms can be used with people as well as things.

hau	**honekin**	with this
hori	**horrekin**	with that
hura	**harekin**	with that over there
hauek	**hauekin**	with these
horiek	**horiekin**	with those
haiek	**haiekin**	with those over there

If you are using Alan King's book *The Basque Language* as a reference, please note that he calls this case the *comitative.* I use *associative,* because many Basque publications employ the term **asoziatiboa.**

ACTIVITY 5.6 ■ ASSOCIATIVE FORMS
OF THE DEMONSTRATIVES

The purpose of the following drill is to practice using the associative forms of the demonstratives. Read through the drill, then cover the right side and repeat it until you can do it easily.

Model:

Ez naiz bizi gizon honekin.	I don't live with this man.
hori	**Ez naiz bizi gizon horrekin.**
hura	**Ez naiz bizi gizon harekin.**
hauek	**Ez naiz bizi gizon hauekin.**
horiek	**Ez naiz bizi gizon horiekin**
haiek	**Ez naiz bizi gizon haiekin.**
hau	**Ez naiz bizi gizon honekin.**

Model:

Zu neska altu horiekin bizi zara.	You live with those tall girls.
hauek	**Zu neska altu hauekin bizi zara.**
hura	**Zu neska altu harekin bizi zara.**
hori	**Zu neska altu horrekin bizi zara.**
hau	**Zu neska altu honekin bizi zara.**
haiek	**Zu neska altu haiekin bizi zara.**
horiek	**Zu neska altu horiekin bizi zara.**

ACTIVITY 5.7 ■ SINGULAR TO PLURAL TRANSFORMATION

The following lines are based on the dialogue. Rewrite the singular parts as plural and the plural parts as singular. For example, if the original sentence means "Where is the blue book?" rewrite it as "Where are the blue books?" Check your answers at the end of the chapter.

1. **Liburu hau?**
2. **Liburu hori laranja da.**
3. **Non dago liburu urdina?**
4. **Ziur nago.**
5. **Liburu hori horia da.**
6. **Liburu handi eta urdina hormako apalean dago.**
7. **Badaude apalak hormetan.**
8. **Esnatuta zaudete?**
9. **Badaude hitz sorginduak.**
10. **Hitz hauek oso boteretsuak dira.**

Let's get back to Xurga and Goxo who are examining the contents of Xurga's shelves.

Dialogue

Zenbat gauza dago hormako apaletan? How many things are on the wall shelves?

GOXO: **Xurga, zenbat gauza dago hormako apaletan?**

Xurga, how many things are there on the wall shelves?

XURGA: **Gauza asko dago. Badaude liburuak, errebistak eta kazetak.**

There are a lot of things. There are books, magazines, and newspapers.

G: **Oso adimentsua zara, Xurga. Ez ahaztu kaseteak eta bideoak.**

You are very intelligent, Xurga. Don't forget the cassettes and the video tapes.

X: **Gainera, badago pozoia.**

Furthermore, there is poison.

G: **Eta oso arriskutsua zara.**

And you are very dangerous.

X: **Eta han, badago plastikozko poltsa bat odolez beteta.**

And over there, there's a plastic bag full of blood.

G: **Ez ahaztu irudiak. Zenbat irudi dago?**

Don't forget the pictures. How many pictures are there?

X: **Ez dakit. Badaude hamar irudi apal honetan.**

I don't know. There are ten pictures on this shelf.

Baina apal horretan, argazkiak daude.

But on that shelf, there are photographs.

Hauek gurasoak dira.

These are [my] parents.

G: **Gurasoak oso gazteak dira argazki honetan.**

[Your] parents are very young in this photo.

X: **Eta horiek lehengusuak dira, osabarekin.**

And those are [my] male cousins, with [my] uncle.

Hemen daude lehengusinak izebarekin.

Here are [my] female cousins with [my] aunt.

G: **Denak banpiroak dira?**

Are they all vampires?

x: **Bai, senitarte osoa.**

Yes, the whole family.

g: **Zer gehiago dago apaletan?**

What else is on the shelves?

x: **Badago gutun bat. Gainera, hiru orrazi daude.**

There is one letter. In addition, there are three combs.

g: **Hiru orrazi?! Xurga, burusoila zara!**

Three combs?! Xurga, you're bald!

■ Hitz eta esaldi berriak ■

zenbat?	how much, how many?
gauza	thing
asko	a lot, many
errebista	magazine
kazeta	newspaper, daily
egunkari	newspaper, daily
ez ahaztu	don't forget
kasete	cassette tape
bideo	video tape
pozoi	poison
arriskutsu	dangerous
poltsa	bag, purse
plastiko	plastic
odol	blood
odolez beteta	full of blood
irudi	picture, image, painting
gurasoak	parents
lehengusu	cousin (male)
osaba	uncle
lehengusin	cousin (female)
izeba	aunt

denak	all
senitarte	family
oso	complete, whole
gutun	letter, missive
orrazi	comb

ACTIVITY 5.8 ■ QUESTIONS AND ANSWERS

This is an activity that can be repeated for every new group of vocabulary words. Practice asking and answering questions using your new vocabulary. As you become more proficient, you should invent additional questions of your own and engage your classmates in conversation.

1. **Non dago zure senitartea?** Where is your family?
2. **Zer dago apaletan?** What is on the shelves?
3. **Nor da arriskutsua, banpiroa ala osaba?** Who is dangerous, the vampire or [your/my] uncle?
4. **Non daude kaseteak?** Where are the cassettes?
5. **Badago pozoia apaletan?** Is there poison on the shelves?
6. **Irakaslea sorgina al da?** Is the teacher a witch?
7. **Gurasoak banpiroak al dira?** Are your parents vampires?

■ Numbers with nouns ■

In chapter 3, there is a brief discussion that numbers are used with bare words in Euskara. In English we pluralize the noun, so we have to be extra careful in Euskara to use the bare word. This tendency to do things in Euskara the way we do them in English is called *interference*.

The number **bat** (one) follows the noun. In Bizkaian **bi** (two) also follows the noun, but in the other dialects, only **bat** follows the noun. All other numbers precede the noun.

gizon bat	one man
bi emakume/emakume bi	two women
(Bizkaian)	

hiru etxe	three houses
lau giltz	four keys
bost koaderno	five notebooks
berrogei dolar	forty dollars
mila urte	a thousand years

Here are some other items on Xurga's shelves or in Xurga's photos:

aizto	knife
ardo	wine
ate	door
baso	drinking glass
begi	eye
boligrafo	ballpoint pen
botila	bottle
edalontzi	drinking glass
erregela	ruler [for taking measurements]
Eskoziako whiski	Scotch whiskey
ganibet	razor, clasp knife
giltz	key
herri	village, town
idazpaper	notepaper
kafe	coffee
karta	playing card
katilu	cup
katilu bat te	cup of tea
katilu handi	bowl
koaderno	notebook
koilara	spoon
kopa	wine glass
labana	knife

leiho	window
lore	flower
margo	crayon, color
marko	picture frame
sardeska	fork
sutegi	fireplace
te	tea
whiski	whiskey
zigarro	cigarette
udaletxe	town hall
taberna	tavern, bar
postetxe	post office
zubi	bridge
ospitale	hospital
unibertsitate	university
geltoki	station (trains, buses)
eskola	school
eliza	church

ACTIVITY 5.9 ■ NUMBERS

Write out the following in Basque. The answers are at the end of the chapter. (Refer to the list of numbers presented later in this chapter, if necessary.)

On the shelves there are:

1. 51 photos
2. 21 keys
3. 31 playing cards
4. 12 spoons
5. 18 cigarettes
6. 38 magazines

7.   24 cassette tapes

8.   29 video tapes

9.   39 plastic bags

10.   40 newspapers

11.   3 notebooks

In the photographs we see:

12.   8 cups

13.   7 boys

14.   23 girls

15.   34 houses

16.   14 towns

17.   60 eyes

18.   19 windows

19.   1 fireplace

20.   16 doors

■ Responding to **zenbat? zenbat da? zenbat . . . dago?** ■

Zenbat da? means "How much is it?" and asks the price of something.

Zenbat dago? however, means "How many are there?" **Zenbat** can mean both *how much* and *how many*. For example: **Zenbat elefante dago?** (How many elephants are there?) **Zenbat da elefantea?** (How much is the elephant?)

When you ask the question in English the noun and the verb are both plural, but not in Euskara! In Euskara, the noun carries no article or marker. This is because **zenbat** is used with the indefinite form of the noun, which just happens to look identical to the bare word, and indefinites take a singular verb—in this case—**dago**. When you give your answer (see below), the verb becomes plural if you are talking about more than one item.

Hiru mila elefante daude.	There are three thousand elephants.
Hogei ikasle daude.	There are twenty students.

Elefante bat dago.   There is one elephant.

Ikasle bat dago.   There is one student.

We can also ask **Zenbat gara?** (How many of us are there?). But for now, let's stick to the **Zenbat dago?** structure.

■ Asko (many, a lot) ■

Asko is an indefinite form and like **zenbat** it takes a singular verb. This drives English speakers crazy, because we want to say "There are a lot" with the plural verb *are*. In Euskara, however, we would say **Badago asko** (There is a lot.) **Asko** follows the noun it modifies.

> **Liburu asko dago horma hartan.** There are a lot of books on that shelf over there.
>
> **Goxo sorgina saguzahar askorekin bizi da.** Goxo the witch lives with a lot of bats.

ACTIVITY 5.10 ■ ZENBAT QUESTIONS

Practice aloud with **zenbat**. Ask the question for each word on the left, as in the model.

Cue:

udaletxe

Model:

> **Zenbat udaletxe dago argazkietan?** How many town halls are in the photographs?

Cues:

1. **taberna**
2. **postetxe**
3. **banketxe**
4. **zubi**
5. **ospitale**
6. **unibertsitate**

7. geltoki
8. eskola
9. eliza

ACTIVITY 5.11 ■ ANSWERING ZENBAT QUESTIONS

Now answer the questions you have written, based on the information given in parentheses regarding the number of each item in the photos.

1. taberna (asko)
   Zenbat taberna dago?
2. postetxe (5)
   Zenbat postetxe dago?
3. banketxe (asko)
   Zenbat banketxe dago?
4. zubi (asko)
   Zenbat zubi dago?
5. ospitale (4)
   Zenbat ospitale dago?
6. unibertsitate (1)
   Zenbat unibertsitate dago?
7. geltoki (3)
   Zenbat geltoki dago?
8. eskola (asko)
   Zenbat eskola dago?
9. eliza (12)
   Zenbat eliza dago?

■ Zenbakiak numbers 40-60 ■

40	berrogei
41	berrogeita bat
42	berrogeita bi
43	berrogeita hiru

44	**berrogeita lau**
45	**berrogeita bost**
46	**berrogeita sei**
47	**berrogeita zazpi**
48	**berrogeita zortzi**
49	**berrogeita bederetzi**
50	**berrogeita hamar** (lit.: forty and ten, or two twenties and ten)
51	**berrogeita hamaika**
52	**berrogeita hamabi**
53	**berrogeita hamahiru**
54	**berrogeita hamalau**
55	**berrogeita hamabost**
56	**berrogeita hamasei**
57	**berrogeita hamazazpi**
58	**berrogeita hemezortzi**
59	**berrogeita hemeretzi**
60	**hirurogei** (three twenties)

Notice the extra -**r** between **hiru** and **ogei**) as well as the loss of the -**h** of **hogei.**

ACTIVITY 5.12 ■ COUNTING

Count to sixty by fives. Count to sixty by threes. Stand up and form a circle with your classmates, and count around the circle from one to twenty. Now walk slowly and rhythmically in a circle, and count from twenty-one to forty on every third step: step, step, **hogeita bat,** step, step, **hogeita bi,** etc.

ACTIVITY 5.13 ■ NUMBERS

Have one person call out a series of numbers in Basque from a prepared list. Have the other students write down what they think they hear. If any numbers are misunderstood, practice those numbers aloud and try again.

ANSWERS

ENGLISH EQUIVALENT OF LIBURU HAU GARRANTZITSUA DA!
(THIS BOOK IS IMPORTANT!)

1. GOXO: Xurga! Wake up!

2. XURGA: (in the coffin, asleep) What? Who is it?

3. G: It's Goxo. (Lit.: I am Goxo.) Are you awake?

4. X: More or less. Are you upset?

5. G: Yes, a little bit. A question.

6. Where is the big blue book?

7. X: Well, there are a lot of books in the [my] coffin.

8. (lifting one book) This book?

9. G: No, not that book. That book is green.

10. Where is the big blue book?

11. X: (lifting another book) This book?

12. G: Look, that book is orange. Where is the blue book?

13. X: (lifting another book) Oh! This book! I'm sure [of it].

14. G: No, bird brain. Not that book. That book is yellow! And small.

15. Where is the big blue book?

16. X: Big and blue? (Looking. There are shelves on the walls.)

17. One big blue book is on the wall shelf.

18. That book over there?

19. G: Yes! Yes! That book over there! Thank you! (Lit.: A thousand thanks!)

20. X: It's a very old and ugly book.

21. G: It's true, this book is very old and ugly.

22. But inside, there are enchanted words.

23. There are enchanted words and phrases.

24. These words are very powerful.

25. With these words, I am also powerful.

26. X: Oh! That book is important!

27. Well. (Lifting a fat book.) This fat book is also powerful.

28. G: What is that book?

29.   x: This book is a dictionary!

         This book is important!

ACTIVITY 5.3 ■ ENGLISH EQUIVALENTS

1.   This book is blue.
2.   That book over there is blue.
3.   That book is blue.
4.   These giraffes are not upset.
5.   Those giraffes are not upset.
6.   Those giraffes over there are not upset.
7.   That is a chubby flight attendant.
8.   That over there is a chubby flight attendant.
9.   This is a chubby flight attendant.
10.   Those flight attendants are not thin.
11.   Those flight attendants over there are not thin.
12.   These flight attendants are not thin.

Be aware that in English we often omit *over there* and just use *that* to indicate something far away.

ACTIVITY 5.5 ■ ENGLISH EQUIVALENTS

1.   in this bus
2.   on that shelf
3.   on that wall over there
4.   in this coffin
5.   in that blue book
6.   in that big office over there
7.   in this clean hotel
8.   in that ugly cave
9.   in these photographs
10.   on those walls
11.   in those green cars over there
12.   in those cultural centers

13. in these dark places
14. on those big tables over there (or, on those tall tables over there)
15. in those pretty chairs
16. on these clean beds

ACTIVITY 5.7 ■ SINGULAR TO PLURAL TRANSFORMATION

1. **Liburu hauek?**
2. **Liburu horiek laranjak dira.**
3. **Non daude liburu urdinak?**
4. **Ziur gaude.**
5. **Liburu horiek horiak dira.**
6. **Liburu handi eta urdinak hormako apaletan daude.**
7. **Badago apala horman. Or, Badago apal bat horman.** (both are acceptable)
8. **Esnatuta zaude?**
9. **Badago hitz sorgindua. Or, Badago hitz sorgindu bat.** (both are acceptable)
10. **Hitz hau oso boteretsua da.**

ACTIVITY 5.8 ■ QUESTIONS AND ANSWERS

1. **Non dago zure senitartea?**
   Etxean dago. Senitartea etxean dago.
2. **Zer dago apaletan?**
   Gauza asko dago apaletan.
3. **Nor da arriskutsua, banpiroa ala osaba?**
   Banpiroa da. Banpiroa da arriskutsua.
4. **Non daude kaseteak?**
   Apaletan daude. Kaseteak apaletan daude.
5. **Badago pozoia apaletan?**
   Bai, badago. Bai, badago pozoia apaletan.
6. **Irakaslea sorgina al da?**
   Ez, ez da sorgina. Ez, irakaslea ez da sorgina.

7.   **Gurasoak banpiroak al dira?**

      Ez, ez dira banpiroak. Ez, gurasoak ez dira banpiroak.

ACTIVITY 5.9 ■ NUMBERS

On the shelves:

1.	51 photos	**berrogeita hamaika argazki**
2.	21 keys	**hogeita bat giltz**
3.	31 playing cards	**hogeita hamaika karta**
4.	12 spoons	**hamabi koilara**
5.	18 cigarettes	**hemezortzi zigarro**
6.	38 magazines	**hogeita hemezortzi errebista**
7.	24 cassette tapes	**hogeita lau kasete**
8.	29 video tapes	**hogeita bederatzi bideo**
9.	39 plastic bags	**hogeita hemeretzi plastikozko poltsa**
10.	40 newspapers	**berrogei egunkari** or **berrogei kazeta**
11.	3 notebooks	**hiru koaderno**

In the photographs:

12.	8 cups	**zortzi katilu**
13.	7 boys	**zazpi mutil**
14.	23 girls	**hogeita hiru neska**
15.	34 houses	**hogeita hamalau etxe**
16.	14 towns	**hamalau herri**
17.	60 eyes	**hirurogei begi**
18.	19 windows	**hemeretzi leiho**
19.	1 fireplace	**sutegi bat**
20.	16 doors	**hamasei ate**

ACTIVITY 5.10 ■ ZENBAT QUESTIONS

1.	**taberna**	**Zenbat taberna dago argazkietan?**
2.	**postetxe**	**Zenbat postetxe dago argazkietan?**

3. banketxe   Zenbat banketxe dago argazkietan?

4. zubi   Zenbat zubi dago argazkietan?

5. ospitale   Zenbat ospitale dago argazkietan?

6. unibertsitate   Zenbat unibertsitate dago argaz-
                     kietan?

7. geltoki   Zenbat geltoki dago argazkietan?

8. eskola   Zenbat eskola dago argazkietan?

9. eliza   Zenbat eliza dago argazkietan?

ACTIVITY 5.11 ■ ANSWERING ZENBAT QUESTIONS

1. Taberna asko dago.

2. Bost postetxe daude.

3. Banketxe asko dago.

4. Zubi asko dago.

5. Lau ospitale daude.

6. Unibertsitate bat dago.

7. Hiru geltoki daude.

8. Eskola asko dago.

9. Hamabi eliza daude.

CHAPTER SIX

Where Do We Go from Here?

Dialogue

Nora zoaz, Goxo?

1. XURGA: Goxo, nora zoaz liburu urdin horrekin?
2. GOXO: Etxera noa. Kobazulora noa.
3. X: Ni ere banoa. Ilun dago orain, eta kalera noa.
4. Kanpora noa. Zergatik ez zurekin?
5. G: Haitzuloa nahiko urruti dago. Bakarrik noa.
6. Zu pixkat pottoloa zara, eta poliki-poliki zoaz.
7. X: (triste) Minduta nago. Ez esan horrelako gauzak.
8. G: Barkatu, Xurga. Beno, zu eta biok kobazulora goaz. Bale?
9. Udaletxera goaz, eta handik oihanera goaz.
10. X: Zuhaitz asko dago oihanean, ezta?
11. G: Noski. Orduan, ibaira goaz.
12. X: Arrain asko dago ibaian. Ibaira noa oporretan.
13. G: Ez da egia, txoriburua. Zu ez zoaz ibaira oporretan!
14. Banpiroa zara. Ibaiak arriskutsuak dira. Gogoratzen?
15. X: A, bai. Barkatu. Ibaia etsaia da.
16. Britainia Handira noa oporretan.
17. Nolakoa da zure haitzuloa?
18. G: Handia da. Barruan, hotz dago.
19. X: Badaude apalak hormetan?
20. G: Bai, badaude. (pairugabe) Prest zaude? Bagoaz!
21. X: Ez, ez nago prest.
22. G: Ai ene! Jaiki! Jantzi! Etxera noa!

■ Hitz eta esaldi berriak ■

nora	where? To where?
zoaz	are you going, you go, you're going
etxera	home, to [my] house
noa	I'm going, I go
banoa	I'm going
kale	street
kalera	outside, to the street
kanpora	outside, to the outdoors
zergatik	why
zergatik ez	why not
bale	okay
udaletxe	town/city hall
urruti	far, distant
poliki	slowly
poliki-poliki	very slowly
minduta	hurt (feelings)
esan	say
ez esan	don't say
horrelako	like that
horrelako gauzak	things like that
barkatu	forgive [me], pardon [me]
goaz	we go, we're going
handik	from there
oihan	forest
oihanera	to the forest
zuhaitz	tree
orduan	then, at that time
ibai	river
ibaira	to the river
arrain	fish
opor	vacation, holiday

oporretan	on vacation, on holiday
oporretan egon	to be on vacation
gogoratzen	remember?
etsai	enemy
Britainia Handia	Great Britain
hotz	cold
prest	ready
bagoaz	we're going!
Ai ene!	My goodness!
jaiki	get up
jantzi	get dressed
pairugabe	impatient
pairu	patience
pairu handiko gizona	a very patient man (lit.: a man of great patience)
arbola	tree
arbel	blackboard
tren	train

■ Joan (to go) ■

The conjugated forms of **izan, egon,** and **joan** are referred to as synthetic verbs. Later, we'll learn how to make compound verbs that depend on synthetic auxiliary verbs for their formation. Compound verbs are used most often in conversation, and a handful of verbs are still commonly used in their synthetic forms.

(ni) noa	I go, I'm going
(hi) hoa	you go (fam.)
(zu) zoaz	you go, you're going
(bera) doa	she goes, he's going
(haiek) doaz	they go, they're going
(gu) goaz	we go, we're going
(zuek) zoazte	you (pl.) go, you're going

Another way to visualize this, showing the similarities of forms, is presented below:

Singular	Plural
noa	<u>**goaz**</u>
doa	<u>**doaz**</u>
[hoa] zoaz	<u>**zoazte**</u>

This reminds us that historically **zoaz** was probably a plural form, but as some communities of speakers lost the **hika** forms, or began using them in restricted situations, **zoaz,** like other **zu** conjugations, came to be used as a singular, and **-te** was added as an extra pluralizer to make the you (plural) form **zoazte.**

Now that we are aware of the existence of **hika** forms, we will ignore them as we study verbs in future chapters. Just remember, if you see verb forms that begin with **h-** in other texts, it's not a typo, it's probably **hika.**

ACTIVITY 6.1 ■ JOAN

The purpose of this drill is to become familiar with the forms of **joan.**

Model:

Ni oihanera noa.   I'm going to the forest.

Cues:

zu	**Zu oihanera zoaz.**
bera	**Bera oihanera doa.**
gu	**Gu oihanera goaz.**
zuek	**Zuek oihanera zoazte.**
haiek	**Haiek oihanera doaz.**
ni	**Ni oihanera noa.**

Model:

Gu ez goaz Xurgarekin.   We are not going with Xurga.

Cues:

zu	**Zu ez zoaz Xurgarekin.**

sorgina	Sorgina ez doa Xurgarekin.
haiek	Haiek ez doaz Xurgarekin.
zuek	Zuek ez zoazte Xurgarekin.
gu	Gu ez goaz Xurgarekin.
ni	Ni ez noa Xurgarekin.

ACTIVITY 6.2 ■ JOAN FORMS

Fill in the blanks with the correct form of **joan.**

1. **Nora _____ ikaslea?**
2. **(Ni) mendira _____.**
3. **(Zu) Ba _____ Britainia Handira?**
4. **Norekin _____ gu Australiara?**
5. **Zuek ez _____ Getariara autobusean.**
6. **Donostiako emakumeak ez _____ Frantziara.**
7. **Zu ez _____ nirekin!**

ACTIVITY 6.3 ■ ENGLISH EQUIVALENTS

Now provide the English equivalents for the sentences in activity 6.2. Check your answers at the end of the chapter.

■ Responding to **nora?** (where to?)—allative case in the singular with inanimate nouns ■

With proper nouns, the suffixes/case markers are **-ra** when the place name ends in a vowel and **-era** when it ends in a consonant. For example:

KaliforniaRA

KansasERA

NOTE: In real life people say the ending very quickly, and in some cases you hardly hear the allative ending at all. An example would be **Zarautza** instead of **Zarautzera.** Because of this pronunciation, sometimes people even write **Zarautza.**

Colloquially, some English speakers ask, "Where are you going to?" Taxi drivers often ask, "Where to?" instead of "Where do you want to go?" But usually in English we omit the prepositions and just ask, "Where are you going?" In Euskara you cannot omit the suffixes.

With common nouns, when the bare noun ends in a vowel, add the suffix **-ra.** When it ends in a consonant you need a bridging vowel, so add **-era.**

unibertsitate	**unibertsitateRA**	to the university
zubi	**zubiRA**	to the bridge
merkatu	**merkatuRA**	to the market
garaje handi	**garaje handiRA**	to the big garage
taberna	**tabernaRA**	to the tavern
arbel	**arbelERA**	to the blackboard
haran	**haranERA**	to the valley
bazter	**bazterrERA**	to the corner

Notice how the final **-r** of **bazter** doubles.

ACTIVITY 6.4 ■ ALLATIVE SUFFIXES

Put the correct allative suffixes/case markers on the following bare words. Write the whole word; don't just add the suffix! Then write its English meaning.

1. **arbel**
2. **mendi**
3. **etxe**
4. **Txina**
5. **Gales**
6. **Frantzia**
7. **zubi**
8. **ate**

9. herri
10. sutegi
11. autobus
12. tren
13. geltoki

ACTIVITY 6.5 ■ NORA ZOAZ

Answer the following questions based on the dialogue **Nora zoaz, Goxo?**
Check your answers at the back of the chapter.

1. **Nora doa Goxo?**
2. **Norekin doa Goxo?**
3. **Nor doa kanpora?**
4. **Non dago haitzuloa?**
5. **Nor da pottoloa?**
6. **Nola doa Xurga?** (line 6)
7. **Xurga eta Goxo kobazulora doaz elkarrekin?**
8. **Zenbat zuhaitz dago oihanean?**
9. **Nora doa Xurga oporretan?**
10. **Nolakoa da Goxoren haitzuloa?**
11. **Xurga prest dago?**
12. **Eta zu, etxera zoaz?**

■ Allative case in the plural with inanimate nouns ■

The plural allative suffix is -**etara.** It attaches to the bare word.

unibertsitate	**unibertsitateETARA**	to the universities
zubi	**zubiETARA**	to the bridges
merkatu	**merkatuETARA**	to the markets
garaje handi	**garaje handiETARA**	to the big garages
taberna	**tabernETARA**	to the taverns
	(a + e = e)	
arbel	**arbelETARA**	to the blackboards

| haran | haranETARA | to the valleys |
| bazter | bazterrETARA | to the corners |

Notice how the final -r of **bazter** doubles.

ACTIVITY 6.6 ■ ALLATIVE CASE

First, read through the drills to become familiar with the changes you will be making. Then practice the drill aloud until you can go easily from the singular forms to the plural forms. Finally, practice in reverse, from plural to singular.

Unibertsitatera noa.	Unibertsitateetara noa.
Geltokira noa.	Geltokietara noa.
Zubira noa.	Zubietara noa.
Klasera noa.	Klaseetara noa.
Tabernara noa.	Tabernetara noa.
Etxe handira noa.	Etxe handietara noa.
Bagoaz udaletxera.	Bagoaz udaletxeetara.
Bagoaz elizara.	Bagoaz elizetara.
Bagoaz bulegora.	Bagoaz bulegoetara.
Bagoaz kultur etxera.	Bagoaz kultur etxeetara.
Bagoaz postetxera.	Bagoaz postetxeetara.
Zuek ez zoazte klasera.	Zuek ez zoazte klaseetara.
Zuek ez zoazte arbel zurira.	Zuek ez zoazte arbel zurietara.
Zuek ez zoazte tren geltokira.	Zuek ez zoazte tren geltokietara.
Zuek ez zoazte bulego txikira.	Zuek ez zoazte bulego txikietara.
Zuek ez zoazte planeta gorrira.	Zuek ez zoazte planeta gorrietara.

Dialogue

Nola goaz, Goxo? *How are we going, Goxo?*

GOXO: **Xurga, prest zaude?**

Xurga, are you ready?

XURGA: **Bai, bai. Azkenean, prest nago. Barkatu, galdera bat.**

Yes, yes. At last I am ready. Excuse me, [I have] a question.

G: **Esan! Galdetu!**

Speak up! Ask away!

X: **Nola goaz? Oinez ala autobusez?**

How are we going? On foot or by bus?

G: **Oinez, noski. Autobusak ez doaz kobazulora.**

On foot, of course. Buses don't go to the cave.

X: **Badago bizikleta garajean. Bizikletaz goaz?**

There's a bicycle in the garage. Are we going by bicycle?

G: **Ez, ez goaz bizikletaz. Ibai ondoko bidea lohitsua da.**

No, we don't go by bicycle. The path beside the river is muddy.

X: **Beno, oinez goaz. Oporretan hegazkinez noa.**

Fine, we go on foot. On holiday I go by plane.

G: **Bai, noski. Oporretan Britainia Handira zoaz.**

Yes, of course. On vacation you go to Great Britain.

Denak Britainia Handira hegazkinez doaz.

Everyone goes to Great Britain by plane.

X: **Batzutan ferryz noa. Eta batzuetan turistak itsasontziz doaz.**

Sometimes I go by ferry. And sometimes tourists go by ship.

G: **Hori guztiz normala da.**

That is completely normal.

X: **Baina hemendik kobazulora oinez goaz. Itxi atea, mesedez!**

But from here we go to the cave on foot. Close the door, please!

■ Hitz eta esaldi berriak ■

azkenean	at last
esan	say it, speak up
galdetu	ask, ask away
nola	how
oin	foot
oinez	on foot
autobusez	by bus

bizikleta	bicycle
bizikletaz	by bicycle
bide	path
ibai ondoko bidea	the path beside the river
lohi	mud
lohitsu	muddy
hegazkin	plane, airplane
hegazkinez	by plane
batzuetan	sometimes
ferry	ferry (big enough to carry cars)
turistak	tourists
itsasontzi	ship
guztiz	completely
itxi	close [it]
mesedez	please

■ Responding to **Nola zoaz? Kotxez!** (How are you going? By car!) ■

The instrumental case is used to answer the question **Nola zoaz?** "How are you going?" or "by what means are you traveling?" A common response in English is to use a prepositional phrase to say "by train," "by plane," "on foot," and so on. These and other options are expressed in Euskara with the instrumental case, which is formed by adding -**z** to the bare word that ends in a vowel or -**ez** to the bare word that ends in a consonant.

kotxe	kotxeZ	by car
bizikleta	bizikletaZ	by bicycle
ferry	ferryZ	by ferry
tren	trenEZ	by train
hegazkin	hegazkinEZ	by plane
oin	oinEZ	on foot (by foot)

The forms above are *indefinite,* meaning that we are not being specific about the individual vehicle by which we came. The speaker means only that she drove or flew, and so on.

If you wish to be specific, you would use the *definite* forms of the instrumental. For instance, notice the difference between:

Sinatu agiria boligrafoz, ez arkatz<u>ez</u>. (indefinite)
Sign the document in ink, not in pencil.

Sinatu agiria boligrafo<u>az</u>, ez arkatz<u>az</u>. (definite)
Sign the document with the pen, not with the pencil.

The second example demonstrates the difference in meaning when you use the definite forms of the instrumental case. To form the definite of the instrumental case, just add **-az** to the bare word.

aizto	**aiztoaz**	with <u>the</u> knife
sardexka	**sardexkaz**	with <u>the</u> fork (**a + a = a**)
arkatz	**arkatzaz**	with <u>the</u> pencil
boligrafo	**boligrafoaz**	with <u>the</u> pen

For now, the *indefinite* use of the instrumental is all we need in order to talk about coming and going by plane, by train, by car, and so on.

This case marker can also be used to express "full of something," as in:

jende	**jendeZ beteta**	full of people
liburu	**liburuZ beteta**	full of books

Hormako apalak gauzaz beteta daude. The wall shelves are full of things.

ACTIVITY 6.7 ■ INDEFINITE FORMS

Practice forming the indefinite forms of the instrumental in the following drill.

Model:

Unibertsitatera noa oinez.	I'm going to the university on foot.
bizikleta	**Unibertsitatera noa bizikletaz.**
kotxe	**Unibertsitatera noa kotxez.**
autobus	**Unibertsitatera noa autobusez.**

| tren | Unibertsitatera noa trenez. |
| oin | Unibertsitatera noa oinez. |

Model:

Gu Greziara goaz hegazkinez.	We're going to Greece by plane.
itxasontzi	Gu Greziara goaz itxasontziz.
tren	Gu Greziara goaz kotxez.
oin	Gu Greziara goaz oinez.
autobus	Gu Greziara goaz autobusez.
hegazkin	Gu Greziara goaz hegazkinez.

ACTIVITY 6.8 ■ DIALOGUES

Are you studying the dialogues and becoming familiar with their meanings? Try this activity with every dialogue you encounter. Once you think you understand all of the dialogue or text, write out the English equivalents of the phrases, then check your accuracy against those given either at the end of the chapter or underneath the lines of Euskara.

After studying the entire chapter, challenge yourself by using the English equivalents and attempting to reproduce the Euskara.

Dialogue

Xurga erromantikoa, edo, Bazoaz postetxera gaur? Xurga the romantic one, or, Are you going to the post office today?

XURGA: **A, Goxo! Zer polita da gaua! Beharbada gaua sobera polita da.**

Oh, Goxo! How pretty the night is! Perhaps the night is too pretty.

GOXO: **Eta zu lar erromantikoa zara.**

And you are too romantic.

X: **Zer haize leuna! Zenbat izar dago zeruan?**

What a gentle breeze! How many stars are in the sky?

G: **Ez dakit, Goxo. Gehiegi dago.**

I don't know, Goxo. There are too many.

X: **Haize leuna ona da, baina izarrak onenak dira.**

The gentle breeze is good, but the stars are the best.

G: **Eta erromantizismoa txarra da.**

And romanticism is bad.

X: **Ez nago ados. Erromantizismoa gauza ona da. Maitasuna ere bai.**

I don't agree. Romanticism is a good thing. Love [is], too.

G: **Orain Xurga filosofoa zara. Zer daukazu eskuan?**

Now you're Xurga the philosopher. What do you have in [your] hand?

X: **Gutuna. Postetxera noa.**

A letter. I'm going to the post office.

G: **Postetxera zoaz igandean? Itxita dago.**

You're going to the post office on Sunday? It's closed.

X: **Itxita, irekita, berdin zait. Gutunontzia nahikoa da.**

Closed, open, it's all the same to me. A mailbox is enough.

G: **Noiz zoaz merkatura?**

When do you go to the market?

X: **Ez noa merkatura. Banpiroa naiz.**

I don't go to the market. I'm a vampire.

Baina ostiraletan kultur etxera noa.

But on Fridays I go to the cultural center.

G: **Badaude programa interesgarriak larunbatetan ere bai.**

There are interesting programs on Saturdays as well.

X: **Programak hobeak dira ostiraletan.**

The programs are better on Fridays.

G: **Setatia zara, ezta?**

You're stubborn, aren't you?

X: **Zu setatiagoa zara.**

You are more stubborn.

G: **Burugogorra!**

Hard-headed!

■ Hitz eta esaldi berriak ■

erromantiko	romantic
edo	or
sobera	too (used in front of adj. or adv.)

lar	too (used in front of adj. or adv.)
haize	breeze, wind
leun	gentle (breeze), soft (clothes), smooth (surface), calm (sea)
izar	star
zeru	sky, heaven
gehiegi	too much, too many
-egi	added to adj. or adv. to express excess, too much
-ago	added to adj. or adv. to form the comparative, more
on	good (modifes nouns)
hobe	better (modifies nouns)
hoberen	best (modifies nouns)
onen	best (modifies nouns) (Use either **hoberen** or **onen. Onen** appears most often in this text.)
erromantizismo	romanticism
txar	bad (modifies nouns)
txarrago	worse (modifies nouns)
txarren	worst (modifies nouns)
maitasun	love
ere bai	also, as well
filosofo	philosopher
esku	hand
igande	Sunday
igandean	on Sunday
itxita	closed
itxita dago	it's closed
irekita	open
irekita dago	it's open

berdin zait	it's all the same to me
gutunontzi	mailbox
nahiko	enough
Nahikoa da.	It's enough. That's enough.
merkatu	market
ostiral	Friday
ostiraletan	on Fridays
interesgarri	interesting
larunbat	Saturday
larunbatetan	on Saturdays
hobe	better
setati	stubborn
setatiago	more stubborn
burugogor	stubborn, hard-headed
buru	head
gogor	hard
ondo	well (modifies verbs) (Use one: **ondo, ongi** or **ontsa.**)
ongi	well (modifies verbs)
ontsa	well (modifies verbs)
hobeto	better (modifies verbs)
hobeki	better (modifies verbs) (Use either **hobeto** or **hobeki. Hobeto** appears most often in this text.)
ondoen	best (modifies verbs)
gaizki	bad, badly (modifies verbs)
gaizkiago	worse (modifies verbs)
gaizkien	worst (modifies verbs)
txarto	bad, badly (modifies verbs)
txartoago	worse (modifies verbs)
txartoen	worst (modifies verbs)

okerrago	worse
sinatu	sign [it]

■ Egunak (days of the week) ■

The days of the week are not capitalized in Euskara. The first three days of the week can be roughly translated as "first of the week," "middle of the week," and "end of the week," leading historians to wonder if Basques once measured the week as three days. Without a time machine, we'll probably never know.

astelehen	Monday
astearte	Tuesday
asteazken	Wednesday
ostegun	Thursday
ostiral	Friday
larunbat	Saturday
igande	Sunday

When Basques recite the days of the week, they add a marker as below.

astelehena

asteartea

asteazkena

osteguna

ostirala

larunbata

igandea

If you want to say *on Monday* or *on Saturday*, use the inessive with the days of the week, as below.

astelehenEAN	on Monday	astelehenETAN	on Mondays
astearteAN	on Tuesday	astearteETAN	on Tuesdays
asteazkenEAN	on Wednesday	asteazkenETAN	on Wednesdays
ostegunEAN	on Thursday	ostegunETAN	on Thursdays
ostiralEAN	on Friday	ostiralETAN	on Fridays

larunbatEAN	on Saturday	**larunbatETAN**	on Saturdays
igandeAN	on Sunday	**igandeETAN**	on Sundays

ACTIVITY 6.9 ■ DAYS OF THE WEEK ORAL DRILL

Practice saying the days of the week until you can do it without hesitation. Make flashcards and mix them up to test yourself on the days that are out of order.

Once you are comfortable with the days of the week, practice saying "on Monday, on Tuesday" and "on Mondays, on Tuesdays," and so on.

ACTIVITY 6.10 ■ DAYS OF THE WEEK WRITTEN DRILL

Write the following in Euskara. Use the model sentence as a structure guideline. Check your answers at the back of the chapter.

Model:

On Mondays I go to the university.   **Astelehenetan unibertsitatera noa.**

1. On Tuesdays I go to the university.
2. On Fridays I go to the market.
3. On Wednesdays I go to the office.
4. On Saturdays I go to the train station.
5. On Thursdays I go to the cultural center.
6. On Sundays I go to church.
7. On Mondays I go home.

Model:

Where do you go on Friday?   **Nora zoaz ostiralean?**

8. Where do you go on Sunday?
9. Where do you go on Tuesday?
10. Where do you go on Wednesday? (changing verb forms)
11. Where does Goxo go on Saturday?
12. Where do we go on Thursday?

ACTIVITY 6.11 ■ QUESTIONS AND ANSWERS

Using the text **Xurga erromantikoa** for clues, answer the following questions. Then practice asking and answering the questions with a classmate until you can do them smoothly and easily.

1. **Gaua sobera polita da?**
2. **Nor da lar erromantikoa?**
3. **Zenbat izar dago zeruan?**
4. **Erromantizismoa txarra da. Ados zaude?**
5. **Nor da filosofoa?**
6. **Nora doa Xurga?**
7. **Nola dago postetxea?**
8. **Nora doa Xurga ostiraletan?**
9. **Nortzuk dira setatiak?**

ACTIVITY 6.12 ■ DIALOGUE

Take turns playing the roles of Goxo and Xurga in **Xurga erromantikoa.** Either read the dialogue or memorize it. This activity can be employed with any dialogue you encounter. It works best with conversational dialogues.

ANSWERS

ENGLISH EQUIVALENT OF **NORA ZOAZ, GOXO?**
WHERE ARE YOU GOING, GOXO?

1. XURGA: Goxo, where are you going with that blue book?
2. GOXO: I'm going home. I'm going to the cave.
3. X: I'm going, too. It's dark now, and I'm going out.
4. I'm going outside. Why not with you?
5. G: The cave is rather far away. I'm going alone.
6. You're a little bit chubby, and you go very slowly.

7.   x: (sadly) I'm hurt. Don't say things like that.

8.   G: Forgive [me], Xurga. Fine, you and I will go [are going] to the cave. Okay?

9.   We're going to the town hall, and from there we go to the forest.

10.   x: There are a lot of trees in the forest, right?

11.   G: Of course. Then, we go to the river.

12.   x: There are a lot of fish in the river. I go to the river on vacation.

13.   G: That's [it's] not true, bird brain. You don't go to the river on vacation!

14.   You're a vampire. Rivers are dangerous. Remember?

15.   x: Oh, yes. Pardon [me]. The river is [my] enemy.

16.   I go to Great Britain on holiday.

17.   What is your cave like?

18.   G: It's big. Inside, it's cold.

19.   x: Are there shelves on the walls?

20.   G: Yes, there are. (impatiently) Are you ready? We're going!

21.   x: No, I'm not ready.

22.   GOXO: My goodness! Get up! Get dressed! I'm going home!

ACTIVITY 6.2 ■ JOAN FORMS

1.   **doa**
2.   **noa**
3.   **zoaz**
4.   **goaz**
5.   **zoazte**
6.   **doaz**
7.   **zoaz**

ACTIVITY 6.3 ■ ENGLISH EQUIVALENTS

1.   Where is the student going? Where does the student go?

2.   I'm going to the mountain.

3.   Are you going to Great Britain?

4.   With whom are we going to Australia?

5.   You (pl.) are not going to Getaria on the bus.

6.   The women from Donosti are not going to France.

7.   You are not going with me!

ACTIVITY 6.4 ■ ALLATIVE SUFFIXES

1. arbel	arbelera	to the blackboard
2. mendi	mendira	to the mountain
3. etxe	etxera	to the house, (to) home
4. Txina	Txinara	to China
5. Gales	Galesera	to Wales
6. Frantzia	Frantziara	to France
7. zubi	zubira	to the bridge
8. ate	atera	to the door
9. herri	herrira	to the village
10. sutegi	sutegira	to the fireplace
11. autobus	autobusera	to the bus
12. tren	trenera	to the train
13. geltoki	geltokira	to the station

ACTIVITY 6.5 ■ NORA ZOAZ

There is often more than one correct way to answer a question. For that reason, various possibilities are provided below. Your answer should match one of them.

1.   **Nora doa Goxo?**
     Etxera doa. Etxera doa Goxo. Goxo etxera doa.

2.   **Norekin doa Goxo?**
     Xurgarekin doa. Xurgarekin doa Goxo. Goxo Xurgarekin doa.

3.   **Nor doa kanpora?**
     Xurga doa. Xurga doa kanpora.

4.   **Non dago haitzuloa?**
     Urruti dago. Urruti dago haitzuloa. Haitzuloa urruti dago.

5. Nor da pottoloa?

    Xurga da. Xurga da pottoloa.

6. Nola doa Xurga? (line 6)

    Poliki-poliki doa. Poliki-poliki doa Xurga. Xurga poliki-poliki doa.

7. Xurga eta Goxo kobazulora doaz elkarrekin?

    Bai, Xurga eta Goxo kobazulora doaz elkarrekin.

    Bai, haiek doaz elkarrekin.

8. Zenbat zuhaitz dago oihanean?

    Zuhaitz asko dago. Zuhaitz asko dago oihanean.

9. Nora doa Xurga oporretan?

    Britainia Handira doa oporretan.

    Xurga Britainia Handira doa oporretan.

10. Nolakoa da Goxoren haitzuloa?

    Handia da.

    Goxoren haitzuloa handia da.

11. Xurga prest dago?

    Ez, ez dago prest.

    Ez, Xurga ez dago prest.

12. Eta zu, etxera zoaz?

    Bai, etxera noa.

    Ez, ez noa etxera. Etxean nago.

ACTIVITY 6.9 ■ DAYS OF THE WEEK ORAL DRILL

1. Asinarteetan unibertsitatera noa.
2. Ostiraletan merkatura noa.
3. Asteazkenetan bulegora noa.
4. Larunbatetan tren geltokira noa.
5. Ostegunetan kultur etxera noa.
6. Igandeetan elizara noa.
7. Astelehenetan etxera noa.
8. Nora zoaz igandean?
9. Nora zoaz asteartean?
10. Nora zoaz asteazkenean?

11. Nora doa Goxo larunbatean?

12. Nora goaz ostegunean?

ACTIVITY 6.10 ■ DAYS OF THE WEEK WRITTEN DRILL

1. **Gaua sobera polita da?** Is the night too pretty?
    Ez, ez da sobera polita. Ez, gaua ez da sobera polita.

2. **Nor da lar erromantikoa?** Who is too romantic?
    Xurga da. Xurga da lar erromantikoa.

3. **Zenbat izar dago zeruan?** How many stars are in the sky?
    Gehiegi dago.

4. **Erromantizismoa txarra da. Ados zaude?** Romanticism is bad. Do
    you agree?
    Ez, ez nago ados.

5. **Nor da filosofoa?** Who is the philosopher?
    Xurga da. Xurga da filosofoa.

6. **Nora doa Xurga?** Where is Xurga going?
    Postetxera doa. Xurga postetxera doa.

7. **Nola dago postetxea?** How is the post office? (In what condition?)
    Itxita dago. Postetxea itxita dago.

8. **Nora doa Xurga ostiraletan?** Where does Xurga go on Fridays?
    Kultur etxera doa. Ostiraletan Xurga kultur etxera doa.

9. **Nortzuk dira setatiak?** Who is stubborn? (Who are stubborn?
    We expect a plural answer because of the plural question word,
    Nortzuk?)
    Xurga eta Goxo dira setatiak.

CHAPTER SEVEN

Where Did That Come From?

Dialogue

Nondik nora doaz Goxo eta Xurga?

Goxo eta Xurga etxetik kobazulora doaz. Elkarrekin doaz. Gaua ilun dago. Ez dago inor kale txikietan. Hau da haien elkarrizketa arraroa.

1. GOXO: Hor dago nire taberna gogokoena.
2. XURGA: Goazen taberna horretara.
3. G: Ez, etxera noa. Kobazulora goaz.
4. X: Baina badago ardoa taberna horretan.
5. G: Berdin zait. Ardoa ere badago kobazuloko apaletan.
6. X: Etxe hartatik gatoz, eta udaletxe hartara goaz.
7. G: Bai, Xurga.
8. (gero) Orain udaletxe aurrean gaude.
9. X: Ederki. Udaletxe honetatik nator eta oihan hartara noa.
10. G: Eta gero, oihan hartatik ibaira, eta ibai hartatik kobazulora.
11. X: Guztiz animatuta nago!
12. G: Pixkat atzeratua zara, ezta?

■ Hitz eta esaldi berriak ■

nondik	from where
haien	their (possessive)
elkarrizketa	conversation
gogoko	favorite
gogokoen	most favorite
horretara	to that
taberna horretara	to that tavern

hartatik	from that (over there)
hartara	to that (over there)

gero	later
aurrean	in front of, before, facing
udaletxe aurrean	in front of the town hall
honetatik	from this
atzeratu	backward, mentally slow

■ Etorri (to come) ■

(ni) nator	I'm coming, I come
(zu) zatoz	you are coming, you come
(bera) dator	she/he is coming, she/he comes
(haiek) datoz	they are coming, they come
(gu) gatoz	we are coming, we come
(zuek) zatozte	you (pl.) are coming, you come

Another way to visualize the conjugation of **etorri** is presented below.

Singular	*Plural*
nator	gatoz
dator	datoz
zatoz	zatozte

ACTIVITY 7.1 ■ SUBSTITUTION / TRANSFORMATION DRILL

Change the model sentence by substituting the new subject and transforming the verb as necessary. Read through the drill a few times, then cover the right-hand column to practice making the changes without looking at the answers.

Model:

Ni Boise-tik nator.	I am coming from Boise. (directional, not birthplace)

Cues:

zu	Zu Boise-tik zatoz.
gu	Gu Boise-tik gatoz.
haiek	Haiek Boise-tik datoz.
bera	Bera Boise-tik dator.
ni	Ni Boise-tik nator.
zuek	Zuek Boise-tik zatozte.

Model:

Ni ez nator tabernatik.	I am not coming from the tavern.

Cues:

zu	Zu ez zatoz tabernatik.
gu	Gu ez gatoz tabernatik.
haiek	Haiek ez datoz tabernatik.
bera	Bera ez dator tabernatik.
ni	Ni ez nator tabernatik.
zuek	Zuek ez zatozte tabernatik.

■ Responding to **nondik?** (from where?):
Ablative case with singular nouns ■

Nondik zatoz?

Where are you coming from?

Etxetik nator.

I'm coming from home.

Gaur goizean, nondik zatoz?

This morning, where are you coming from?

Bilbotik nator.

I'm coming from Bilbao.

Bilbotik Donostiara, eta

From Bilbao to Donostia, and from Donostia

Donostiatik Getariara.

to Getaria.

Edurne Bilbotarra da, baina

Edurne is a native of Bilbao, but

Oxforden bizi da.

she lives in Oxford.

Bilbotik Oxfordera dator

She comes from Bilbao to Oxford

hegazkinez eta trenez.

by plane and by train.

When proper nouns end in a vowel the allative case is formed by adding **-tik:**

Kanada	**KanadaTIK**	from Canada
Mexiko	**MexikoTIK**	from Mexico

When proper nouns end in a consonant, add **-etik**. If the proper noun ends in **-n,** add **-dik.**

Oregon	**OregonETIK** or **OregonDIK**
Gales	**GalesETIK** (although colloquially some people say **Galestik**)

For common nouns, the suffix -tik is used when the bare word ends in a vowel.

leihotik	from the window
menditik	from the mountain
motxilatik	from the backpack

When the bare word ends in a consonant other than **-n,** the suffix is **-etik**. If the consonant is **-n,** the suffix is often pronounced, and written, **-dik.**

tontor	**tontorretik**	from the summit
arbel	**arbeletik**	from the blackboard
haran	**haranetik** or **harandik**	from the valley
han	**handik**	from there

NOTE: Unified Basque has attempted to standardize these suffix endings in the written language, but in real life people often pronounce the words as they learned in their own dialect. This happens so frequently that you must be aware of the use of both -etik and -dik after -n. Why -dik? Because the proximity of the sound -n to the sound -t lends voicing to the voiceless -t, and when this happens, -t becomes -d.

REMEMBER: Asking "Where are you from?" (**Nongoa zara?**) and "Where are you coming from?" (**Nondik zatoz?**) are different. **Nongoa zara?** asks about your origins, where you were born, and so on. **Nondik zatoz?** asks from which location you have come, or what your point of departure was.

ACTIVITY 7.2 ■ ABLATIVE CASE

The purpose of this drill is to become familiar with forming the ablative case.

Model:

Dantzariak Europatik datoz.	The dancers come from Europe.

Cues:

Bilbo	**Dantzariak Bilbotik datoz.**
Afrika	**Dantzariak Afrikatik datoz.**
Mexiko	**Dantzariak Mexikotik datoz.**
Londres	**Dantzariak Londresetik datoz.**
Euskadi	**Dantzariak Euskaditik datoz.**
Bonn	**Dantzariak Bonnetik datoz.**

The cues in the next section are given with singular markers attached. You must remove the singular marker before attaching the ablative marker to the bare word. Remember, some bare words end in -a.

Model:

Gu ez gatoz menditik.	We are not coming from the mountain.

Cues:

taberna	**Gu ez gatoz tabernatik.**
udaletxea	**Gu ez gatoz udaletxetik.**
harana	**Gu ez gatoz haranetik (harandik).**

unibertsitatea	Gu ez gatoz unibertsitatetik.
oihana	Gu ez gatoz oihanetik.

ACTIVITY 7.3. ■ ETORRI WITH SINGULAR AND PLURAL PERSONS

Rewrite the singular subjects (if present) and verbs as plurals.

1. Nondik zatoz?
2. Kaliforniatik nator.
3. Bera dator lagun batekin.
4. Bazatoz ostiralean?
5. Banator trenez.
6. Ez dator semearekin.
7. Bazatoz alabarekin?
8. Bera dator seietan.
9. Ez nator gaur.

ACTIVITY 7.4 ■ NONDIK NORA?

Answer the questions as directed.

1. Nondik dator Begi-Oker? (from Salem)
2. Nondik dator Edurne? (from Oxford)
3. Nondik zatoz? (from your town)
4. Nondik nora doa Jose? (from Los Angeles to Atlanta)
5. Nondik nora noa ni? (from Nevada to San Francisco)
6. Nora doa Katieren (Katie's) ama? (to London)

■ Ablative case—plural, inanimate ■

The plural suffix is -etatik. It attaches to the bare word.

leiho	leihoetatik	from the windows
mendi	mendietatik	from the mountains

motxila	**motxiletatik**	from the (location of the) backpacks
tontor	**tontorretatik**	from the summits
arbel	**arbeletatik**	from the blackboards
haran	**haranetatik**	from the valleys

ACTIVITY 7.5 ■ TRANSFORMATION DRILL

The cues in this drill are given with plural markers attached. You must remove the plural marker before attaching the ablative marker to the bare word.

Model:

Zu ez zatoz mendietatik.	You are not coming from the mountains.

Cues:

tontorrak	**Zu ez zatoz tontorretatik.**
udaletxeak	**Zu ez zatoz udaletxeetatik.**
haranak	**Zu ez zatoz haranetatik.**
unibertsitateak	**Zu ez zatoz unibertsitateetatik.**
oihanak	**Zu ez zatoz oihanetatik.**
Estatu Batuak	**Zu ez zatoz Estatu Batuetatik.**

ACTIVITY 7.6 ■ NONDIK NORA?

Answer as directed.

1. **Nondik nora doa Txema?** (from the mountains to the hospital)
2. **Nondik nora doa Edurne?** (from the city to the mountains)
3. **Nondik nora doa Jon?** (from the houses to the market)
4. **Nondik nora doa Miren?** (from the farm to the city)
5. **Nondik nora doa Gotzon?** (from the taverns to the house)

ACTIVITY 7.7 ■ NONDIK ZATOZ?

Use flashcards or pictures of locations mentioned in the chapter to cue a companion as you ask the questions **Nondik zatoz?** (Where are you coming from?) and **Nora zoaz?** (Where are you going [to]?)

■ Ablative and allative forms—from this one to that one ■

In chapter 5, we learned the forms of the demonstratives **hau, hori,** and **hura** in the nominative (this, that, that over there), inessive (in this, in that, in that over there), and associative (with this, with that, with that over there) cases. We will now begin using the demonstratives in the allative (to this, to that, to that over there) and ablative (from this, from that, from that over there) cases. You've already learned the transformations that take place when the demonstratives are declined (put into different cases), so these forms will hopefully look familiar.

FORMS OF HAU (THIS) AND HAUEK (THESE)

Form	Singular	Plural
Nominative	**hau**	**hauek**
Allative	**honetara**	**hauetara** (with inanimate objects)
Ablative	**honetatik**	**hauetatik** (with inanimate objects)

Notice the stem change that occurs from **hau** to **hon.** If the stem didn't change, the singular forms would look exactly like the plural forms. Now observe the forms of **hau** in the following sentences:

<u>Banpiro hau</u> Xurga da.
<u>This vampire</u> is Xurga.
Goizean <u>hilkutxa honetara</u> doa.
In the morning, he goes <u>to this coffin.</u>
Gauean <u>hilkutxa honetatik</u> dator.
In the evening, he comes <u>from this coffin.</u>

Sorgin hauek Goxo eta Gisela dira.

These witches are Goxo and Gisela.

Gauero haitzulo hauetara kotxez doaz.

Every night they go to these caves by car.

Goizero haitzulo hauetatik oinez datoz.

Every morning they come out of (from) these caves on foot.

HORI (THAT) AND HORIEK (THOSE)

Forms	Singular	Plural
Nominative	**hori**	**horiek** (remember, pronounce it Oy-ekk)
Allative	**horretara**	**horietara** (with inanimate objects)
Ablative	**horretatik**	**horietatik** (with inanimate objects)

Once again, we have a stem change from **hori** to **horr** in the singular. If the stem didn't change, the singular forms would look exactly like the plural forms.

FORMS OF HURA (THAT) AND HAIEK (THOSE)

Form	Singular	Plural
Nominative	**hura**	**haiek**
Allative	**hartara**	**haietara** (with inanimate objects)
Ablative	**hartatik**	**haietatik** (with inanimate objects)

Notice that we have a stem change from **hura** to **har** in the singular.

ACTIVITY 7.8 ■ SPELLING DRILL

You may want to write out the following drill for spelling practice. Also, writing allows you more time to think about the transformations you're making.

Once you have written it out successfully, check your written responses against
the answers at the end of the chapter and then use them to practice orally. Rep-
etition and oral usage are the keys to learning a language. They are especially
important if you are studying on your own. If this exercise is confusing, begin
by reading through the answers first, then attempt to write the exercise.

Cue:

haran hau

Model:

Gu haran honetara goaz, baina zuek haran honetatik zatozte. We are
   going <u>to</u> this valley, but you are coming <u>from</u> this valley.

1.   **haran hori**
2.   **haran hura**
3.   **haran hau**
4.   **haran hauek**
5.   **haran horiek**
6.   **haran haiek**
7.   **haran hura**
8.   **haran hau**
9.   **haran hori**
10.   **haran horiek**

Cue:

bulego hau

Model:

Ni bulego honetara noa, baina zu bulego honetatik zatoz. I am going <u>to</u>
   this office, but you are coming <u>from</u> this office.

Cues:

11.   **apal hori**
12.   **etxe hura**
13.   **ibai hau**
14.   **baserri hori**
15.   **taberna handi hau**
16.   **planeta hauek**

17. kultur etxe horiek
18. udaletxe haiek
19. klase horiek
20. postetxe hauek

ACTIVITY 7.9 ■ REVIEW OF JOAN (TO GO)

Rewrite the following sentences changing the subjects and verbs to their plural counterparts. Do not change destinations, companions, or means of travel.

Do you understand what you are reading? Give English equivalents for one through nine.

1. Kanadara noa!
2. Bazoaz Afrikara?
3. Unibertsitateko klasera doa.
4. Ez noa amarekin.
5. Bera doa nire lagunarekin.
6. Ez zoaz trenez.
7. Autobusez noa Donostiara.
8. Bera Frantziara doa trenez.
9. Badoa Italiara?

Dialogue

Zein margotakoa da Goxoren azala? *What color is Goxo's skin?*

XURGA: (kobazuloan) Aizu! Hemen dago zure makilajea.

(in the cave) Hey! Here is your make-up.

Botila asko. Ezpainetako lapitzak. Lozioak.

Lots of bottles. Lipsticks. Lotions.

GOXO: Ez ukitu! Garestiak dira. Ez dira merkeak.

Don't touch! They are expensive. They are not cheap.

X: Oso arraroak dira. Guztiak orlegiak dira. Berdeak.

They are very unusual. All of them are green. Green.

Ezpainetako lapitzak orlegi ilunak dira.

The lipsticks are dark green.

Lozioak eta makilajea orlegi argiak dira.

The lotions and the make-up are light green.

G: **Beno, sorgina naiz. Margo hauek normalak dira, sorgina bazara.**

Well, I'm a witch. These colors are normal if you're a witch.

X: **Baina zure aurpegi biluzia berdea da, ezta?**

But your bare face is green, isn't it?

G: **(lotsatuta) Ez, nire aurpegia arrosa argia da.**

(embarrassed) No, my face is light pink.

(negarrez) Ez naiz sorgin normala.

(weeping) I'm not a normal witch.

Horregatik, makilajea oso garrantzitsua da.

For that reason, [my] make-up is very important.

X: **Lasai, Goxo. Orlegia zein arrosa, nire laguna zara.**

Relax, Goxo. Either green or pink, you're my friend.

■ Hitz eta esaldi berriak ■

aizu	hey
makilaje	make-up
botila	bottle
ezpain	lip
ezpainetako	for the lips
ezpainetako lapitza	lipstick (pencil for the lips)
lozio	lotion
ukitu	touch [it]
ez ukitu	don't touch
garesti	expensive
merke	cheap, inexpensive
guztiak	all

bazara	if you are
aurpegi	face
biluzi	bare, naked
lotsatuta	embarrassed
arrosa argi	light pink
negarrez	weeping
horregatik	for that reason
azal	skin
margo	color
kolore	color

■ Responding to **Zein margotakoa da?** (What color is it?) ■

We have learned a few colors in our word lists so far, and now we can add a few more.

beltz	black
zuri	white
gorri	red
hori	yellow
laranja	orange
arrosa	pink
orlegi	green
berde	green
gris	gray
more	purple
ubel	purple, violet, bruise
marroi	brown
urdin	blue
argi	light
urdin argi	light blue
ilun	dark

urdin ilun	dark blue
zeruko urdin	sky blue
Zein margotakoa da?	What color is it?
Zein koloretakoa da?	What color is it?

The modifiers **argi** and **ilun** can be applied to any color.

ACTIVITY 7.10 ■ ANSWERING QUESTIONS

Answer the following questions about the dialogue above.

1. **Makilajea garestia ala merkea da?**
2. **Ezpainetako lapitzak gorriak al dira?**
3. **Lozioak zuriak al dira?**
4. **Goxo sorgin normala da?**
5. **Zein margotakoa da Goxoren** (Goxo's) **aurpegia?**
6. **Zein margotakoa da makilajea?**
7. **Zein margotakoa da aurpegi biluzia?**
8. **Nor ez da sorgin normala?**
9. **Zer da garrantzitsua?**

■ Jakin (to know) and zer-nork (what-who) ■

We've seen the phrase **Ez dakit** (I don't know) in two dialogues so far. This is the first transitive verb we've studied. The first thing you'll notice is that all the pronouns now carry a -**k**. This -**k** is called the ergative marker, a fancy name to indicate that the pronoun is the subject of a transitive verb. The English equivalent of the pronoun (or other subject) is not altered by the presence of the -**k**. We do not translate it into English. However, grammatically it is necessary in Euskara.

nik dakit	(I) know
zuk dakizu	(you) know
guk dakigu	(we) know
zuek dakizue	(you, pl.) know

berak daki	(he, she) knows
haiek dakite	(they) know

You may have noticed that the verbs we've studied thus far (**izan, egon, joan, etorri**) all share the same initial letters for each person. If the subject was **ni,** the initial letter of the intransitive verb was **n-**. If the subject was **zu,** the initial letter was **z-,** and so on. These initial letters represent the subjects in the intransitive verb form and can be called the subject markers.

Now we are studying our first <u>transitive</u> verb, and the subject marker has changed location. Transitive subject markers appear at the end of the present tense verb forms. Obviously, in Basque the pronouns are not always necessary, because Basque verb forms are different for each person. English, however, requires pronouns for clarity. With only two forms of the present tense verb in English (know, knows), we must specify who we are talking about. Basque verbs give us a great deal more information, and therefore we can often omit the subject.

Another way to look at the present tense of **jakin** may help you remember the transitive subject markers.

berak daki	(he, she) knows
zuk daki<u>zu</u>	(you) know
zuek daki<u>zue</u>	(you, pl.) know
guk daki<u>gu</u>	(we) know
nik daki<u>t</u>	(I) know
haiek daki<u>te</u>	(they) know

The word **daki** can also be thought of as the *stem* of the present tense conjugation. When saying "he knows" or "she knows" we use only the stem. There is no subject marker for the third-person singular. Some grammars and texts place a null sign or a dash after the stem **daki** to indicate a lack of subject marker.

zuk daki<u>zu</u>	(you) know

The subject marker is -**zu,** which corresponds to the **zu** of the pronoun.

zuek daki<u>zue</u>	(you, pl.) know

The subject marker is -**zue,** which corresponds to the **zue** of the pronoun.

guk dakigu   (we) know

The subject marker is -**gu,** which corresponds to the **gu** of the pronoun.

nik dakit   (I) know

The subject marker is -**t,** which unfortunately bears no resemblance to the pronoun. However, you may want to use a mnemonic device (such as the phrase "I Totally know") to remind yourself of this subject marker until it becomes second nature.

haiek dakite   (they) know

The subject marker is -**te,** and once again it bears no resemblance to the subject pronoun. What's worse, it is very close to the subject marker for *I.* Some students find it helpful to identify -**te** with *they* because the two letters -**te** are included in the English pronoun. Or another memory aid might help, such as "those **te**n, they know" or perhaps one of your own invention.

After reading this section, you can probably recall the subject markers for all the persons of **jakin,** given enough time. When conversing, however, you want these verb forms to flow quickly and naturally. To that end, we'll begin with a practice drill.

ACTIVITY 7.11 ■ VOCABULARY

Read through the drill until you feel comfortable. Then cover the right-hand column and give the verb form that corresponds to the cue. Say the English meanings aloud as well. Make sure you know what you are saying.

Model:

Nik dakit.   I know. I know it.

Cues:

zuk	**zuk dakizu**	you know
guk	**guk dakigu**	we know

berak	berak daki	she/he knows
haiek	haiek dakite	they know
nik	nik dakit	I know
zuek	zuek dakizue	you (pl.) know

Model:

| Guk ez dakigu. | | We don't know. |

Cues:

berak	berak ez daki	she/he doesn't know
zuk	zuk ez dakizu	you do not know
haiek	haiek ez dakite	they do not know
nik	nik ez dakit	I do not know
zuek	zuek ez dakizue	you (pl.) do not know
guk	guk ez dakigu	we do not know

■ Responding to **Badakizu euskaraz?** (Do you know Basque?) ■

The question form **badakizu?** is often heard in Basque conversation. It can be answered with the emphatic form **badakit!** (Yes, I do [know]!). Although the **ba** is often written as if it were part of the verb, it really isn't. Also, never use **ba** when answering in the negative.

Q: **Badakizu txineraz?**	Do you know Chinese?
A: **Bai, pixkat.**	Yes, a little bit.
A: **Bai, badakit txineraz.**	Yes, I do know Chinese.
A: **Ez, ez dakit.**	No, I don't (know it).
Ez, ez dakit txineraz.	No, I don't know Chinese.

Hizkuntzak	*Languages*
euskara	Basque
frantsesa	French
gaztelera	Spanish
ingelesa	English
errusiera	Russian
italiera	Italian

suomiera	Finnish
alemana	German

NOTE: Languages are not capitalized in Basque.

ACTIVITY 7.12 ■ AFFIRMATIVE AND NEGATIVE ANSWERS

Write out the answers to the following questions in both the affirmative and the negative. Check your written answers at the end of the chapter. Then practice aloud.

Model:

Badakizu ingelesez?	Do you know English?

Cues:

Bai, badakit ingelesez.	Yes, I know English.
Ez, ez dakit ingelesez.	No, I do not know English.

1. **Badakizu suomieraz?**
2. **Badakizu italieraz?**
3. **Badakizu alemanaz?**
4. **Badakizu errusieraz?**
5. **Badakizu frantsesez?**
6. **Badakizu gazteleraz?**
7. **Badakizu ingelesez?**

■ Zenbakiak numbers 60–100 ■

60	**hirurogei**
61	**hirurogeita bat**
62	**hirurogeita bi**
63	**hirurogeita hiru**
64	**hirurogeita lau**
70	**hirurogeita hamar** (60 + 10 = 70, or three twenties and ten)
71	**hirurogeita hamaika**

79	**hirurogeita hemeretzi**
80	**laurogei** (4 x 20 = 80 or four twenties)
81	**laurogeita bat**
90	**laurogeita hamar** (80 + 10 = 90 or four twenties and ten)
91	**laurogeita hamaika**
99	**laurogeita hemeretzi**
100	**ehun**

ACTIVITY 7.13 ■ NUMBERS

Review all numbers learned thus far. Refer to the number sections in previous chapters for ideas and activities to help you master sixty through one hundred. Notice how they are built using the numbers you have already learned. Practice counting throughout the day. Impress your friends at parties by counting in Euskara!

ANSWERS

ENGLISH EQUIVALENT OF **NONDIK NORA DOAZ GOXO ETA XURGA?** (FROM WHERE TO WHERE ARE GOXO AND XURGA GOING?)

Goxo and Xurga are going from the house to the cave. They are going together. The night is dark. There is no one in the little streets. This is their strange conversation.

1. GOXO: There is my most favorite tavern.
2. XURGA: Let's go to that tavern.
3. G: No, I'm going home. We're going to the cave.
4. X: But there is wine in that tavern.

5. G: It's all the same to me. There is also wine on the shelves of [my] cave.

6. X: We come from that house over there and we go to that town hall over there.

7. G: Yes, Xurga.

8. (later) Now we are in front of the town hall.

9. X: Excellent. I come from this town hall and I'm going to that forest over there.

10. G: And later, from that forest over there to the river, and from that river over there to the cave.

11. X: I'm totally excited!

12. G: You're a little backward, aren't you?

ACTIVITY 7.3 ■ ETORRI WITH SINGULAR AND PLURAL PERSONS

1. **Nondik zatozte?**
2. **Kaliforniatik gatoz.**
3. **Haiek datoz lagun batekin.**
4. **Bazatozte ostiralean?**
5. **Bagatoz trenez.**
6. **Ez datoz semearekin.**
7. **Bazatozte alabarekin?**
8. **Haiek datoz seietan.**
9. **Ez gatoz gaur.**

ACTIVITY 7.4 ■ NONDIK NORA?

1. **Salemetik (or Salem-etik) dator. Goxo Begi-Oker Salemetik dator.**
2. **Oxfordetik (Oxford-etik) dator. Edurne Oxfordetik dator.**
3. (insert your town) **tik** (or **-etik,** if it ends in a consonant) **nator.**
4. **Los Angelesetik Atlantara doa Jose.**
5. **Nevadatik San Franciscora zoaz.**
6. **Katieren** (Katie's) **ama Londresera doa.**

ACTIVITY 7.6 ■ NONDIK NORA?

1. Mendietatik ospitalera doa Txema.
2. Hiritik mendietara doa Edurne.
3. Etxeetatik merkatura doa Jon.
4. Baserritik hirira doa Miren.
5. Tabernetatik etxera doa Gotzon.

ACTIVITY 7.8 ■ SPELLING DRILL

1. haran hori

Gu haran horretara goaz, baina zuek haran horretatik zatozte.

2. haran hura

Gu haran hartara goaz, baina zuek haran hartatik zatozte.

3. haran hau

Gu haran honetara goaz, baina zuek haran honetatik zatozte.

4. haran hauek

Gu haran hauetara goaz, baina zuek haran hauetatik zatozte.

5. haran horiek

Gu haran horietara goaz, baina zuek haran horietatik zatozte.

6. haran haiek

Gu haran haietara goaz, baina zuek haran haietatik zatozte.

7. haran hura

Gu haran hartara goaz, baina zuek haran hartatik zatozte.

8. haran hau

Gu haran honetara goaz, baina zuek haran honetatik zatozte.

9. haran hori

Gu haran horretara goaz, baina zuek haran horretatik zatozte.

10. haran horiek

Gu haran horietara goaz, baina zuek haran horietatik zatozte.

11. Ni apal horretara noa, baina zu apal horretatik zatoz.
12. Ni etxe hartara noa, baina zu etxe hartatik zatoz.
13. Ni ibai honetara noa, baina zu ibai honetatik zatoz.

14. Ni baserri horretara noa, baina zu baserri horretatik zatoz.
15. Ni taberna handi honetara noa, baina zu taberna handi honetatik zatoz.
16. Ni planeta hauetara noa, baina zu planeta hauetatik zatoz.
17. Ni kultur etxe horietara noa, baina zu kultur etxe horietatik zatoz.
18. Ni udaletxe haietara noa, baina zu udaletxe haietatik zatoz.
19. Ni klase horietara noa, baina zu klase horietatik zatoz.
20. Ni postetxe hauetara noa, baina zu postetxe hauetatik zatoz.

ACTIVITY 7.9 ■ REVIEW OF JOAN (TO GO)

1. Kanadara goaz!
2. Bazoazte Afrikara?
3. Unibertsitateko klasera doaz.
4. Ez goaz amarekin.
5. Haiek doaz nire lagunarekin.
6. Ez zoazte trenez.
7. Autobusez goaz Donostiara.
8. Haiek Frantziara doaz trenez.
9. Badoaz Italiara?

English equivalents:

1. I'm going to Canada!
2. Are you going to Africa?
3. She/he is going / goes to the university class.
4. I'm not going with mother.
5. She/he is going with my friend.
6. You are not going by train.
7. I'm going to Donosti / San Sebastián by bus.
8. She/he is going / goes to France by train.
9. Is she/he going to Italy? Does she/he go to Italy?

ACTIVITY 7.10 ■ ANSWERING QUESTIONS

1. **Makilajea garestia ala merkea da?** Is the makeup expensive or cheap?

   Garestia da. Makilajea garestia da.

2. **Ezpainetako lapitzak gorriak al dira?** Are the lipsticks red?

   Ez, ez dira gorriak. Ez, ezpainetako lapitzak ez dira gorriak.

   Ez, orlegiak dira. Ez, berdeak dira.

3. **Lozioak zuriak al dira?** Are the lotions white?

   Ez, ez dira zuriak. Ez, lozioak ez dira zuriak.

   Ez, orlegi argiak dira.

4. **Goxo sorgin normala da?** Is Goxo a normal witch?

   Ez, ez da sorgin normala. Ez, Goxo ez da sorgin normala.

5. **Zein margotakoa da Goxoren** (Goxo's) **aurpegia?** What color is Goxo's face?

   Arrosa argia da. Aurpegia arrosa argia da.

   Goxoren aurpegia arrosa argia da.

6. **Zein margotakoa da makilajea?** What color is the makeup?

   Orlegi argia da. Makilajea orlegi argia da.

7. **Zein margotakoa da aurpegi biluzia?** What color is [her] bare face? . . . naked face?

   Arrosa argia da. Aurpegi biluzia arrosa argia da.

8. **Nor ez da sorgin normala?** Who is not a normal witch?

   Goxo ez da. Goxo ez da sorgin normala.

9. **Zer da garrantzitsua?** What is important?

   Makilajea da. Makilajea da garrantzitsua.

ACTIVITY 7.12 ■ AFFIRMATIVE AND NEGATIVE ANSWERS

1. **Bai, badakit suomieraz.**

   Ez, ez dakit suomieraz.

2. **Bai, badakit italieraz.**

   Ez, ez dakit italieraz.

3. Bai, badakit alemanaz.

    Ez, ez dakit alemanaz.

4. Bai, badakit errusieraz.

    Ez, ez dakit errusieraz.

5. Bai, badakit frantsesez.

    Ez, ez dakit frantsesez.

6. Bai, badakit gazteleraz.

    Ez, ez dakit gazteleraz.

7. Bai, badakit ingelesez.

    Ez, ez dakit ingelesez.

CHAPTER EIGHT

The Haves and the Have Nots

Dialogue

Burukomina

1. Goxo Begi-Oker sorgina kobazuloan dago.
2. GOXO: <<Ai ene! Burukomina daukat.>>
3. Goxo poliki-poliki komunera doa.
4. Oso aurpegi itsusia dauka ispiluan.
5. G: <<Arraioa! Gaixorik nago! Edo katarroa edo gripea daukat.
6. Non dago nire aspirina?>>
7. Laborategira doa, baina han ez dauka aspirinarik.
8. Pozoia dauka.
9. Perretxiko beltzak dauzka.
10. Kupela dauka, eta kupelean sagardo zahar eta garratza dauka.
11. Baina aspirinarik ez.
12. G: <<Medikamentua, non dago nire medikamentua?
13. Ez daukat medikamenturik.
14. Zer daukat? A, begira! Kafea daukat, eta hemen badauzkat igelak.
15. Jan eta edan!>>
16. (Baina lasai, ikasleak!
17. Txokolatezko igelak dira.
18. Goxok ez dauka benetako igelik.)

The English equivalent of this passage appears at the end of the chapter in the answer section.

■ Hitz eta esaldi berriak ■

burukomin	headache
daukat	I have

komun	toilet, bathroom
ispilu	mirror
Arraioa!	Darn!
katarro	cold (illness)
gripea	influenza, flu
aspirina	aspirin
laborategi	laboratory
aspirinarik	any aspirin
perretxiko	mushroom
dauzka	she has [more than one thing]
kupel	barrel
sagardo	hard cider, alcoholic cider
garratz	bitter
medikamentu	medication
kafe	coffee
igel	frog
jan!	eat!
edan!	drink!
lasai!	relax!
txokolatezko	chocolate, made of chocolate
benetako	real
erantzun	answer

■ Eduki (to have, to possess) with singular objects and zer-nork (what-who) ■

Eduki is our second transitive verb. In chapter 7, we learned **jakin** and the subject markers that appear at the end of the conjugated forms. The verb **eduki** uses the same subject markers, but the stem is different.

(berak) dauka   she/he/it has it

The verb **dauka** is the stem to use when you possess one object. The *it* in the English equivalent is contained within the verb in Euskara, in **dauka.** Re-

member, the third-person-singular forms (he and she) do <u>not</u> have a subject
marker at the end of the stem.

(zuk) daukazu   you have it

The subject marker is **-zu,** corresponding to the **zu** in the pronoun.

(zuek) daukazue   you (pl.) have it

The subject marker is **-zue,** corresponding to the **zue** in the pronoun.

(guk) daukagu   we have it

The subject marker is **-gu,** corresponding to the **gu** in the pronoun.

(nik) daukat   I have it

As we noted with **jakin,** the subject marker for *I* is **-t.** Our memory aid still
works: I <u>T</u>otally have it.

(haiek) daukate   they have it

The subject marker is **-te.** Our memory aid is: those <u>te</u>n, they have it.

■ More about ergative markers on subjects ■

The subjects of transitive verbs, such as **jakin** and **eduki,** carry ergative mark-
ers in the form of a **-k.** Notice how the subjects below add the **-k** when the verb
is transitive.

NI VERSUS NIK

Use **ni** with intransitive verbs (verbs that do not take objects):

Ni emakumea naiz.   I am a woman.
Ni gaixorik nago.   I am sick.
Ni tabernara noa.   I go to the tavern.
Ni klasetik nator.   I come from class.

Use **nik** with transitive verbs (verbs that take objects):

Nik erantzuna dakit.	I know the answer.
Nik dirua daukat.	I have the money.

OTHER PRONOUNS

With intransitive verbs (verbs that do not take objects), there is no ergative marker.

Zu altua zara.	You are tall.
Bera pozik dago.	She/he is happy.
Gu etxera goaz.	We are going home.

But **haiek** and **zuek** always have a -**k**, as a plural marker.

With transitive verbs (verbs that take objects), the subject pronoun must carry an ergative marker.

Zuk kotxe berria daukazu.	You have a new car.
Berak frantsesez daki.	She/he knows French.
Guk ez daukagu aspirinarik.	We don't have any aspirin.

WHAT ABOUT OTHER SUBJECTS?

The ergative marker attaches to the end of the subject. The subject, as we have seen, can be a pronoun, a single noun, or a phrase.

Mutila ona da.	The boy is good.
Mutilak bizikleta dauka.	The boy has a bike.

By adding the ergative marker to **mutila,** we now face a new dilemma. The ergative form of **mutila** looks just like the plural form, **mutilak**! This means we must be very observant when we listen to or read a sentence in Euskara. We must pay attention to the verb and be able to identify it as either intransitive (no ergative) or transitive (requiring an object and an ergative marker on the subject).

But what if the subject is plural? What happens then?

Singular Subject	*Plural Subject*
Mutila ona da.	**Mutilak onak dira.**
The boy is good.	The boys are good.

Mutilak bizikleta dauka.	**MutilEK bizikleta daukate.**
The boy has a bike.	The boys have a bike.

In Unified Basque (**euskara batua**), the plural subject of a transitive verb is marked with an -ek in order to avoid confusion with yet another -ak suffix. In some dialects, however, the -**ek** is not used, and you may hear speakers using -**ak** where this text recommends -**ek**. If you are of Basque origin, you may choose to follow the dialectal norms used in your family, but be aware of the rules of Unified Basque, because that is the dialect used in schools, in newspapers, and on radio and television.

The following is a summary of subject markers with <u>common nouns</u>:

Singular Subject	*Plural Subject*
Bare Word + **a** (with intransitive verbs)	Bare Word + **ak**
Bare Word + **ak** (with transitive verbs)	Bare Word + **ek**

The following are guidelines for attaching the ergative marker to <u>proper nouns</u> (in this case, people's names):

If the name ends in a vowel, just attach the -**k.**

If the name ends in a consonant, attach -**ek** (bridging vowel -**e** and ergative -**k**). For example,

Joseba pozik dago.	Joseba is happy.
Josebak arkatza dauka.	Joseba has the pencil.
Jon triste dago.	Jon is sad.
Jonek ez dauka arkatza.	Jon does not have the pencil.

ACTIVITY 8.1 ■ ERGATIVE MARKER

In the first drill, the cue will be supplied with the ergative attached. We are working with the forms of **eduki.** In your response, simply change the verb form to correspond to the cue. You do not need to include the cue (subject) in your response.

Cue:

zuk

Model: **Dirua daukazu.** You have money.

Cues:

nik	Dirua daukat.
berak	Dirua dauka.
guk	Dirua daukagu.
Edurnek	Dirua dauka.
lehengusuek	Dirua daukate.
zuek	Dirua daukazue.
haiek	Dirua daukate.
Xurgak	Dirua dauka.
Jonek	Dirua dauka.
nik	Dirua daukat.

In the second drill, attach the ergative marker to the subject (the cue) and use it in the response. Don't forget to cover the right-hand column. Only peek to check your accuracy.

Cue:

Goxo

Model: **Goxok ez dauka aspirinarik.** Goxo doesn't have any aspirin.

Cues:

Jon	Jonek ez dauka aspirinarik.
haiek	Haiek ez daukate aspirinarik.
ni	Nik ez daukat aspirinarik.
zu	Zuk ez daukazu aspirinarik.
Gu	Guk ez daukagu aspirinarik.
mutila	Mutilak ez dauka aspirinarik.
irakaslea	Irakasleak ez dauka aspirinarik.
zuek	Zuek ez daukazue aspirinarik.

ACTIVITY 8.2 ■ TRANSFORMATION DRILLS

In this exercise, rewrite the sentences by making the subject plural and transforming the verb. Check your answers at the back of the chapter. Then practice the exercise aloud as if it were a drill.

1. **Banpiroak ez dauka dirurik.**
2. **Sorginak alemanaz daki.**
3. **Dantzariak ispilua dauka horman.**
4. **Aktoreak liburu asko dauka.**
5. **Esnesaltzaileak botila bat dauka.**
6. **Nik ez dakit txineraz.**
7. **Zuk ez dakizu frantsesez.**
8. **Berak ez daki telefono zenbakia.**
9. **Nik ez daukat pozoirik.**
10. **Taxistak kotxe handi bat dauka.**
11. **Gizon aspergarriak egunkaria dauka.**
12. **Neska txikiak katilua dauka.**

For additional practice, use the answers to the latter activity as your model sentences, and do the exercise in reverse. Change the subjects from plural to singular and transform the verbs. In this case, the correct answers will be found above.

Also, keep in mind that these exercises may be rewritten and practiced many times until you can perform them with confidence. Once you have written out the exercises successfully, practice the transitions aloud.

Dialogue

Goxo, zer daukazu haitzuloan? *Goxo, what do you have in the cave?*
 Xurga eta Goxo haitzuloan daude.
 Xurga and Goxo are in the cave.
 Goxok gauza asko dauka haitzuloan.

Goxo has a lot of things in the cave.

Oso gauza interesgarriak dira.

They are very interesting things.

Xurga jakingura eta ikusgura da.

Xurga is curious and eager to see [them].

XURGA: **Altzariak oso politak dira!**

The furniture is very pretty! (The furnishings are very pretty.)

Besaulki biguna daukazu.

You have a soft armchair.

GOXO: **Mila esker. Baina sofa bigunegia da.**

Thanks a lot. (A thousand thanks.) But the sofa is too soft.

X: **Erosi sofa berri bat!**

Buy a new sofa!

G: **Ez daukat dirurik.**

I don't have any money.

X: **Beno, ehun saguzahar dauzkazu.**

Well, you have one hundred bats.

Saldu saguzahar batzuk.

Sell some bats.

G: **Ez! Saguzaharrak lagunak dira.**

No! The bats are [my] friends.

Baina badauzkat hirurogei ardo botila.

But I do have sixty bottles of wine.

X: **Ederki! Saldu ardo botilak.**

Excellent! Sell the bottles of wine.

G: **Ideia ona da.**

That's a good idea. (It's a good idea.)

Gela hartan kupel handiak dauzkat.

In that room over there, I have big barrels.

Sagardoz beteta daude.

They are full of hard cider.

X: **Jangelako mahaia eta aulkiak dauzkazu.**

You have a dining room table and chairs.

Oso politak dira.

They are very pretty.

Zein margotakoak dira?

What color are they?

G: **Hori argiak dira.**

They are light yellow.

X: **Altzari arraroak dauzkazu.**

You have unusual furniture. (You have unusual furnishings.)

■ Hitz eta esaldi berriak ■

jakingura	curious, eager to know
ikusgura	curious, eager to see
altzari	furnishing, furniture
altzariak	furnishings, furniture
besaulki	armchair
bigun	soft
sofa	sofa
bigunegi	too soft
erosi	buy
diru	money
dirurik	any money, no money
saldu	sell
batzuk	some
ideia	idea
gela	room
jangela	dining room
jangelako mahaia	a dining room table
oso	very, unusually
emazte	wife
telebista	television
museo	museum

| klarion | chalk |
| motxila | backpack, book bag |

■ Eduki (to have) with plural objects and zer-nork (what-who) ■

When the direct object is more than one item, the plurality of the objects is expressed in the verb by -z- (called an infix). Or we could just say that the stem of **eduki** becomes **dauzka** when more than one object is possessed. In the following, observe the present tense forms of **eduki** with a singular object on the left and with a plural object on the right.

Single Object		*Plural Object*	
dauka	she/he has it	**dauzka**	she/he has them
daukazu	you have it	**dauzkazu**	you have them
daukazue	you (pl.) have it	**dauzkazue**	you (pl.) have them
daukagu	we have it	**dauzkagu**	we have them
daukat	I have it	**dauzkat**	I have them
daukate	they have it	**dauzkate**	they have them

Euritako bat daukat. I have one umbrella.
Lau euritako dauzkat. I have four umbrellas.

Haiek koadernoa daukate. They have the notebook.
Haiek koadernoak dauzkate. They have the notebooks.

Guk ez daukagu dirua. We don't have the money.
Guk ez dauzkagu txartelak. We don't have the tickets.

ACTIVITY 8.3 ■ EDUKI

Practice the following aloud, reading through the whole exercise. Then cover the right-hand column of responses. Say the model aloud, then substitute the suggested objects and make the necessary changes in the verb. There is a lot to do in this drill. You should cover the right-hand column and write out your answers, as well as checking your accuracy against the responses provided.

You may have to practice this drill aloud several times before you feel comfortable with it. Take your time. Build a strong foundation now upon which to build future lessons.

Model:

Abokatuak kotxe handi bat dauka. The lawyer has a big car.

Cues:

bi kotxe handi	**Abokatuak bi kotxe handi dauzka.**
lau katu	**Abokatuak lau katu dauzka.**
emazte bat	**Abokatuak emazte bat dauka.**
hiru telebista	**Abokatuak hiru telebista dauzka.**
garaje bat	**Abokatuak garaje bat dauka.**

Model:

Haiek garaje bat daukate.   They have a garage.

Cues:

bi kotxe	**Haiek bi kotxe dauzkate.**
bizikleta gorri bat	**Haiek bizikleta gorri bat daukate.**
ehun lagun	**Haiek ehun lagun dauzkate.**
hogei arrosa	**Haiek hogei arrosa dauzkate.**
argazki asko	**Haiek argazki asko daukate.**

REMEMBER: **asko** is treated like a singular.

Model:

Zuk ehun lagun dauzkazu.   You have a hundred friends.

Cues:

boligrafo bat	**Zuk boligrafo bat daukazu.**
hiru arkatz	**Zuk hiru arkatz dauzkazu.**
ama bat	**Zuk ama bat daukazu.**
sei lehengusu	**Zuk sei lehengusu dauzkazu.**
txakur bat	**Zuk txakur bat daukazu.**

Do you understand everything you are saying? Give the English equivalents for each sentence in the drills above, then check your accuracy by reviewing the answers at the end of the chapter.

ACTIVITY 8.4 ■ SENTENCE BUILDING

In this exercise, you will write new sentences incorporating the new subjects and objects suggested. By doing so, you will have to change the verb to match the new subjects and reflect on how many objects are being indicated. The English equivalent of your new sentence is provided after each cue. Check your answers at the back of the chapter.

Model:

Nire amak arkatzak dauzka.	My mother has pencils.
1. Guk	We have pencils.
2. Zuk	You have pencils.
3. bi koilara	You have two spoons.
4. Zuek	You [pl.] have two spoons.
5. Nik	I have two spoons.
6. katilu bat	I have a cup.
7. Edurnek	Edurne has a cup.
8. bost jirafa	Edurne has five giraffes.
9. Haiek	They have five giraffes.
10. museoa	They have a museum.

■ Responding to **Zer daukazu?** (What do you have?)
and **Badaukazu . . . ?** (Do you have . . . ?) ■

Q: **Zer daukazu etxean?**	What do you have at home?
A: **Gauza asko daukat!**	I have a lot of things!
Ohea daukat.	I have a bed.
Bi besaulki dauzkat.	I have two armchairs.
Aiztoak dauzkat.	I have knives.
Dena daukat!	I have everything!
Ez daukat ezer!	I have nothing! (I don't have anything!)
Q: **Nork dauka txakurra?**	Who has a dog?
A: **Nik daukat.**	I have. I do.

Neuk daukat.	I̲ have. [**Neuk** is an emphatic form of **nik**.]
Amak dauka txakurra.	Mother has a dog.
Inork ez dauka txakurra.	No one has a dog.
Q: **Zer daukazu, gripea ala katarroa?**	What do you have? The flu or a cold?

NOTE: **Zer daukazu?** is often expressed in English as *What's the matter with you?*

A: **Gripea daukat.**	I have the flu.
Ez daukat ezer. Ondo nago.	I don't have anything. I'm fine.
Q: **Badaukazu dirua?**	Do you have the money?
A: **Bai, badaukat.**	Yes, I have it.
Ez, ez daukat.	No, I don't have it.
Ez, ez daukat dirurik.	No, I don't have any money.
Q: **Badaukazu sagardoa kupelean?**	Do you have cider in the barrel?
A: **Bai, badaukat.**	Yes, I have. (Yes, I do. Yes, I do have.)
Ez, ez daukat sagardorik.	No, I don't have any cider.
Sagardoa daukat, baina ez kupelean.	I have cider, but not in a barrel.

ACTIVITY 8.5 ■ ANSWERING QUESTIONS

Answer the following questions based on the passage **Goxo, zer daukazu hait-zuloan?** The last two questions are directed at you personally, and therefore your answers may vary from the suggested responses at the end of the chapter.

1. **Non daude Xurga eta Goxo?**
2. **Zer dauka Goxok haitzuloan?**
3. **Nolako gauzak dira?** (**nolako / nolakoak** appeared in chapter 3)
4. **Nolakoa da Xurga?**
5. **Nolakoak dira altzariak?**

6. **Nork dauka besaulki biguna?**

7. **Zer da bigunegia?**

8. **Goxok dirua al dauka?**

9. **Zenbat saguzahar dauka Goxok?**

10. **Goxok altzari normalak dauzka?**

11. **Badauzkazu altzariak etxean?**

12. **Zer daukazu eskuan?**

■ Using the partitive **-rik (-ik)** to express *some, any* ■

When we want to ask if a person possesses any item or some of any item, we use the suffix **-rik** (or **-ik** when the bare word ends in a consonant):

Badaukazu kotxerik?	Do you have a car? (Do you have any cars?)
Badaukazu katurik?	Do you have any cats?
Badaukazu txakurrik?	Do you have any dogs?
Badaukazu dirurik?	Do you have any money?

AFFIRMATIVE RESPONSES

You may also use the suffix to answer *some*. Observe the slight differences in meaning below.

Badaukat dirurik.	I have some money.
Badaukat dirua.	I have money. (I have the money.)
Badaukat txakur bat.	I have one dog.
Badaukat txakurra.	I have a dog. (I have the dog.)

NEGATIVE RESPONSES

You may also use the suffix **-rik (-ik)** in negative responses to mean *any*.

Ez daukat txakurrik.	I don't have any dogs.
Ez daukat kotxerik.	I don't have a car. (I don't have any cars.)
Ez daukat dirurik!	I don't have any money!

ACTIVITY 8.6 ■ SENTENCE BUILDING

In this exercise, you will write new sentences incorporating the proposed subjects and objects. In doing so, you will need to change the verb to match the new subjects and to reflect how many objects are indicated. Check your answers at the end of the chapter.

Model:

Zuk ez daukazu giltzarik poltsan. You don't have any keys in your purse.

Cues:

1. **nik**
2. **dirurik**
3. **aspirinarik**
4. **Mirenek**
5. **aiztorik**
6. **etxean**
7. **nik**
8. **lorerik**
9. **besaulkirik**
10. **guk**
11. **haiek**
12. **zuek**

■ Aginduak (simple commands) ■

Command forms in Basque can be very simple and extraordinarily useful. We have seen several in our vocabulary lists throughout this chapter. The following list includes both old and new commands.

Eseri!	Sit down!
Jaiki!	Stand up! Get up!
Etorri!	Come!
Joan!	Go!

Jan!	Eat!
Edan!	Drink!
Hitz egin!	Speak!
Esan!	Say it!
Ireki atea!	Open the door!
Itxi leihoa!	Close the window!
Piztu argia!	Turn on the light!
Itzali telebista!	Turn off the television!
Atera liburuak!	Take out your books!
Hartu klariona!	Take the chalk!
Sartu liburuak motxilan!	Put the books in the backpack!
Isildu!	Shut up!
Esnatu!	Wake up!
Idatzi gutuna!	Write a letter!
Irakurri egunkaria!	Read the newspaper!
Marraztu elefantea!	Draw an elephant!
Berresan!	Repeat (it)!
Erosi!	Buy it!
Saldu!	Sell it!

In order to make the commands negative, use **ez** + verb:

Ez eseri!	Don't sit down!
Ez joan!	Don't go!
Ez ireki atea!	Don't open the door!
Ez piztu argia!	Don't turn on the light!

ACTIVITY 8.7 ■ PRACTICING COMMANDS

Practice commands by saying them aloud (in a commanding voice, of course!) and then performing the action. For example, open the door to your bedroom while saying, **Ireki atea!** Performing the action as you speak will help you remember the meanings.

Give (and write) the following commands in Euskara.

1.　Open the door!

2.　Take the chalk!

3.　Come!

4.　Sit down!

5.　Don't close the window!

6.　Don't turn off the light!

7.　Read the notebook!

8.　Go to Texas!

9.　Speak Basque!

10.　Don't turn on the television!

ACTIVITY 8.8　■　ASKING QUESTIONS ORAL DRILL

Asking questions is a valuable skill. Practice the following drill aloud with a classmate, or standing in front of a mirror. This activity will also provide more practice with the verb **eduki.**

Model:

| **Katarroa daukazu?** | Do you have a cold? |

Cues:

burukomina	**Burukomina daukazu?**
aspirinak	**Aspirinak dauzkazu?**
gripea	**Gripea daukazu?**
perretxikoak	**Perretxikoak dauzkazu?**
kafea	**Kafea daukazu?**
igelak	**Igelak dauzkazu?**

Model:

| **Nork dauzka medikamentuak?** | Who has the medicines? |

Cues:

kupela	**Nork dauka kupela?**
liburuak	**Nork dauzka liburuak?**
argazki polita	**Nork dauka argazki polita?**

txokolatezko igelak	Nork dauzka txokolatezko igelak?
sagardo garratza	Nork dauka sagardo garratza?
benetako altzariak	Nork dauzka benetako altzariak?

Do you understand what you are saying? Provide the English equivalents for the questions above and check your accuracy at the end of the chapter for the activity's answers.

ACTIVITY 8.9 ■ REVIEW

Interview a witch. Review the texts in this chapter and make a list of simple questions you can ask Goxo Begi-Oker. Have a classmate play the role of the witch while you pretend to be a journalist asking the questions. Stick to the material you have studied thus far.

ANSWERS

ENGLISH EQUIVALENT OF BURUKOMINA (THE HEADACHE)

1. Goxo Begi-Oker the witch is in [her] cave.
2. GOXO: "Oh my! I have a headache."
3. Goxo goes very slowly to the bathroom [toilet].
4. In the mirror her face is very ugly.
5. G: "Darn! I'm sick! I have either a cold or the flu.
6. Where is my aspirin?"
7. She goes to [her] laboratory, but she has no aspirin there.
8. She has poison.
9. She has black mushrooms.
10. She has a barrel, and in the barrel she has bitter old hard cider.
11. But not any aspirin.
12. G: "Medication, where is my medication?
13. I don't have any medication.
14. What do I have? Oh, look! I have coffee, and here I have frogs.

15. Eat and drink!"
16. (But relax, students!
17. They are chocolate frogs.
18. Goxo doesn't have any real frogs.)

ACTIVITY 8.2 ■ TRANSFORMATION DRILLS

1. Banpiroek ez daukate dirurik.
2. Sorginek alemanaz dakite.
3. Dantzariek ispilua daukate horman.
4. Aktoreek liburu asko daukate.
5. Esnesaltzaileek botila bat daukate.
6. Guk ez dakigu txineraz.
7. Zuek ez dakizue frantsesez.
8. Haiek ez dakite telefono zenbakia.
9. Guk ez daukagu pozoirik.
10. Taxistek kotxe handi bat daukate.
11. Gizon aspergarriek egunkaria daukate.
12. Neska txikiek katilua daukate.

ACTIVITY 8.3 ■ EDUKI

Abokatuak bi kotxe handi dauzka. The lawyer has two big cars.

Abokatuak lau katu dauzka. The lawyer has four cats.

Abokatuak emazte bat dauka. The lawyer has a wife.

Abokatuak hiru telebista dauzka. The lawyer has three televisions.

Abokatuak garaje bat dauka. The lawyer has one garage.

Haiek bi kotxe dauzkate. They have two cars.

Haiek bizikleta gorri bat daukate. They have one red bicycle.

Haiek ehun lagun dauzkate. They have a hundred friends.

Haiek hogei arrosa dauzkate. They have twenty roses.

Haiek argazki asko daukate. They have a lot of photographs.

Zuk boligrafo bat daukazu. You have one ballpoint pen.

Zuk hiru arkatz dauzkazu. You have three pencils.

Zuk ama bat daukazu. You have one mother.

Zuk sei lehengusu dauzkazu. You have six cousins.

Zuk txakur bat daukazu. You have one dog.

ACTIVITY 8.4 ■ SENTENCE BUILDING

1. **Guk arkatzak dauzkagu.**
2. **Zuk arkatzak dauzkazu.**
3. **Zuk bi koilara dauzkazu.**
4. **Zuek bi koilara dauzkazue.**
5. **Nik bi koilara dauzkat.**
6. **Nik katilu bat daukat.**
7. **Edurnek katilu bat dauka.**
8. **Edurnek bost jirafa dauzka.**
9. **Haiek bost jirafa dauzkate.**
10. **Haiek museoa daukate.**

ACTIVITY 8.5 ■ ANSWERING QUESTIONS

1. **Non daude Xurga eta Goxo?** Where are Xurga and Goxo?
   Haitzuloan daude.
   Haitzuloan daude Xurga eta Goxo.
   Xurga eta Goxo haitzuloan daude.
2. **Zer dauka Goxok haitzuloan?** What does Goxo have in the cave?
   Gauza asko dauka.
   Gauza asko dauka Goxok haitzuloan.
   Goxok gauza asko dauka haitzuloan.
3. **Nolako gauzak dira?** What kinds of things are they?
   Gauza interesgarriak dira.
   Oso gauza interesgarriak dira.
4. **Nolakoa da Xurga?** What is Xurga like?
   Jakingura eta ikusgura da.
   Jakingura eta ikusgura da Xurga.
   Xurga jakingura eta ikusgura da.
5. **Nolakoak dira altzariak?** What are the furnishings like?
   Oso politak dira.

Oso politak dira altzariak.

Altzariak oso politak dira.

6. **Nork dauka besaulki biguna?** Who has a soft armchair?

   Goxok dauka.

   Goxok dauka besaulki biguna.

7. **Zer da bigunegia?** What is too soft?

   Sofa da.

   Sofa da bigunegia.

8. **Goxok dirua al dauka?** Does Goxo have money?

   Ez, Goxok ez dauka dirurik.

9. **Zenbat saguzahar dauka Goxok?** How many bats does Goxo have?

   Ehun saguzahar dauzka.

   Ehun saguzahar dauzka Goxok.

   Goxok ehun saguzahar dauzka.

10. **Goxok altzari normalak dauzka?** Does Goxo have normal furniture?

    Ez, Goxok ez dauka altzari normalik.

    Ez, Goxok altzari arraroak dauzka.

11. **Badaukazu altzaririk etxean?** Do you have furnishings at home?

    Bai, badauzkat.

    Bai, badauzkat altzariak.

12. **Zer daukazu eskuan?** What do you have in your hand?

    Liburua daukat.

    Boligrafoa daukat.

    Ez daukat ezer. I don't have anything.

ACTIVITY 8.6 ■ SENTENCE BUILDING

1. Nik ez daukat giltzarik poltsan.
2. Nik ez daukat dirurik poltsan.
3. Nik ez daukat aspirinarik poltsan.
4. Mirenek ez dauka aspirinarik poltsan.
5. Mirenek ez dauka aiztorik poltsan.
6. Mirenek ez dauka aiztorik etxean.
7. Nik ez daukat aiztorik etxean.
8. Nik ez daukat lorerik etxean.

9. Nik ez daukat besaulkirik etxean.

10. Guk ez daukagu besaulkirik etxean.

11. Haiek ez daukate besaulkirik etxean.

12. Zuek ez daukazue besaulkirik etxean.

ACTIVITY 8.7 ■ PRACTICING COMMANDS

1. Ireki atea!

2. Hartu klariona!

3. Etorri!

4. Eseri!

5. Ez itxi leihoa!

6. Ez itzali argia!

7. Irakurri koadernoa!

8. Joan Texasera!

9. Hitz egin euskaraz!

10. Ez piztu telebista!

ACTIVITY 8.8 ■ ASKING QUESTIONS

Burukomina daukazu?	Do you have a headache?
Aspirinak dauzkazu?	Do you have aspirin? (Do you have the aspirins?)
Gripea daukazu?	Do you have the flu?
Perretxikoak dauzkazu?	Do you have the mushrooms?
Kafea daukazu?	Do you have coffee? (Do you have the coffee?)
Igelak dauzkazu?	Do you have frogs? (Do you have the frogs?)
Nork dauka kupela?	Who has the barrel?
Nork dauzka liburuak?	Who has the books?
Nork dauka argazki polita?	Who has the pretty photograph?
Nork dauzka txokolatezko igelak?	Who has (the) chocolate frogs?
Nork dauka sagardo garratza?	Who has (the) bitter wine?
Nork dauzka benetako altzariak?	Who has real furniture? (Who has real furnishings?)

CHAPTER NINE

Been There, Done That

Dialogue

Zer gertatu da gaur?

1. Orain Xurga eta Goxo haitzuloan daude.
2. Baina zer gertatu da lehen?
3. Gaur goizean Goxo esnatu da eta jaiki da.
4. Orduan, Goxo haitzulotik irten da.
5. Ordu berean, saguzaharrak haitzulora sartu dira.
6. Nola sartu dira? Hegaz.
7. Goxo herrira joan da. Nola joan da? Oinez.
8. Leku askotara joan da herrian.
9. Azkenean, ilunaldean, Xurgaren etxera joan da.
10. Xurgarekin hitz egin eta gero, haiek elkarrekin etxetik haitzulora joan dira.

■ Hitz eta esaldi berriak ■

gertatu	happened, to happen
Zer gertatu da?	What happened?
heldu	arrived, to arrive
lehen	before
irten	left, to leave
ordu	hour, time
ordu berean	at the same time
sartu	entered, to enter
hego	wing
hegaz	flying (by wing)

joan	went, gone, to go
leku askotara	to a lot of places [indefinite pl.]
ilunalde	sunset, nightfall, dusk
ilunaldean	at sunset
hitz egin	talked, to talk
eta gero	after
hitz egin eta gero	after talking
logura	sleepy
sonanbulu	sleepwalker

■ Responding to **Zer gertatu da?** (What happened? What has happened?) ■

The question **Zer gertatu da?** contains a compound verb formed by using the simple command form of one verb (**gertatu**) in combination with a present-tense form of **izan.** The form of the verb that we've been using for simple commands is also the form used to express the past participle and the infinitive. So these basic verb forms are quite useful and ubiquitous. When learning these forms, it is also very important to remember whether they generally pair up with **izan,** the intransitive auxiliary verb, or with **ukan,** the transitive auxiliary, which will be introduced later in this chapter. For the moment, we will focus on practicing with verbs that pair up with **izan.**

In order to respond to the question *What happened?* we need to know how to form the *recent past.* The *recent past* in Euskara refers to anything that happened after the speaker woke up this morning. It is also known as the present perfect or the near past.

■ Recent past (present perfect) with **izan**: Basic verb forms as past participles ■

In the opening passage **Zer gertatu da gaur?** we see various examples of the recent past, but they are all in the third person, because the narrative describes what Goxo did today. Let's take a look at a passage that talks about you and me.

11.   Gaur goizean Goxo esnatu da eta jaiki da.

12.   Ni ere esnatu naiz.

13.   Esnatu eta gero, ohean etzanda egon naiz.

14.   Orduan, jaiki naiz.

15.   Ni jaiki naiz, baina logura egon naiz.

16.   Zu ere esnatu zara, ezta?

17.   Esnatu eta gero, jaiki zara eta jantzi zara.

18.   Orduan, zu etxetik irten zara.

19.   Etxetik irten eta gero, zu nire etxera etorri zara.

20.   Elkarrekin hitz egin eta gero, gu elkarrekin etxetik irten gara.

21.   Zu eta biok logura egon gara.

22.   Gu unibertsitatera joan gara.

23.   Zutik egon gara, baina sonanbuluak izan gara.

The English equivalent of this passage appears at the end of the chapter in the answer section.

Notice that the verb that carries the meaning (*woke up, got up, lying,* etc.) is the same no matter who the subject is. Only the auxiliary verb changes. Also note that **egon** and **izan** both take the auxiliary verb **izan.**

Below are some examples of questions and answers using the recent past. You'll see that the English equivalent can be expressed in more than one way.

Nor joan da?	Who went?
(Ni) Joan naiz.	I have gone. I went.
Nora joan zara?	(To) Where did you go?
(Ni) Londresera joan naiz.	I went to London. I have gone to London.
Nora joan da?	Where did she/he go?
(Bera) Kaliforniara joan da.	She/He went to California. She/He has gone to California.
Nora joan naiz?	Where did I go?

(Zu) Galesera joan zara.	You went to Wales. You have gone to Wales.
Jon etorri al da?	Has Jon come?
Bai, etorri da.	Yes, he came. Yes, he has (come). Yes, he did.
Jaiki naiz seietan.	I got up at six.
Eseri naiz lurrean.	I sat down on the floor.
Gaur goizean Bilbon egon naiz.	I was in Bilbao this morning.

Look at what happens in the negative! The auxiliary word jumps up to the front of the sentence, but the main verb, the verb that carries the meaning, doesn't move.

Affirmative: **Etxetik irten naiz.**
I left the house. I have left the house.
Negative: **Ez naiz etxetik irten.**
I didn't leave the house. I haven't left the house.

Affirmative: **Gu unibertsitatera joan gara.**
We went (we have gone) to the university.
Negative: **Gu ez gara unibertsitatera joan.**
We didn't go to the university. We haven't gone to the university.

Affirmative: **Zu jaiki zara seietan.**
You got up at six.
Negative: **Zu ez zara jaiki seietan.**
You did not get up at six.

Affirmative: **Abokatuak etorri dira.**
The lawyers came (have come).
Negative: **Abokatuak ez dira etorri.**
The lawyers did not come (haven't come).

ACTIVITY 9.1 ■ VOCABULARY

Read through the passage **Zer gertatu da gaur?** several times and study the new words in the vocabulary list. When you feel comfortable, test yourself by writing out the English equivalents of each line and checking your accuracy against the translation at the end of the chapter.

ACTIVITY 9.2 ■ TRANSFORMATION DRILL

Practice the following drills orally until you can perform them flawlessly and without hesitation. The goal is to practice transforming the auxiliary verb according to the new subjects provided as cues. You have mastered the exercise when you can complete the drill without peeking at the responses in the right-hand column.

Model:

Goxo herrira joan da. Goxo has gone to the village.

Cues:

ni	**Ni herrira joan naiz.**
zu	**Zu herrira joan zara.**
gu	**Gu herrira joan gara.**
haiek	**Haiek herrira joan dira.**
zuek	**Zuek herrira joan zarete.**
Xurga	**Xurga herrira joan da.**

Model:

Ni esnatu naiz, baina ez naiz jaiki. I woke up, but I didn't get up.

Cues:

zu	**Zu esnatu zara, baina ez zara jaiki.**
gu	**Gu esnatu gara, baina ez gara jaiki.**
haiek	**Haiek esnatu dira, baina ez dira jaiki.**
zuek	**Zuek esnatu zarete, baina ez zarete jaiki.**

Goxo	Goxo esnatu da, baina ez da jaiki.
ni	Ni esnatu naiz, baina ez naiz jaiki.

Write out the answers to the following questions. Check your responses at the end of the chapter. Then practice asking the questions and answering them aloud.

1. **Nor esnatu da haitzuloan?**
2. **Nondik irten da Goxo?**
3. **Nora sartu dira saguzaharrak?**
4. **Nora joan da Goxo?** (use passage line 7 for the response)
5. **Nola joan da Goxo?**
6. **Norekin joan da Goxo haitzulora?**

■ Ukan (to have): Transitive auxiliary verb with singular object ■

Because **ukan** is transitive, its subjects are marked with the ergative -k, as we learned in the case of **eduki.**

berak du   she has, he has, it has

Du is the stem to use when you possess one object. The *it* in the English equivalent is contained within the verb in Euskara, in **du.** Remember, third-person singular pronouns (*she* and *he*) do <u>not</u> have a subject marker at the end of the stem.

zuk duzu   you have

The subject marker is -**zu,** corresponding to the **zu** in the pronoun.

zuek duzue   you [pl.] have

The subject marker is -**zue,** corresponding to the **zue** in the pronoun.

guk dugu   we have

The subject marker is -**gu,** corresponding to the **gu** in the pronoun.

nik dut   I have

As we noted with **jakin,** the subject marker for *I* is **-t.** Our memory aid is: I T̲otally have it.

haiek dute   they have

The subject marker is **-te.** Our memory aid is: those t̲en, they have it.

The verb **ukan** can be used alone instead of **eduki** to mean *have, possess.* This is a dialectal variation. If your family uses **ukan** in this manner, then you will want to do so as well. Most often, **ukan** is used as a helper verb with other verbs (main verbs) that carry the meaning the speaker wishes to express.

For those who enjoy picking verbs apart, we can think of the auxiliary **ukan** as having two parts: the stem **du** and the subject markers, which are the same as they were for **eduki.** The stem **du** reflects a singular object.

ACTIVITY 9.4 ▪ VERBS

Make your own verb reference cards. Four-by-six is a good size. (Three-by-five cards are too small for this purpose.) You may want to pair up the verb forms that you are most likely to use in a question/answer situation—**nik** and **zuk** together, **guk** and **zuek** together, and finally **berak** and **haiek** together. Or you may prefer to use the order provided above. Label your reference card at the top: "**ukan,** present-tense auxiliary, singular object."

When you've finished a card for **ukan,** go back and make one for **izan,** the intransitive auxiliary. Label it "**izan,** present-tense auxiliary, intransitive (no objects)."

ACTIVITY 9.5 ▪ UKAN

The purpose of this activity is to practice the forms of the verb **ukan.** The subject cues in this drill are provided with the ergative already attached. Read through the drill aloud, then cover the right-hand column, and practice until you can do the changes without hesitation.

Model:

Nik gosaldu dut. I had breakfast. I have eaten breakfast.

Cues:

zuk	**Zuk gosaldu duzu.**
haiek	**Haiek gosaldu dute.**
berak	**Berak gosaldu du.**
zuek	**Zuek gosaldu duzue.**
guk	**Guk gosaldu dugu.**
nik	**Nik gosaldu dut.**

Model:

Zuk ez duzu irakurri. You did not read it. You have not read it.

Cues:

Goxok	**Goxok ez du irakurri.**
guk	**Guk ez dugu irakurri.**
haiek	**Haiek ez dute irakurri.**
zuek	**Zuek ez duzue irakurri.**
nik	**Nik ez dut irakurri.**
zuk	**Zuk ez duzu irakurri.**

Model:

Guk ohea egin dugu. We made the bed. We have made the bed.

Cues:

nik	**Nik ohea egin dut.**
zuek	**Zuek ohea egin duzue.**
haiek	**Haiek ohea egin dute.**
zuk	**Zuk ohea egin duzu.**
Xurgak	**Xurgak ohea egin du.**
guk	**Guk ohea egin dugu.**

Model:

Zuk ez duzu kafea hartu. You did not have coffee. You have not had coffee.

Cues:

Goxok	**Goxok ez du kafea hartu.**
guk	**Guk ez dugu kafea hartu.**
haiek	**Haiek ez dute kafea hartu.**
zuek	**Zuek ez duzue kafea hartu.**
nik	**Nik ez dut kafea hartu.**
zuk	**Zuk ez duzu kafea hartu.**

Dialogue

Zer gehiago egin duzu gaur? *What else did you do today?*

XURGA: **Jaiki zara, jantzi zara, eta etxetik irten zara?**

You got up, you got dressed, and you left the house?

GOXO: **Bai, horixe.**

That's exactly right.

X: **Baina, Goxo, zerbait jan duzu, ezta?**

But, Goxo, you ate something, didn't you?

G: **Noski, gosaldu dut. Eta kafea hartu dut.**

Of course, I had breakfast. And I had coffee.

X: **Egunkaria irakurri duzu?**

Did you read the newspaper?

G: **Ez, ez dut artikulurik irakurri. Ez dut ezer irakurri.**

No, I didn't read any articles. I didn't read anything.

X: **Ohea egin duzu, irten baino lehen?**

You made the bed before you left?

G: **Ez, ez dut ohea egin. Makillajea ipini dut.**

No, I didn't make the bed. I put on (my) makeup.

X: **Aspirina hartu duzu? Katarroa daukazu, ezta?**

Did you take an aspirin? You have a cold, right?

G: **Bai, katarroa daukat, baina ez dut hartu aspirinarik.**

Yes, I have a cold, but I didn't take any aspirin.

Txokolatezko igela aurkitu dut hozkailuan, eta jan dut.

I found a chocolate frog in the refrigerator, and I ate it.

x: **Jan eta gero, etxetik irten zara. Atea itxi duzu?**

After eating, you left the house. Did you close the door?

G: **Haitzuloan bizi naiz, Xurga. Ez daukat aterik.**

I live in a cave, Xurga. I don't have any doors.

■ Hitz eta esaldi berriak ■

jantzi (da)	dressed, got dressed, to get dressed
bai, horixe	that's exactly right, that's it
jan (du)	ate, eaten, to eat
zerbait	something
gosaldu (du)	breakfasted, (had) breakfast, to have breakfast
hartu(du)	took, taken, to take
kafea hartu	to have coffee, to drink coffee
irakurri (du)	read, to read
ezer ez, ez . . . ezer	anything, nothing
ohe(a) egin (du)	made the bed, to make the bed
makillajea ipini (du)	to put on makeup
aurkitu (du)	found; to find

The following are some related words and more verbs to use with **ukan.** The verb form in parentheses is a reminder of which auxiliary verb to use in order to express the given English equivalent. Notice that **sartu** appears twice, once with **da** and once with **du**. It expresses a different meaning with each auxiliary.

itzali (du)	to turn off
piztu (du)	to turn on
marraztu (du)	to draw
margotu (du)	to color
pintatu (du)	to paint
garbitu (du)	to clean
afaldu (du)	to eat supper

aerobic egin (du)	to do aerobics
footing egin (du)	to jog, go jogging
lan egin (du)	to work
gidatu (du)	to drive
oheratu (da)	to go to bed
sartu (du)	put in, to put in
sartu (da)	entered, got into, to enter, to get into
hilkutxara sartu (da)	to get into the coffin
orraztu (du)	to comb
artikulu(a)	article
txosten(a)	paper (at a conference)
gosari	breakfast
afari	supper
klarion	chalk

■ Recent past (present perfect) with ukan (singular-third-person object) ■

We have seen how **joan** and **etorri** can be used as past participles with the intransitive auxiliary verb **izan** to talk about things that have happened in the recent past. In English, the present perfect tense is formed with an auxiliary verb and a past participle, for example:

I have gone.
You have taken the chalk.
Has he done it?

But the present perfect in Euskara is often used to refer to action that in English would be described with a preterite (a past tense that is not a compound tense). For example:

This morning I went to class.
[An hour ago] you took the chalk.
He did it.

Since the recent past (or present perfect) in Euskara refers to anything that happened since you woke up this morning, we can translate it into English both ways, (*I have gone* and *I went,* etc.).

Now that we have learned the singular forms of **ukan,** we can construct the recent past of transitive verbs.

(Nik) klariona hartu dut.	I took the chalk.
(Zuk) ez duzu telebista itzali.	You didn't turn off the television.
(Berak) ez du tea edan.	She/He didn't drink the tea. She/He hasn't drunk the tea.

ACTIVITY 9.6 ■ QUESTIONS AND ANSWERS

Answer each question as demonstrated in the model. Check your answers at the end of the chapter.

Model:

q: **Liburua irakurri duzu?** Did you read the book?

a: **Bai, nik liburua irakurri dut, eta zuk ere irakurri duzu.** Yes, I read the book, and you also read it.

Cues:

1. **Elefante bat marraztu duzu?**
2. **Banpiroa ikusi duzu?**
3. **Ohea egin duzu?**
4. **Gutuna idatzi duzu?**
5. **Etxean gosaldu duzu?**
6. **Telebista piztu duzu?**

Model:

q: **Kotxea gidatu duzu?** Did you drive the car?

a: **Ez, ez dut kotxea gidatu, eta zuk ere ez.** No, I didn't drive the car, and neither did you.

Cues:

7. **Horma pintatu duzu?**
8. **Aerobic egin duzu?**

9.   **Txostena idatzi duzu?**

10. **Errebista irakurri duzu?**

11. **Etxea pintatu duzu?**

12. **Pozoia erosi duzu?**

Give the English equivalents for the sentences you created above.

ACTIVITY 9.7 ■ BUILDING LONGER SENTENCES

Write the Basque equivalents of the following sentences, adding one element at a time, as in the examples:

I have read it.	**Irakurri dut.**
I have read the newspaper.	**Egunkaria irakurri dut.**
I've read the Bilbao paper.	**Bilboko egunkaria irakurri dut.**
I read the Bilbao paper at	**Goizeko zazpietan Bilboko**
seven in the morning.	**egunkaria irakurri dut.**

Notice how the new elements *pile up* in front of the affirmative verb.

1.   I had breakfast.

2.   I had breakfast with mother.

3.   I had breakfast with mother in the dining room.

4.   You wrote it.

5.   You wrote the letter.

6.   You wrote the letter at home.

7.   You wrote the letter at home with Edurne.

8.   He sold it.

9.   The vampire sold it.

10. The vampire sold the car.

11. The vampire sold the car in Gasteiz.

■ Ukan and zer-nork (what-who) ■

In this section, we will learn to use **ukan** with plural objects. Observe the verb forms below. The forms on the left are used with singular objects and those on the right with plural objects. Notice that the stem **ditu** reflects plural objects.

du	she/he has ... it	**ditu**	she/he has ... them
dute	they have ... it	**dituzte**	they have ... them
dut	I have ... it	**ditut**	I have ... them
dugu	we have ... it	**ditugu**	we have ... them
duzu	you have ... it	**dituzu**	you have ... them
duzue	you (pl.) have ... it	**dituzue**	you (pl.) have ... them

Zooan jirafa bat ikusi dut.	I saw one giraffe in the zoo.
Zooan bost jirafa ikusi ditut.	I saw five giraffes in the zoo.
Irudia marraztu duzu?	Did you draw the picture?
Irudiak marraztu dituzu?	Did you draw the pictures?
Dolar bat nahi dugu.	We want a dollar.
Ehun dolar nahi ditugu.	We want 100 dollars.

NOTE: One of the new verb forms has an added letter. According to the logic of verb formation that we've seen so far, *they have* should be **ditu** + **te**. Instead, it is:

ditu + Z + te

This irregularity will become familiar with practice.

ACTIVITY 9.8 ■ VERB PRACTICE WITH SINGULAR AND PLURAL SUBJECTS

In this drill, you must recognize the singular or plural object and use the appropriate form of the auxiliary verb. Read through the exercise first, then cover the right-hand column and practice until you can perform the changes without hesitation. This is a good time to make sure you understand what you are saying. English equivalents for the right-hand column are provided at the end of the chapter.

Model:

    Hiru txakur erosi ditut.   I bought three dogs.

Cues:

txakur bat	**Txakur bat erosi dut.**
bi liburu	**Bi liburu erosi ditut.**
lau zaldi	**Lau zaldi erosi ditut.**
zaldi bat	**Zaldi bat erosi dut.**
telebista berri bat	**Telebista berri bat erosi dut.**
bi telebista	**Bi telebista erosi ditut.**

Model:

    Guk jirafa ikusi dugu zooan.   We saw the giraffe at the zoo.

Cues:

bi elefante	**Guk bi elefante ikusi ditugu zooan.**
pinguino bat	**Guk pinguino bat ikusi dugu zooan.**
lau zebra	**Guk lau zebra ikusi ditugu zooan.**
detektibe bat	**Guk detektibe bat ikusi dugu zooan.**

Model:

    Jonek gutuna idatzi du. Jon wrote a letter.

Cues:

liburu bat	**Jonek liburu bat idatzi du.**
bost artikulu	**Jonek bost artikulu idatzi ditu.**
esaldi interesgarriak	**Jonek esaldi interesgarriak idatzi ditu.**
gutun luze bat	**Jonek gutun luze bat idatzi du.**

ACTIVITY 9.9 ■ UKAN

Fill in the blanks below with the correct form of **ukan**. Check your answers at the end of the chapter.

1. **Jonek bi kotxe erosi _____.**
2. **Zuk elefantea ikusi _____?**
3. **Haiek hiru liburu irakurri _____.**
4. **Guk ez _____ ardoa edan.**
5. **Zuek ez _____ giltzak galdu.**
6.· **Nik bi zaldi marraztu _____.**
7. **Gorkak etxea pintatu _____.**

ACTIVITY 9.10 ■ SENTENCE BUILDING

Rewrite the model sentence, substituting the new subjects and objects indicated. Be careful! There's a lot to think about.

Model:

Nik kimika ikasi dut. I have studied chemistry.

1. **Zuk**
2. **bi hizkuntza**
3. **Nik**
4. **geografia**
5. **Guk**
6. **kimika eta antropologia**
7. **Zuk**
8. **literatura**
9. **Haiek**
10. **lau hizkuntza**
11. **Zuek**
12. **matematika**

■ Responding to **Zer ordu da?** (What time is it?) ■

We tell time in Euskara by announcing the number of hours and using the verb **izan** (**da** or **dira**). When saying one o'clock and two o'clock, the word **ordu** (hour) appears in the expression.

1:00	**Ordu bata da.**
2:00	**Ordu biak dira. Ordu biak.**

However, **ordu** is omitted from all the other hours.

3:00	**Hirurak dira.** [Notice the inter-vocalic -r-. **hiru** + **r** + **ak**]
4:00	**Laurak dira.** [Notice the inter-vocalic -r-.]
5:00	**Bostak dira.**
6:00	**Seiak dira.**
7:00	**Zazpiak dira.**
8:00	**Zortziak dira.**
9:00	**Bederatziak dira.**
10:00	**Hamarrak dira.**
11:00	**Hamaikak dira.**
12:00	**Hamabiak dira.**

Observe that the following examples include additional time expressions.

Eguerdia da.	It's noon.
Gauerdia da.	It's midnight.
Goizeko . . .	. . . A.M.
Goizeko laurak dira.	It's 4 A.M.
Arratsaldeko . . .	. . . P.M. [until about 8 P.M.]
Gaueko . . .	. . . P.M. [until midnight]
Arratsaldeko laurak dira.	It's four in the afternoon.
Gaueko hamarrak dira!	It's ten o'clock at night!

Official timetables in the Basque Country are based on the 24-hour clock. Americans refer to this method as *military time*. Notice the use of the comma (instead of the colon) in writing out the time. In conversation, however, Basques do not say *eighteen hundred hours*. They say **Seiak dira** (It's six o'clock), just as we do.

01:00	1:00 A.M.
02:00	2:00 A.M.
03:00	3:00 A.M.
04:00	4:00 A.M.
05:00	5:00 A.M.
06:00	6:00 A.M.
07:00	7:00 A.M.
08:00	8:00 A.M.
09:00	9:00 A.M.
10:00	10:00 A.M.
11:00	11:00 A.M.
12:00	12:00 noon [middle of the day in English-speaking culture]
13:00	1:00 P.M.
14:00	2:00 P.M. **eguerdia** [middle of the day in Basque culture]
15:00	3:00 P.M.
16:00	4:00 P.M.
17:00	5:00 P.M.
18:00	6:00 P.M.
19:00	7:00 P.M.
20:00	8:00 P.M.
21:00	9:00 P.M.
22:00	10:00 P.M.
23:00	11:00 P.M.
24:00	12:00 **gauerdia** [midnight]

ACTIVITY 9.11 ■ ZER ORDU DA? (WHAT TIME IS IT?)

Express the following in Euskara.

1. It's 7:00 A.M.
2. It's 8:00 A.M.
3. It's 9:00 A.M.
4. It's 11:00 A.M.
5. It's 1:00 P.M.
6. It's 2:00 P.M.
7. It's 4:00 P.M.
8. It's 8:00 P.M.
9. It's 11:00 P.M.
10. It's midnight.
11. It's noon.
12. It's six in the afternoon.

ANSWERS

ENGLISH EQUIVALENT OF ZER GERTATU DA GAUR? (WHAT HAPPENED TODAY?)

1. Now Xurga and Goxo are in the cave.
2. But what happened before they arrived? (lit.: before)
3. This morning Goxo woke up and got up.
4. Then, Goxo left the cave. (left from the cave)
5. At the same time, the bats entered the cave. (entered into the cave)
6. How did they go in? By flying.
7. Goxo went to the village. How did she go? On foot.
8. She went to many places in the village.
9. At last, at sunset, she went to Xurga's house.
10. After talking with Xurga, they went together from the house to the cave.

Lines 11 through 23 appear in the explanation of the recent past.

11. This morning Goxo woke up and got up.
12. I also woke up.
13. After waking up, I was lying in bed.
14. Then I got up.
15. I got up, but I was sleepy.
16. You also woke up, didn't you?
17. After waking up, you got up and got dressed.
18. Then, you left the house.
19. After leaving the house, you came to my house.
20. After talking with each other, we left the house together.
21. You and I were sleepy.
22. We went to the university.
23. We were standing up, but we were sleepwalkers.

ACTIVITY 9.3 ■ QUESTIONS AND ANSWERS

The English equivalents of the questions are provided. Did you understand them all?

1. **Nor esnatu da haitzuloan?** Who woke up in the cave?
   Goxo esnatu da haitzuloan.
2. **Nondik irten da Goxo?** From where did Goxo leave?
   Haitzulotik irten da Goxo.
   Goxo haitzulotik irten da.
3. **Nora sartu dira saguzaharrak?** [To] Where did the bats enter?
   Haitzulora sartu dira saguzaharrak.
   Saguzaharrak haitzulora sartu dira.
4. **Nora joan da Goxo?** (line 7) [To] Where did Goxo go?
   Herrira joan da.
   Goxo herrira joan da.
5. **Nola joan da Goxo?** How did Goxo go?
   Oinez joan da.
   Goxo oinez joan da.

6.   **Norekin joan da Goxo haitzulora?** With whom did Goxo go to the cave?

Xurgarekin joan da.

Goxo Xurgarekin joan da.

Goxo Xurgarekin joan da haitzulora.

ACTIVITY 9.6 ■ QUESTIONS AND ANSWERS

1.   **Bai, nik elefante bat marraztu dut, eta zuk ere marraztu duzu.**
2.   **Bai, nik banpiroa ikusi dut, eta zuk ere ikusi duzu.**
3.   **Bai, nik ohea egin dut, eta zuk ere ohea egin duzu.**
4.   **Bai, nik gutuna idatzi dut, and zuk ere idatzi duzu.**
5.   **Bai, nik etxean gosaldu dut, eta zuk ere etxean gosaldu duzu.**
6.   **Bai, nik telebista piztu dut, eta zuk ere piztu duzu.**

7.   **Ez, ez dut horma pintatu, eta zuk ere ez.**
8.   **Ez, ez dut aerobic egin, eta zuk ere ez.**
9.   **Ez, ez dut txostena idatzi, eta zuk ere ez.**
10. **Ez, ez dut errebista irakurri, eta zuk ere ez.**
11. **Ez, ez dut etxea pintatu, eta zuk ere ez.**
12. **Ez, ez dut pozoia erosi, eta zuk ere ez.**

The English equivalents:

1.   Yes, I drew (have drawn) an elephant, and you drew (have drawn) one, too.
2.   Yes, I saw (have seen) a vampire, and you saw (have seen) one, too.
3.   Yes, I made (have made) the bed, and you made (have made) the bed, too.
4.   Yes, I wrote (have written) a letter, and you wrote (have written) one, too.
5.   Yes, I ate (have eaten) breakfast at home, and you ate (have eaten) breakfast at home, too.
6.   Yes, I turned (have turned) on the television, and you turned (have turned) it on, too.

7. No, I did not paint the wall, and neither did you (and you didn't either).
8. No, I did not do aerobics, and neither did you.
9. No, I did not write a conference paper, and neither did you.
10. No, I did not read the magazine, and neither did you.
11. No, I did not paint the house, and neither did you.
12. No, I did not buy poison, and neither did you.

ACTIVITY 9.7 ■ BUILDING SENTENCES

1. Gosaldu dut. Nik gosaldu dut.
2. Amarekin gosaldu dut. Nik amarekin gosaldu dut.
3. Amarekin jangelan gosaldu dut. Jangelan amarekin gosaldu dut.
   Nik amarekin jangelan gosaldu dut.
4. Idatzi duzu. Zuk idatzi duzu.
5. Gutuna idatzi duzu. Zuk gutuna idatzi duzu.
6. Gutuna etxean idatzi duzu. Gutuna idatzi duzu etxean.
   Zuk gutuna etxean idatzi duzu. Zuk gutuna idatzi duzu etxean.
7. Gutuna Edurnerekin idatzi duzu etxean.
   Zuk gutuna Edurnerekin idatzi duzu etxean.
   Zuk gutuna Edurnerekin etxean idatzi duzu.
8. Saldu du. Berak saldu du.
9. Banpiroak saldu du.
10. Banpiroak kotxea saldu du.
11. Banpiroak kotxea saldu du Gasteizen.
    Banpiroak Gasteizen kotxea saldu du.

ACTIVITY 9.8 ■ ENGLISH EQUIVALENTS FOR VERB PRACTICE WITH SINGULAR AND PLURAL OBJECTS

Txakur bat erosi dut.	I bought a dog. (I have bought one dog.)
Bi liburu erosi ditut.	I bought two books. (I have bought two books.)
Lau zaldi erosi ditut.	I bought four horses. (I have bought four horses.)

Zaldi bat erosi dut.	I bought one horse. (I have bought one horse.)
Telebista berri bat erosi dut.	I bought one new television. (I have bought a new television.)
Bi telebista erosi ditut.	I bought two televisions. (I have bought two televisions.)
Guk bi elefante ikusi ditugu zooan.	We saw (we have seen) two elephants at the zoo.
Guk pinguino bat ikusi dugu zooan.	We saw (we have seen) one penguin at the zoo.
Guk lau zebra ikusi ditugu zooan.	We saw (we have seen) four zebras at the zoo.
Guk detektibe bat ikusi dugu zooan.	We saw (we have seen) one detective at the zoo.
Jonek liburu bat idatzi du.	Jon has written (wrote) one book.
Jonek bost artikulu idatzi ditu.	Jon has written (wrote) five articles.
Jonek esaldi interesgarriak idatzi ditu.	Jon has written (wrote) interesting phrases.
Jonek gutun luze bat idatzi du.	Jon has written (wrote) one long letter.

ACTIVITY 9.9 ■ UKAN

1. Jonek bi kotxe erosi <u>ditu</u>.
2. Zuk elefantea ikusi <u>duzu</u>?
3. Haiek hiru liburu irakurri <u>dituzte</u>.
4. Guk ez <u>dugu</u> ardoa edan.
5. Zuek ez <u>dituzue</u> giltzak galdu.
6. Nik bi zaldi marraztu <u>ditut</u>.
7. Gorkak etxea pintatu <u>du</u>.

ACTIVITY 9.10 ■ SENTENCE BUILDING

1. Zuk kimika ikasi duzu.
2. Zuk bi hizkuntza ikasi dituzu.

3. Nik bi hizkuntza ikasi ditut.

4. Nik geografia ikasi dut.

5. Guk geografia ikasi dugu.

6. Guk kimika eta antropologia ikasi ditugu.

7. Zuk kimika eta antropologia ikasi dituzu.

8. Zuk literatura ikasi duzu.

9. Haiek literatura ikasi dute.

10. Haiek lau hizkuntza ikasi dituzte.

11. Zuek lau hizkuntza ikasi dituzue.

12. Zuek matematika ikasi duzue.

ACTIVITY 9.11 ■ TELLING TIME

1. Goizeko zazpiak dira.

2. Goizeko zortziak dira.

3. Goizeko bederatziak dira.

4. Goizeko hamaikak dira.

5. Ordu bata da.

6. Ordu biak dira.

7. Laurak dira.

8. Arratsaldeko zortziak dira. Gaueko zortziak dira.

9. Gaueko hamaikak dira.

10. Gauerdia da.

11. **Eguerdia da.** (In the Basque Country, this can be around 2 P.M.)
    Hamabiak dira (if you mean twelve o'clock).

12. Arratsaldeko seiak dira.

CHAPTER TEN

Yours, Mine and Ours

Dialogue

Norena da kotxea?

1. Banpiro pottolo bat gure herrian bizi da.
2. Pixkat lodia da, baina ez da itsusia. Xurga da.
3. Ez dago ezkonduta, baina neska-laguna dauka.
4. Banpiroaren laguna sorgina da. Goxo da.
5. Gaur goizean Xurga hilkutxara sartu da eta Goxo erdialdera joan da.
6. Han, kotxe handi eta gorri bat ikusi du.
7. Xurgarekin hitz egin du telefonoz.

8. GOXO: Zer triste! Kotxe hori ez da nirea!
9. XURGA: Erosi kotxea. Dirua daukazu, ezta?
10. G: Dirua galdu dut. Etxera iritsi naiz, eta poltsa hartu dut.
11. Baina dirua ez dago poltsan.
12. X: Badaukazu kreditu txartelik?
13. G: Bai, badaukat. Gaur ordenadorea erosi dut credituz.
14. X: Noren kotxea ikusi duzu?
15. G: Otsogizonaren kotxea ikusi dut. Otsogizonarena.
16. Argazkia atera dut.
17. X: Non dago argazkia?
18. G: Maletan dago.
19. X: Noren maletan? Norena da maleta?
20. G: Nire maletan. Nirea da maleta.
21. X: Beno, hartu argazkia maletatik, hartu kreditu txartela, eta erosi kotxe hori!

■ Hitz eta esaldi berriak ■

ezkonduta	married
banpiroaren	the vampire's [poss.]
erdialde	town center, downtown
galdu (du)	to lose
iritsi (da)	to arrive
kreditu	credit
txartel	card
ordenadore	computer
kredituz	on credit
noren	whose?
atera (du)	to take (a photo)
maleta	suitcase

Here are some other words you will encounter in the chapter:

lepoko	collar (for a dog)
gitarra	guitar
gitarra-uhal	guitar strap
denbora	time
makina	machine
denbora-makina	time machine
internet	Internet
pelota	ball
hezur	bone
abeslari	singer
zapi	scarf
ikasgela	classroom

■ Responding to **Noren . . . da?** and **Norena da?** ■

We have learned the possessive adjectives **nire, zure, bere, gure, zuen,** and **haien** as vocabulary words, but we haven't practiced them specifically. We'll do that now.

These forms can be used as adjectives with a noun or as pronouns replacing the noun. When used as the latter, the noun marker is attached to the possessive, as demonstrated below.

Possessive	Adjective	Pronoun
nire	**nire txakurra**	**nirea**
my	my dog	mine
zure	**zure klariona**	**zurea**
your	your chalk	yours
haren/bere	**haren/bere kasetea**	**harena/berea**
his/her	his/her cassette	his/hers
gure	**gure koilara**	**gurea**
our	our spoon	ours
zuen	**zuen legegizona**	**zuena**
your [pl.]	your lawyer	yours
haien	**haien ohea**	**haiena**
their	their bed	theirs

Nire txakurra da.	**Txakurra nirea da.**	**Nirea da.**
It's my dog.	The dog is mine.	It's mine.
Nire argazkiak dira.	**Argazkiak nireak dira.**	**Nireak dira.**
They are my photographs.	The photos are mine.	They are mine.

Non dago zure katua?	**Non dago zurea?**
Where is your cat?	Where is yours?
Bere lehengusuak barregarriak dira.	**Bereak barregarriak dira.**
His/her cousins are funny.	His are funny. Hers are funny.
Haren lehengusuak . . .	**Harenak barregarriak dira.**
His/her cousins . . .	His are funny. Hers are funny.

Gure koilarak katiluetan daude.   Gureak katiluetan daude.
Our spoons are in the cups.   Ours are in the cups.

Zuen gurasoak pairugabeak dira.   Zuenak pairugabeak dira.
Your parents are impatient.   Yours are impatient.

Haien perretxikoak pozoitsuak   Haienak pozoitsuak dira.
dira.
Their mushrooms are poisonous.   Theirs are poisonous.

ACTIVITY 10.1 ■ POSSESSIVES

The purpose of this drill is to practice using the possessives as adjectives and as pronouns. Notice the change in meaning as you make each change.

Model:

Nire katilua da.   It's my cup.
A: Nirea da.   It's mine.
1. Zure pinguinoa da.   Zurea da.
2. Gure saguzaharra da.   Gurea da.
3. Haien sardeska da.   Haiena da.
4. Nire whiskia da.   Nirea da.
5. Zuen zaldia da.   Zuena da.
6. Bere txanda da.   Berea da.

Model:

Gure pottokak lodiak dira.   Our mountain ponies are fat.
Gureak lodiak dira.   Ours are fat.
7. Nire liburuak interesgarriak   Nireak interesgarriak dira.
   dira.
8. Zure sofak bigunak dira.   Zureak bigunak dira.
9. Bere telebistak handiak dira.   Bereak handiak dira.
10. Haien unibertsitateak   Haienak modernoak dira.
    modernoak dira.
11. Zuen bizikletak urdinak dira.   Zuenak urdinak dira.
12. Gure agiriak ofizialak dira.   Gureak ofizialak dira.

ACTIVITY 10.2 ■ ENGLISH EQUIVALENTS

Write out the English equivalents of all the sentences in activity 10.1. Check your answers at the back of the chapter.

■ **Possessive forms of people's names: Genitive case with proper nouns** ■

With proper nouns (such as people's names), use **-ren** when the name ends in a vowel and **-en** when it ends in a consonant.

Gorka	**GorkaREN kotxea**	Gorka's car
Edurne	**EdurneREN etxea**	Edurne's house
Jon	**JonEN kotxea**	Jon's car
Mikel	**MikelEN bizikleta**	Mikel's bicycle

ACTIVITY 10.3 ■ FORMING POSSESSIVES
WITH PERSONAL NAMES

Rewrite the following names as possessives in Euskara:

1. (Gorka's) _____ **kotxea.**
2. (Edurne's) _____ **giltza.**
3. (Jon's) _____ **txakurra.**
4. (Linda's) _____ **koadernoa.**
5. (Mikel's) _____ **zuritoa.**
6. (Begoña's) _____ **aita.**
7. (Goxo's) _____ **klariona.**

ACTIVITY 10.4 ■ QUESTIONS AND ANSWERS

The question word **noren(a)** means *whose*. Answer the question by referring to the chart below showing what belongs to Goxo, Xurga, Mikel, and Beltz.

> Goxo—aspirina, medikamentua, kotxe berria
> Xurga—giltza, musika, kasetea
> Mikel—kotxe zaharra, ordenadorea
> Beltz—etxe txikia, pelota, hezurra

Model:

Q: **Noren aspirina da?** Whose aspirin is it?

A: **Goxoren aspirina da.** It's Goxo's aspirin.

1. **Noren hezurra da?**
2. **Noren giltza da?**
3. **Noren kotxe zaharra da?**
4. **Noren kotxe berria da?**

Model:

Q: **Norena da medikamentua?** Whose is the medicine?

A: **Goxorena da.** It's Goxo's.

5. **Norena da pelota?**
6. **Norena da ordenadorea?**
7. **Norena da etxe txikia?**
8. **Norena da kotxe zaharra?**

■ Possessive forms with living beings (not their names):
Genitive case with common animate nouns ■

To form the possessive with common nouns, add -**aren** to the bare word:

gizon	**gizonaren kasetea**	the man's cassette
emakume	**emakumearen koilara**	the woman's spoon

When the word ends in -**a**, the rule **a** + **a** = **a** applies, and as a result, only one -**a** remains, as in:

neska	**neskaren ohea**	the girl's bed

Just as we have done above, we can omit the noun and let the possessive replace it in the sentence when we attach the noun marker to the possessive form. For example:

Mutilaren katua hemen dago, eta neskarena hor dago.

The boy's cat is here, and the girl's is there.

ACTIVITY 10.5 ■ POSSESSIVES WITH COMMON ANIMATE NOUNS

Once again, the question word **noren(a)** means *whose?* Answer the question by referring to the chart below showing what belongs to the singer, the nurse, the taxi driver, and the dog!

> abeslaria—gitarra, musika, kasetea
> erizaina—aspirina, medikamentua, ohea
> taxista—kotxe horia, ordenadorea
> txakurra—lepokoa, katilu handia, hezurra

Model:

Q: **Noren aspirina da?** Whose aspirin is it?

A: **Erizainaren aspirina da.** It's the nurse's aspirin.

1. **Noren ordenadorea da?**
2. **Noren kasetea da?**
3. **Noren katilu handia da?**
4. **Noren musika da?**

Model:

Q: **Norena da medikamentua?** Whose is the medicine?

A: **Erizainarena da.** It's the nurse's.

5. **Norena da hezurra?**
6. **Norena da ordenadorea?**
7. **Norena da gitarra?**
8. **Norena da ohea?**

■ Possessive forms of plural animate nouns ■

When you wish to express the possessive form of a plural noun that represents a living being, add the suffix **-en** to the bare word. When using the possessive in place of a noun, attach the noun marker, **-ena,** to the bare word.

medikuak	doctors
mediku	bare word
medikuen bulegoa	the doctors' office
sorginak	witches
sorgin	bare word
sorginen kobazuloa	the witches' cave

Notice what happens with bare words that end in -**a:**

neska	
neskaren panpina	the girl's doll (the doll belongs to a girl)
nesken panpina	the girls' doll (the doll belongs to the girls)

The latter two examples illustrate the spelling rules we have seen throughout the lessons. The first is **a** + **a** = **a.** When two -**a**'s come together, they are reduced to one -**a:**

Neska (bare word) + **aren** (singular possessive) = **neskaren**

The second example is **a** + **e** = **e.** When an -**a** and an -**e** come together, the -**e** takes over and the -**a** is dropped:

Neska (bare word) + **en** (pl. possessive) = **nesken**

Dialogue

Interneteko ikasgela
Zure ikasgela ez da normala. Interneteko ikasgela da. Ikasgela normalean, zer dago? Irakaslea, arbela, klariona, hogei aulki, mahai bat eta hamasei ikasle. Eta interneteko ikasgelan? Dena daukazu! Begira zerrenda.

—**Mikelen elefante urdina . . . Elefantea triste dago!**

—**Ikerren txakurra, Beltz . . . Beltz pozik dago!**

—**erizain baten uniforme zuria**

—**irakasleen liburuak**

—Edurneren zapi horia (baina Edurne ez dago!)

—abeslari famatuak . . . abeslariak lotan daude!

—ileapaintzaile altua, kotxe txiki batean . . . ileapaintzailea haserre
  dago!

—abeslarien dirua, maleta batean

—Mikelen kotxe txikia

—kotxeko giltza, irakaslearen poltsan

—zure denbora-makina

—denbora-makinako giltza

—poliziaren bizikleta gorria

Zer polita da zure ikasgela!

Irakasleek euskaraz dakite, baina ez dakite ingelesez. Mikelek euskaraz
  daki, baina ez daki txineraz. Abeslari famatuek ingelesez dakite, gaz-
  teleraz dakite, baina ez dakite euskaraz. Ileapaintzaileak ingelesez
  daki, frantsesez daki eta euskaraz daki.

The English equivalent of this passage appears at the end of the chapter in the
answer section.

ACTIVITY 10.6 ■ READING COMPREHENSION / QUESTION WORD REVIEW

First, read the description of your Internet classroom. Then answer the fol-
lowing questions. This is a review of question words.

1. Norena da denbora-makina?

2. Noren dirua dago maleta batean?

3. Non dago elefante urdina?

4. Nola dago elefantea?

5. Nor dago kotxe txikian?

6. Norena da kotxe txikia?

7. Zuk hartu duzu Edurneren zapia?

8. Zure ikasgela normala da?

9. Zenbat uniforme dago ikasgelan?

10. Zenbat txakur dago?

11. Noren elefantea dago ikasgelan?

12. Nork daki frantsesez?

13. Irakasleek txineraz dakite?

14. Nola daude abeslariak?

15. Non dago ileapaintzailea?

■ Possessive (genitive) forms of the demonstratives ■

Sometimes the person or living being who possesses an object will be referred to by a demonstrative, for example, *this man's car* or *that girl's doll*. We have seen that the demonstratives in Basque follow the noun, and because they are usually the last item in the phrase, we must be able to make them possessive as well.

gizon hau	gizon honen kotxea	this man's car
gizon hori	gizon horren giltza	that man's key
gizon hura	gizon haren dirua	that man's money
txakur hauek	txakur hauen hezurrak	these dogs' bones
txakur horiek	txakur horien pelota	those dogs' ball
txakur haiek	txakur haien janaria	those dogs' food

ACTIVITY 10.7 ■ SUBSTITUTION /
TRANSFORMATION DRILLS

Read through the following drills to make sure you understand the changes you will be making. Then cover the right-hand column and practice making the changes aloud. You may also want to write out this drill and check yourself against the answer column.

Model:

Neska honen zapia polita da. This girl's scarf is pretty.

Cue:

neska hori

Model:

Neska horren zapia polita da.

Cues:

neska hura	**Neska haren zapia polita da.**
emakume hau	**Emakume honen zapia polita da.**
emakume hura	**Emakume haren zapia polita da.**
emakume hori	**Emakume horren zapia polita da.**
sorgin hau	**Sorgin honen zapia polita da.**
sorgin hor	**Sorgin horren zapia polita da.**
sorgin hura	**Sorgin haren zapia polita da.**

Model:

Txakur hauen lepokoak berriak dira. These dogs' collars are new.

Cue:

txakur horiek

Model:

Txakur horien lepokoak berriak dira.

Cues:

txakur haiek	**Txakur haien lepokoak berriak dira.**
txakur hauek	**Txakur hauen lepokoak berriak dira.**
katu horiek	**Katu horien lepokoak berriak dira.**
katu haiek	**Katu haien lepokoak berriak dira.**
katu hauek	**Katu hauen lepokoak berriak dira.**

Now let's mix the singular and plural forms.

Model:

Sorgin honen pozoia merkea da. This witch's poison is cheap.

Cue:

sorgin hauek

Model:

Sorgin hauen pozoia merkea da.

Cues:

sorgin hura	Sorgin haren pozoia merkea da.
sorgin hori	Sorgin horren pozoia merkea da.
sorgin horiek	Sorgin horien pozoia merkea da.
sorgin haiek	Sorgin haien pozoia merkea da.
sorgin hau	Sorgin honen pozoia merkea da.

■ **More about demonstratives** ■

The demonstrative forms of **hau** (this) and **hauek** (these), which were discussed in chapters 5 and 7, point out something, and occur with different cases. In the following table, *Nominative 1* refers to noun forms used as subjects of intransitive verbs or as objects, and *Nominative 2* refers to noun forms used as subjects of transitive verbs (that is, with the ergative marker).

Forms of **hau** (this) and **hauek** (these):

Nominative 1:	**hau**	**hauek**
Nominative 2:	**honek**	**hauek**
Genitive:	**honen**	**hauen**
Allative:	**honetara**	**hauetara** (with inanimate objects)
Ablative:	**honetatik**	**hauetatik** (with inanimate objects)

REMEMBER: The stem change occurs with **hau/hon.** If the stem didn't change, the singular forms would look exactly like the plural forms:

Gizon honen txakurra handia da. This man's dog is big.
Haur hauen irakaslea adimentsua da. These children's teacher is intelligent.

The demonstrative forms of **hori** (that) and **horiek** (those) occur with the following cases:

Nominative 1:	**hori**	**horiek***
Nominative 2:	**horrek**	**horiek***

Genitive:	**horren**	**horien**
Allative:	**horretara**	**horietara** (with inanimate objects)
Ablative:	**horretatik**	**horietatik** (with inanimate objects)

NOTE: * Remember to pronounce it *OY-ekk.*

Don't forget, we have a stem change from **hori** to **horr** in the singular. If the stem didn't change, the singular forms would look exactly like the plural forms:

Mutil horren liburua hemen dago. That boy's book is here.
Neska horien katua bizirik dago. Those girls' cat is alive.

Forms of **hura** (that) and **haiek** (those):

Nominative 1:	**hura**	**haiek**
Nominative 2:	**hark**	**haiek**
Genitive:	**haren**	**haien**
Allative:	**hartara**	**haietara** (with inanimate objects)
Ablative:	**hartatik**	**haietatik** (with inanimate objects)

REMEMBER: The Nominative 1 form **hura** becomes **har** in the rest of the singular forms:

Pertsona haren kotxea berria da. That person's car is new.
Piloto haien hegazkinak politak dira. Those pilots' planes are pretty.

ACTIVITY 10.8 ■ SUBSTITUTION / TRANSFORMATION DRILLS

Rewrite the sentences below in Euskara using **hori** instead of **hau.**

1. <u>Banpiro hau</u> Xurga da.
2. <u>Banpiro honek</u> hilkutxa dauka.

3. <u>Banpiro honen</u> hilkutxa oso distiratsua da.
4. <u>Hilkutxa honetan</u> banpiroa lotan dago.
5. Goizean <u>hilkutxa honetara</u> sartu da.
6. <u>Gauean hilkutxa honetatik</u> irten da.
7. <u>Sorgin hauek</u> Goxo eta Gisela dira.
8. <u>Sorgin hauek</u> haitzuloak dauzkate.
9. <u>Sorgin hauen</u> haitzuloak oso ilunak dira.
10. <u>Haitzulo hauetan</u> lotan daude sorginak.
11. Gauean <u>haitzulo hauetara</u> hegaz doaz.
12. Goizean <u>haitzulo hauetatik</u> oinez datoz.

ACTIVITY 10.9 ■ ENGLISH EQUIVALENTS

Give the English equivalents for all the sentences in activity 10.8.

ACTIVITY 10.10 ■ SUBSTITUTION / TRANSFORMATION DRILLS

Rewrite the sentences below in Euskara using **hura** instead of **hau.**

1. <u>Banpiro hau</u> Xurga da.
2. <u>Banpiro honek</u> hilkutxa dauka.
3. <u>Banpiro honen</u> hilkutxa oso distiratsua da.
4. <u>Hilkutxa honetan</u> banpiroa lotan dago.
5. Goizean <u>hilkutxa honetara</u> sartu da.
6. Gauean <u>hilkutxa honetatik</u> irten da.
7. <u>Sorgin hauek</u> Goxo eta Gisela dira.
8. <u>Sorgin hauek</u> haitzuloak dauzkate.
9. <u>Sorgin hauen</u> haitzuloak oso ilunak dira.
10. <u>Haitzulo hauetan</u> lotan daude sorginak.
11. Gauero <u>haitzulo hauetara</u> hegaz doaz.
12. Goizero <u>haitzulo hauetatik</u> oinez datoz.

ACTIVITY 10.11 ■ ENGLISH EQUIVALENTS

Give the English equivalents for all the sentences in activity 10.10.

■ Zenbakiak numbers 100–1000 ■

Practice pronunciation of numbers until you can reproduce them easily.

100	**ehun**
200	**berrehun**
300	**hirurehun**
400	**laurehun**
500	**bostehun**
600	**seiehun**
700	**zazpiehun**
800	**zortziehun**
900	**bederatziehun**
1000	**mila**

When counting from 100 to 200, **ehun** is followed by **eta** (and) + a number, as in:

101   **ehun eta bat** (the pronunciation sounds like **ehunda bat**)

When counting aloud, remember to say **ehunda** (*ay-OON-dah*), even though you will write **ehun eta**.

ACTIVITY 10.12 ■ MATEMATIKA / MATHEMATICS

+ gehi	**– ken**	**= berdin**
× bider	**÷ zati**	

Using the new words above, write out the arithmetic problems below.

Model:

$1 + 1 = 2$ **bat gehi bat berdin bi**

Cues:

1. $1 + 2 = 3$
2. $20 + 5 = 25$
3. $40 + 14 = 54$
4. $30 + 30 = 60$

Model:

$10 - 1 = 9$ **hamar ken bat berdin bederatzi**

Cues:

5. $9 - 1 = 8$
6. $80 - 10 = 70$
7. $55 - 15 = 40$
8. $30 - 11 = 19$

Model:

$2 \times 2 = 4$ **bi bider bi berdin lau**

Cues:

9. $2 \times 3 = 6$
10. $4 \times 6 = 24$
11. $7 \times 7 = 49$
12. $9 \times 9 = 81$

Model:

$50 \div 2 = 25$ **berrogei ta hamar zati bi, berdin hogeitabost**

Cues:

13. $40 \div 2 = 20$
14. $36 \div 6 = 6$
15. $100 \div 10 = 10$
16. $27 \div 9 = 3$

ANSWERS

ENGLISH EQUIVALENT OF **NORENA DA KOTXEA?** (WHOSE CAR IS IT?)

1. A chubby vampire lives in our town.
2. He's a little fat, but he's not ugly. It's Xurga.
3. He's not married, but he has a girlfriend.
4. The vampire's friend is a witch. She's Goxo.
5. This morning Xurga got into his coffin and Goxo went downtown.
6. There she saw a big red car.
7. She talked with Xurga by telephone.
8. GOXO: How sad! That car is not mine!
9. XURGA: Buy the car! You have money, don't you?
10. G: I've lost (my) money. I arrived home, and I took my purse.
11. But the money is not in the purse.
12. X: Do you have a credit card?
13. G: Yes, I have (one). Today I bought a computer on credit.
14. X: Whose car did you see?
15. G: I saw the werewolf's car. The werewolf's.
16. I took a picture.
17. X: Where is the photo?
18. G: In the suitcase.
19. X: In whose suitcase? Whose is the suitcase?
20. G: In my suitcase. The suitcase is mine.
21. X: Fine, take the photo from the suitcase, take (your) credit card, and buy that car!

ACTIVITY 10.2 ■ ENGLISH EQUIVALENTS

1. It's your penguin.   It's yours.
2. It's our bat.   It's ours.
3. It's their fork.   It's theirs.
4. It's my whiskey.   It's mine.
5. It's your (pl.) horse.   It's yours [pl.].

6. It's his turn. It's her turn.   It's his. It's hers.

7. My books are interesting.   Mine are interesting.

8. Your sofas are soft.   Yours are soft.

9. His/her televisions are large.   Hers/his are large.

10. Their universities are modern.   Theirs are modern.

11. Your (pl.) bicycles are blue.   Yours [pl.] are blue.

12. Our documents are official.   Ours are official.

ACTIVITY 10.3 ■ POSSESSIVES WITH NAMES

1. <u>Gorkaren</u> kotxea.

2. <u>Edurneren</u> giltza.

3. <u>Jonen</u> txakurra.

4. <u>Lindaren</u> koadernoa

5. <u>Mikelen</u> zuritoa.

6. <u>Begoñaren</u> aita.

7. <u>Goxoren</u> klariona.

ACTIVITY 10.4 ■ QUESTIONS AND ANSWERS

1. Beltzen hezurra da.

2. Xurgaren giltza da.

3. Mikelen kotxe zaharra da.

4. Goxoren kotxe berria da.

5. Beltzena da pelota. Beltzena da. Pelota Beltzena da.

6. Mikelena da ordenadorea. Mikelena da. Ordenadorea Mikelena da.

7. Beltzena da etxe txikia. Beltzena da. Etxe txikia Beltzena da.

8. Mikelena da kotxe zaharra. Mikelena da. Kotxe zaharra Mikelena da.

ACTIVITY 10.5 ■ POSSESSIVES WITH COMMON ANIMATE NOUNS

1. Taxistaren ordenadorea da.

2. Abeslariaren kasetea da.

3. Txakurraren katilu handia da.
4. Abeslariaren musika da.
5. Txakurrarena da.
6. Taxistarena da.
7. Abeslariarena da.
8. Erizainarena da.

ENGLISH EQUIVALENT OF INTERNETEKO IKASGELA

The Internet Classroom

Your classroom is not normal. It's an Internet classroom. In the normal classroom, what is there? The teacher, the blackboard, the chalk, twenty chairs, a table, and sixteen students. And in the Internet classroom? You have everything! Look at the list.

—Mikel's blue elephant . . . The elephant is sad!
—Iker's dog, Beltz . . . Beltz is happy!
—a nurse's white uniform
—the teachers' books
—Edurne's yellow scarf (but Edurne isn't there!)
—famous singers . . . the singers are asleep!
—a tall hairdresser in a little car . . . the hairdresser is angry!
—the singers' money, in a suitcase
—Mikel's little car
—the car key, in the teacher's purse
—your time machine
—the key to the time machine
—the policeman's red bike
How pretty your classroom is!

The teachers know Euskara, but they don't know English. Mikel knows Euskara, but he doesn't know Chinese. The famous singers know English, they know Spanish, but they don't know Euskara. The hairdresser knows English, she knows French, and she knows Euskara.

ACTIVITY 10.6 ■ READING COMPREHENSION / QUESTION WORD REVIEW

1. Nirea da. Denbora-makina nirea da.
2. Abeslarien dirua dago maleta batean.
3. Interneteko ikasgelan dago.
4. Triste dago.
5. Ileapaintzaile altua dago kotxe txikian.
6. Mikelena da.
7. Ez, nik ez dut hartu.
8. Bai, nire ikasgela normala da. Ez, nire ikasgela ez da normala.
9. Uniforme bat dago.
10. Txakur bat dago.
11. Mikelen elefantea dago.
12. Ileapaintzaileak daki frantsesez.
13. Ez, irakasleek ez dakite txineraz.
14. Abeslariak lotan daude.
15. Kotxe txiki batean dago.

ACTIVITY 10.8 ■ SUBSTITUTION / TRANSFORMATION DRILLS

1. <u>Banpiro hori</u> Xurga da.
2. <u>Banpiro horrek</u> hilkutxa dauka.
3. <u>Banpiro horren</u> hilkutxa oso distiratsua da.
4. <u>Hilkutxa horretan</u> banpiroa lotan dago.
5. Goizean <u>hilkutxa horretara</u> sartu da.
6. Gauean <u>hilkutxa horretatik</u> irten da.
7. <u>Sorgin horiek</u> Goxo eta Gisela dira.
8. <u>Sorgin horiek</u> haitzuloak dauzkate.
9. <u>Sorgin horien</u> haitzuloak oso ilunak dira.
10. <u>Haitzulo horietan</u> lotan daude sorginak.
11. Gauean <u>haitzulo horietara</u> hegaz doaz.
12. Goizean <u>haitzulo horietatik</u> oinez datoz.

ACTIVITY 10.9 ■ ENGLISH EQUIVALENTS

The demonstrative in parentheses is the one used in your transformed sentence.

1. This (that) vampire is Xurga.
2. This (that) vampire had a coffin.
3. This (that) vampire's coffin is very shiny.
4. The vampire is asleep in this (that) coffin.
5. In the morning he enters this (that) coffin. (Lit.: to this, to that)
6. In the evening he leaves this (that) coffin. (Lit.: from this, from that)
7. These (those) witches are Goxo and Gisela.
8. These (those) witches have caves.
9. These (those) witches' caves are very dark.
10. In these (those) caves the witches are asleep.
11. In the evening they fly to these (those) caves.
12. In the morning they come on foot (they walk) to these (those) caves.

ACTIVITY 10.10 ■ SUBSTITUTION/
TRANSFORMATION DRILLS

1. **Banpiro hura** Xurga da.
2. **Banpiro hark** hilkutxa dauka.
3. **Banpiro haren** hilkutxa oso distiratsua da.
4. **Hilkutxa hartan** banpiroa lotan dago.
5. Goizean **hilkutxa hartara** sartu da.
6. Gauean **hilkutxa hartatik** irten da.
7. **Sorgin haiek** Goxo eta Gisela dira.
8. **Sorgin haiek** haitzuloak dauzkate.
9. **Sorgin haien** haitzuloak oso ilunak dira.
10. **Haitzulo haietan** lotan daude sorginak.
11. Gauero **haitzulo haietara** hegaz doaz.
12. Goizero **haitzulo haietatik** oinez datoz.

ACTIVITY 10.11 ■ ENGLISH EQUIVALENTS

The demonstrative in parentheses is the one used in your transformed sentence.

1. This vampire (that vampire over there) is Xurga.
2. This vampire (that vampire over there) had a coffin.
3. This vampire's coffin (that vampire's coffin) is very shiny. (We can't always fit *over there* into our English sentence.)
4. The vampire is asleep in this coffin (that coffin over there).
5. In the morning he enters this coffin (that coffin over there). (Lit.: to this, to that)
6. In the evening he leaves this coffin (that coffin over there). (Lit.: from this, from that)
7. These witches (those witches over there) are Goxo and Gisela.
8. These witches (those witches over there) have caves.
9. These witches' caves (those witches' caves) are very dark.
10. In these caves (those caves over there) the witches are asleep.
11. In the evening they fly to these caves (those caves over there).
12. In the morning they come on foot (they walk) to these caves (those caves over there).

ACTIVITY 10.12 MATEMATIKA / MATHEMATICS

1. $1 + 2 = 3$ **bat gehi bi berdin hiru**
2. $20 + 5 = 25$ **hogei gehi bost berdin hogeita bost**
3. $40 + 14 = 54$ **berrogei gehi hamalau berdin berrogeita hamalau**
4. $30 + 30 = 60$ **hogeita hamar gehi hogeita hamar berdin hirurogei**
5. $9 - 1 = 8$ **bederatzi ken bat berdin zortzi**
6. $80 - 10 = 70$ **laurogei ken hamar berdin hirurogeita hamar**
7. $55 - 15 = 40$ **berrogeita hamabost ken hamabost berdin berrogei**

8. $30 - 11 = 19$ **hogeita hamar ken hamaika berdin hemeretzi**

9. $2 \times 3 = 6$ **bi bider hiru berdin sei**

10. $4 \times 6 = 24$ **lau bider sei berdin hogeita lau**

11. $7 \times 7 = 49$ **zazpi bider zazpi berdin berrogeita bederatzi**

12. $9 \times 9 = 81$ **bederatzi bider bederatzi berdin laurogeita bat**

13. $40 \div 2 = 20$ **berrogei zati bi berdin hogei**

14. $36 \div 6 = 6$ **hogeita hamasei zati sei berdin sei**

15. $100 \div 10 = 10$ **ehun zati hamar berdin hamar**

16. $27 \div 9 = 3$ **hogeita zazpi zati bederatzi berdin hiru**

CHAPTER ELEVEN

Wants and Needs

Dialogue

Zer behar du Xurgak?

1. Goxo eta Xurga kobazulotik irten dira eta Xurgaren etxera buel-
   tatu dira.

2. XURGA: Goxo! Goxo maitea, erlojua behar dut. Zer ordu da?

3. GOXO: (aldizkaria itxi du) Lasai, Xurga. Goizeko laurak dira.
   Denbora daukazu.

4. X: Bale, bale. Non dago armairuko giltza? Zerbait behar dut
   armairuan.

5. G: Zer behar duzu?

6. X: Jertsea behar dut. Hotz dago etxean.

7. G: Hartu berogailua. Ni eroso nago.

8. X: Mila esker. (Xurgak berogailu txikia hartu du eta piztu du.)

9. Hamabost minutu pasatu eta gero . . .

10. X: Zer ordu da orain?

11. G: Laurak eta laurden dira.

12. X: Nola dakizu? Ez duzu erlojua ikusi.

13. G: Oso denbora sentsu fina daukat.

14. Orain, mesedez, aldizkaria irakurri nahi dut. Isilik!

15. X: Barkatu. Jarraitu aldizkariarekin. (Xurgak irratia piztu du.)

16. Bost minutu pasatu eta gero, Goxok ezin du irakurri irratiarekin

17. baina ez du ezer esan.

18. Xurga eskailerara joan da.

19. X: Kaka zaharra! Bizitza oso zaila da. Egunero eskailera igo behar dugu.
20. Igogailua behar dugu! Igogailuko dendara joan nahi dut.
21. Igogailu txiki bat alokatu nahi dut guretzat. Ados zaude?
22. G: Noiz joan nahi duzu?
23. X: Oraintxe bertan! Dirua daukat. Joan ahal dut.
24. G: Ez, ezin duzu.
25. X: Zergatik ez?
26. G: (aldizkaria lurrean bota du eta erlojua eskumuturretik kendu du)
27. Tori! Zer ordu da?!
28. X: Ai ene! Goizeko lau t'erdiak dira! Ezin dut dendara joan!
29. Ordu honetan dendak itxita daude!

■ Hitz eta esaldi berriak ■

behar (du)	need
behar izan	to need
bueltatu (da)	to return
erloju	watch, clock
aldizkari	magazine, periodical
armairu	armoire, closet
jertse	sweater
bero	warm
gailu	machine
berogailu	heater
eroso	comfortable
minutu	minute [unit of time]
pasatu	passed, to pass
laurden	quarter
laurak eta laurden dira	it's a quarter past four
ezin	cannot
ezin izan	to be unable

ikusi	to see, to look at
sentsu	sense
fin	fine
isilik egon	to be quiet, to shut up
jarraitu	to continue, to follow
irrati	radio
eskailera	staircase
kaka zaharra	crap!
zail	difficult
egunero	every day
igo	to climb, to ascend, to go up
igogailu	elevator, lift
denda	store, shop
nahi izan	to want
alokatu	to rent
guretzat	for us
ados	agreement
Ados zaude?	Are you in agreement? Do you agree?
oraintxe bertan	right now
bota	to throw
eskumutur	wrist
kendu	to take (off, from), to remove
t'erdiak	half past (the hour)
lau t'erdiak dira	it's half past four

■ Nahi eta behar (to want and to need) ■

Nahi (to want) and **behar** (to need) are expressed by compound constructions. Although they resemble a past tense, these are actually present-tense constructions. **Nahi** and **behar** immediately precede the auxiliary verb in affirmative sentences. In the examples that follow, the pronouns are in parentheses to remind us that in Euskara we do not always need to use them, but until you get used to the ergative -**k** marker, it's a good idea to practice with the pronouns.

The following are examples with **nahi:**

(**Nik**) **nahi dut.**	I want it.
(**Zuk**) **nahi duzu.**	You want it.
(**Berak**) **nahi du.**	She wants it.
(**Guk**) **nahi dugu.**	We want it.
(**Zuek**) **nahi duzue.**	You [pl.] want it.
(**Haiek**) **nahi dute.**	They want it.

In English we must voice the object (*it*), but in Euskara the singular object is indicated in the form of the auxiliary verb, so there is no extra word needed to express *it*.

Now observe the *negative forms* of the sentences above and note the change of location for the auxiliary verb.

(**Nik**) **ez dut nahi.**	I don't want it.
(**Zuk**) **ez duzu nahi.**	You don't want it.
(**Berak**) **ez du nahi.**	She/he doesn't want it.
(**Guk**) **ez dugu nahi.**	We don't want it.
(**Zuek**) **ez duzue nahi.**	You [pl.] don't want it.
(**Haiek**) **ez dute nahi.**	They don't want it.

The object of the verb **nahi** can be either a noun or another verb. In other words, we can want *something* or we can want *to do* something.

The following are examples of **nahi** with noun objects:

(**Nik**) **ardoa nahi dut.**	I want wine.
(**Nik**) **ez dut ardoa nahi.**	I don't want wine.
(**Nik**) **ez dut ardorik nahi.**	I don't want any wine.

Sagarrak nahi ditut.	I want apples.
Ez ditut sagarrak nahi.	I don't want the apples.
Ez dut sagarrik nahi.	I don't want any apples.

REMEMBER: **ardorik** and **sagarrik** carry the partitive suffix and are treated like singular forms.

| (Zuk) kafesne bat nahi duzu? | Do you want café au lait? |

NOTE: The word **kafesnea** is half coffee, half milk, or café au lait in French.

(Zuk) ez duzu kafesnea nahi.	You don't want café au lait.
Liburu hauek nahi dituzu?	Do you want these books?
Ez dituzu liburu hauek nahi.	You don't want these books.

| Guk zuritoa nahi dugu. | We want a small glass of beer. |
| Guk ez dugu zuritoa nahi. | We don't want a small glass of beer. |

The following are examples of **nahi** with verb objects:

(Nik) eseri nahi dut.	I want to sit down.
Sofan eseri nahi dut.	I want to sit down on the sofa.
Egongelako sofan eseri nahi dut.	I want to sit down on the living room sofa.
(Nik) ez dut eseri nahi.	I don't want to sit down.
Ez dut sofan eseri nahi.	I don't want to sit down on the sofa.
Ez dut egongelako sofan eseri nahi.	I don't want to sit down on the living room sofa.

(Zuk) jan nahi duzu.	You want to eat.
Marmitakoa jan nahi duzu.	You want to eat tuna and potato soup.
Karameluak jan nahi dituzu.	You want to eat candies.
(Zuk) ez duzu jan nahi.	You don't want to eat.
Ez duzu marmitakoa jan nahi.	You don't want to eat the marmitako.
Ez dituzu karameluak jan nahi.	You don't want to eat the candies.
Ez duzu karamelurik jan nahi.	You don't want to eat any candy.

REMEMBER: **karamelurik** carries the partitive suffix and is treated like a singular.

(Guk) etorri nahi dugu.	We want to come.
Klasera etorri nahi dugu.	We want to come to class.
Asteleheneko klasera etorri dugu.	We want to come to Monday's class.
(Guk) ez dugu etorri nahi.	We don't want to come.
Ez dugu klasera etorri nahi.	We don't want to come to class.
Ez dugu astearteko klasera etorri nahi.	We don't want to come to Tuesday's class.

EXAMPLES WITH **BEHAR** (NEED, HAVE TO, MUST)

Behar works exactly like **nahi,** but it means *need* instead of *want.* It can also be translated as *have to* or *must* when paired with other verbs.

(Zuk) dirua behar duzu?	Do you need money?
Bai, nik diru asko behar dut.	Yes, I need a lot of money.
Ez, nik ez dut behar.	No, I don't need it.
Ez, ez dut dirurik behar.	No, I don't need any money.
(Zuek) txartela erosi behar duzue?	Do you [pl.] have to buy a ticket?
Bai, guk txartel bat erosi behar dugu.	Yes, we must buy one ticket.
Bai, guk bost txartel erosi behar ditugu.	Yes, we have to buy five tickets.
Ez, guk ez dugu txartela erosi behar.	No, we don't need to buy the ticket.
Ez, ez dugu txartelik erosi behar.	No, we don't need to buy any tickets.
Goxok kafea behar du.	Goxo needs coffee.
Ikasleak etxeko lana egin behar du.	The student needs to do homework.

Taxistek kotxeak gidatu behar dituzte.	The taxi drivers must drive cars.
Abeslariek musika entzun behar dute.	The singers have to hear the music.
Kaliforniara joan behar duzu.	You must go to California.
Goizean etxetik irten behar duzu.	In the morning you must leave the house.

▪ Hitz eta esaldi berriak ▪

kafesne	café au lait, half coffee, half milk
zurito	small glass of beer
eseri	to sit, to sit down
etxeko lan	homework, housework
abestu	sang, sung, to sing
ezkerretara	to the left
eskuinetara	to the right
sagar	apple
arrautza	egg
garagardo	beer
anai	brother [speaker is a man; man's brother]
neba	brother [speaker is a woman; woman's brother]
arreba	sister [speaker is a man; man's sister]
ahizpa	sister [speaker is a woman; woman's sister]
egin	to make, to do
zaindu	to care for, to take care of
prestatu	to fix, to prepare, to make ready
banpiroen bila joan	to go in search of vampires

bila	in search (of)
idatzi	to write
eman	to give
ahal	can
ahal izan	to be able
txartel	ticket
asti	time
ez daukat astirik	I don't have time
erratz	broom
ireki	to open
klase	class
urte	year

ACTIVITY 11.1 ■ SUBSTITUTION / TRANSFORMATION DRILLS

Throughout our lessons we've been performing substitution/transformation drills. By now you know how they work. Cover the right-hand column, and try to give each response correctly before peeking at the answers. Practice until you can perform the drill easily.

Model:

Nik elefantea nahi dut. I want the elephant.

Cues:

zuk	Zuk elefantea nahi duzu.
Jonek	Jonek elefantea nahi du.
nik	Nik elefantea nahi dut.
haiek	Haiek elefantea nahi dute.
guk	Guk elefantea nahi dugu.
zuek	Zuek elefantea nahi duzue.

Model:

Zuk ez duzu abestu behar. You do not have to sing.

Cues:

nik	Nik ez dut abestu behar.
Mirenek	Mirenek ez du abestu behar.
zuek	Zuek ez duzue abestu behar.
guk	Guk ez dugu abestu behar.
haiek	Haiek ez dute abestu behar.
zuk	Zuk ez duzu abestu behar.

ACTIVITY 11.2 ■ NEGATIVE AND AFFIRMATIVE

The purpose of this exercise is to practice forming the negative and the affirmative with **nahi** and **behar.** Sentences one through seven are in the affirmative. Make them negative. Sentences eight through fourteen are in the negative. Make them affirmative.

1. Ezkerretara joan nahi dut.
2. Zubi handia pintatu nahi dut.
3. Sagarrak jan nahi ditut.
4. Arrautzak nahi ditut.
5. Garagardoa nahi dut.
6. Gurasoak ikusi nahi ditut.
7. Anaiarekin hitz egin nahi dut.

8. Ez dut nebarekin hitz egin behar.
9. Ez dut irudi polita marraztu behar.
10. Ez dut irratia entzun behar.
11. Ez dut ordenadore berria erosi behar.
12. Ez ditut inprimagailuak saldu behar.
13. Ez dut sofan eseri behar.
14. Ez ditut presoak askatu behar.

ACTIVITY 11.3 ■ ENGLISH EQUIVALENTS

Give the English equivalents for all the sentences above.

ACTIVITY 11.4 ■ SENTENCE BUILDING

Use the time expressions below and the subject **guk** (we) to create sentences for each action given, as shown in the model. This is excellent practice in building long sentences. Write your answers, check them for accuracy, then use your answers as an oral drill. Take your time. You are doing a lot in this exercise.

Cue:

etxea garbitu / larunbatean

Model:

Ez dugu inoiz etxea garbitu nahi, baina larunbatean etxea garbitu behar dugu. We don't ever want to clean the house, but on Saturday we have to clean the house.

Cues:

1.   **etxekolana egin / asteartean**
2.   **kotxea gidatu / ostiralean**
3.   **haurrak zaindu / astelehenean**
4.   **afaria prestatu / ostegunean**
5.   **banpiroen bila joan / larunbatean**
6.   **gutunak idatzi / igandean**
7.   **odola eman / asteazkenean**

Give the English equivalents for all your sentences.

■ Ahal eta Ezin (can and cannot) ■

Euskara uses the two different verbs **ahal** and **ezin** to express *can* and *cannot*. A quick mnemonic device will help keep them straight, such as "Alice can do everything, but Essie can't do anything." Or simply link **ezin** to **ez** (no) in your mind.

These verbs work like **nahi** and **behar.** In some Basque-speaking regions, they can take either **izan** or **ukan** as an auxiliary verb. However, in other regions, they simply take **ukan.** We will learn them with **ukan** for now and look at variations in our second-year textbook. Even though we will use only

ukan for now as the auxiliary verb for **ahal** and **ezin,** we are still speaking *real Basque.*

Observe the following examples:

Ezin dugu errusieraz hitz egin . . . (We cannot speak Russian . . .)

. . . baina ingelesez hitz egin ahal dugu! (. . . but we can speak English!)

Q: **Kotxea gidatu ahal duzu?**	Can you drive the car?
A: **Bai, ahal dut.**	Yes, I can.
Bai, gidatu ahal dut.	Yes, I can drive.
Bai, kotxea gidatu ahal dut.	Yes, I can drive the car.
Ez, ezin dut.	No, I can't.
Ez, ezin dut gidatu.	No, I can't drive.
Ez, ezin dut kotxea gidatu.	No, I can't drive the car.
Q: **Jonek gurekin kafea hartu ahal du?**	Can Jon have coffee with us?
A: **Bai, ahal du.**	Yes, he can.
Bai, kafea hartu ahal du.	Yes, he can have coffee.
Bai, gurekin kafea hartu ahal du.	Yes, he can have coffee with us.
Bai, Jonek gurekin kafea hartu ahal du.	Yes, Jon can have coffee with us.
Ez, ezin du.	No, he can't.
Ez, ezin du kafea hartu.	No, he can't have coffee.
Ez, ezin du gurekin kafea hartu.	No, he can't have coffee with us.
Ez, Jonek ezin du gurekin kafea hartu.	No, Jon can't have coffee with us.

Now let's look at the structure of sentences for all four verbs—**nahi, behar, ahal** and **ezin.**

In affirmative statements and interrogatives:

basic verb +	**nahi** +	auxiliary verb
basic verb +	**behar** +	auxiliary verb
basic verb +	**ahal** +	auxiliary verb

In negatives:

ez + auxiliary verb + basic verb +   **nahi**

ez + auxiliary verb + basic verb +   **behar**

ezin + auxiliary verb + basic verb

Ezin is the negative of **ahal.**

Notice that **ezin** moves to the front (left end) of the sentence, just as the negative **ez** does. But you *never* use **ez** with **ezin,** or with **ahal,** either. The negative of **ahal** *is* **ezin.**

For now, we will use **ezin** and **ahal** only in the present tense.

ACTIVITY 11.5 ■ SUBSTITUTION DRILL

Read the following and write a corresponding statement with **ezin,** according to the model.

Model:

    Irratia entzun nahi dut, baina ez daukat irratirik.

    Ezin dut irratia entzun.

1. **Euskadira joan nahi dut, baina ez daukat txartelik.**
2. **Kafea hartu nahi duzu baina ez daukazu astirik.**
3. **Amaren etxea garbitu behar dute, baina ez daukate erratzik.**
4. **Guk etxeko lana egin behar dugu, baina ez dakizkigu erantzunak.**
5. **Galdera egin nahi duzue, baina lotsatiak zarete.**
6. **Artistak irudi polita marraztu nahi du, baina ez dauka margorik.**

ACTIVITY 11.6 ■ ENGLISH EQUIVALENTS

Give the English equivalents for the sentences above and for your responses.

■ Past tense with **nahi izan, behar izan, ahal izan,** and **ezin izan** ■

If you want to talk about what you wanted to do or had to do this morning at some point in time, use **nahi izan, behar izan, ahal izan,** and **ezin izan** as past participles. You may use them all with **ukan,** even though in some instances and in some dialects, **izan** is used as the auxiliary verb. For example, some Basque speakers may use:

Ezin <u>naiz</u> joan	but	Ezin <u>dut</u> egin
I cannot come		I cannot do it
(because the verb **joan** takes the		(because **egin** takes **ukan**)
auxiliary **izan**)		

while others may use **ukan** in both situations.

Ezin dut joan	and	**Ezin dut egin**

We will use **ukan** as the auxiliary for these verbs, but if you are of Basque origin you may also choose to emulate the grammar used by your relatives. You may also want to read more about these grammatical variations in books by Alan King, Ilari Zubiri, and others.

ACTIVITY 11.7 ■ RECENT PAST DRILL

The purpose of this drill is to practice forming the recent past with **nahi izan, behar izan, ahal izan,** and **ezin izan.** The sentences in the left-hand column are in the present tense. Those in the right-hand column are in the recent past. Read through the exercise, then cover the right-hand column, read the present tense sentence aloud, then without peeking, say it again in the recent past. Expect to practice these drills several times before moving on.

1. **Egunkaria nahi dut.**   **Egunkaria nahi izan dut.**
2. **Egunkaria irakurri nahi dut.**   **Egunkaria irakurri nahi izan dut.**
3. **Liburua idatzi nahi dut.**   **Liburua idatzi nahi izan dut.**
4. **Kotxea gidatu nahi dut.**   **Kotxea gidatu nahi izan dut.**

5. Gosaria behar dugu.	Gosaria behar izan dugu.
6. Gosaldu behar dugu.	Gosaldu behar izan dugu.
7. Afaria prestatu behar dugu.	Afaria prestatu behar izan dugu.
8. Kafea hartu behar dugu.	Kafea hartu behar izan dugu.
9. Koilarak behar dituzu.	Koilarak behar izan dituzu.
10. Koilarak garbitu behar dituzu.	Koilarak garbitu behar izan dituzu.
11. Gutunak idatzi behar dituzu.	Gutunak idatzi behar izan dituzu.
12. Inprimagailuak erosi behar dituzu.	Inprimagailuak erosi behar izan dituzu.

ACTIVITY 11.8 ■ ENGLISH EQUIVALENTS

Make sure you know what each sentence means in activity 11.7. Write out the English equivalents for each line, then check your accuracy at the back of the chapter.

■ Telling time—Five to twenty-five past, quarter past, half past the hour ■

Saying *a quarter past* or *fifteen after* the hour is done by inserting **eta lauden** (and a quarter) between the hours and the verb.

3:00	**Hirurak dira.**
3:15	**Hirurak eta lauden dira.**
4:00	**Laurak dira.**
4:15	**Laurak eta lauden dira.**
5:00	**Bostak dira.**
5:15	**Bostak eta lauden dira.**
6:00	**Seiak dira.**
6:15	**Seiak eta lauden dira.**

7:00	**Zazpiak dira.**
7:15	**Zazpiak eta lauden dira.**
8:00	**Zortziak dira.**
8:15	**Zortziak eta lauden dira.**
9:00	**Bederatziak dira.**
9:15	**Bederatziak eta lauden dira.**
10:00	**Hamarrak dira.**
10:15	**Hamarrak eta lauden dira.**
11:00	**Hamaikak dira.**
11:15	**Hamaikak eta lauden dira.**
12:00	**Hamabiak dira.**
12:15	**Hamabiak eta lauden dira.**
1:00	**Ordu bata da.**
1:15	**Ordu bata eta lauden dira.**

Once you add *a quarter,* there's more than one hour, so the verb becomes plural.

| 2:00 | **Ordu biak dira.** |
| 2:15 | **Ordu biak eta lauden dira.** |

Saying *half past* the hour requires a different insertion in a different place, but once you get the hang of it, it's just as easy. Think of it as a challenge, like learning Pig Latin or Charlie Frog talk as a kid.

The contraction **t'erdi** means *and a half.* However, instead of placing it directly in front of the verb, **t'erdi** is inserted <u>between the number and the plural marker</u>, so that the plural marker is attached to **t'erdi** instead of the number. Read the following examples aloud, and by the end of the list, you'll have it down.

NOTE: In English we often say *three thirty, four thirty,* and so on, instead of *half past three.* But be aware that **t'erdi** cannot be used as the number *thirty* in any other circumstance.

3:00	**Hirurak dira.**
3:30	**Hiru t'erdiak dira.**
4:00	**Laurak dira.**
4:30	**Lau t'erdiak dira.**
5:00	**Bostak dira.**
5:30	**Bost t'erdiak dira.**
6:00	**Seiak dira.**
6:30	**Sei t'erdiak dira.**
7:00	**Zazpiak dira.**
7:30	**Zazpi t'erdiak dira.**
8:00	**Zortziak dira.**
8:30	**Zortzi t'erdiak dira.**
9:00	**Bederatziak dira.**
9:30	**Bederatzi t'erdiak dira.**
10:00	**Hamarrak dira.**
10:30	**Hamar t'erdiak dira.**
11:00	**Hamaikak dira.**
11:30	**Hamaika t'erdiak dira.**
12:00	**Hamabiak dira.**
12:30	**Hamabi t'erdiak dira.**
1:00	**Ordu bata da.**
1:30	**Ordu bata t'erdiak dira.**

REMEMBER: Once you add *a half,* there's more than one hour, so **t'erdiak** carries a plural marker and the verb becomes plural.

2:00   **Ordu biak dira.**

2:30   **Ordu bi t'erdiak dira.**

ACTIVITY 11.9 ■ EXPRESSIONS OF TIME

Write out the following time expressions in Euskara.

1.   It's five thirty.
2.   It's eleven fifteen.
3.   It's one o'clock.
4.   It's ten thirty.
5.   It's six fifteen.
6.   It's four o'clock.
7.   It's two fifteen.
8.   It's nine o'clock.
9.   It's three thirty.
10. It's eight fifteen.

ACTIVITY 11.10 ■ ENGLISH EQUIVALENTS

Now give the English equivalents for the following times.

1.   **Hiru t'erdiak dira.**
2.   **Hamarrak eta laurden dira.**
3.   **Ordu biak dira.**
4.   **Hamaika t'erdiak dira.**
5.   **Hamabiak eta laurden dira.**
6.   **Bostak dira.**
7.   **Zazpiak eta laurden dira.**
8.   **Bederatzi t'erdiak dira.**
9.   **Seiak dira.**
10. **Laurak eta laurden dira.**

ACTIVITY 11.11 ■ QUESTIONS AND ANSWERS

Read the selection **Zer behar du Xurgak?** Then ask and answer the questions below in Euskara. They are based on the vocabulary and grammar of the lesson. Suggested answers are at the end of the chapter, but you may get creative if you wish. If you have difficulty understanding these questions, spend more time studying your vocabulary lists.

1. **Nork dauka erlojua?**
2. **Zer dauka Goxok eskuan?**
3. **Aldizkariak irakurri nahi dituzu?**
4. **Nola dago Xurgaren etxean?**
5. **Nola dago Goxo?**
6. **Zer piztu du Xurgak?**
7. **Hamabost minutu pasatu eta gero, zer ordu da?**
8. **Nork dauka oso denbora sentsu fina?**
9. **Xurgak irratia piztu eta gero, Goxok irakurri ahal du?**
10. **Eta zuk? Irakurri ahal duzu irratiarekin?**
11. **Nora joan da Xurga?**
12. **Eskailera igo nahi du Xurgak?**
13. **Zer alokatu nahi du Xurgak?**
14. **Eta zuk? Igogailua alokatu nahi duzu?**
15. **Zer kendu du Goxok eskumuturretik?**

■ Numbers in the thousands—giving the year ■

When giving the year in Euskara, you cannot translate directly from English. We say *nineteen ninety-nine,* but Basques say *one thousand nine hundred and ninety-nine.* Read the following aloud:

Years	**Urteak**
2000	**bi mila**
2001	**bi mila eta bat**
2002	**bi mila eta bi**

2003	**bi mila eta hiru**
2004	**bi mila eta lau**
2005	**bi mila eta bost**
2020	**bi mila eta hogei**
1999	**mila bederatziehun eta laurogeita hemeretzi** (remember to say: **bederatziehunda!**)
1776	**mila zazpiehun eta hirurogeita hamasei**
1492	**mila laurehun eta laurogeita hamabi**

In order to say *in the year. . . .* , use the inessive case.

In the year 2000	**Bi milan**
In 1776	**mila zazpiehun eta hirurogeita hamaseian**

ACTIVITY 11.12 ■ YEARS

Write out the following years. Then practice saying them aloud.

1. 2006
2. 1980
3. 2000
4. 1860
5. 1512
6. 1945
7. 2002
8. 1789

ACTIVITY 11.13 ■ ANSWERING QUESTIONS

Answer the questions below based on the chart provided. Write all the years out in letters, not numerals, then practice the questions and answers orally.

2006	Espainiara
2007	Frantziara
2008	Kanadara
2009	Mexikora
2010	Txinara
2011	Errusiara

1.   Nora joan nahi duzu 2006an (bi mila eta seian)?

2.   Nora joan nahi duzu 2007an (bi mila eta zazpian)?

3.   Nora joan nahi duzu 2008an (bi mila eta zortzian)?

4.   Nora joan nahi duzu 2009an (bi mila eta bederatzian)?

5.   Nora joan nahi duzu 2010ean (bi mila eta hamarrean)?

6.   Nora joan nahi duzu 2011an (bi mila eta hamaikan)?

NOTE: 2010 (**bi mila eta hamar**) ends in -**r**. We have learned that when a word ends in -**r**, the -**r** must be doubled before adding a suffix. Just as **lur** (ground, floor) becomes **lurrean** (on the ground, on the floor,) so **bi mila eta hamar** becomes **bi mila eta hamarrean** (in two thousand ten.)

ANSWERS

ENGLISH EQUIVALENT OF *ZER BEHAR DU XURGAK?* (WHAT DOES XURGA NEED?)

1.   Goxo and Xurga have left the cave and have returned to Xurga's house.

2.   XURGA: Goxo! Goxo dear, I need a watch. What time is it?

3.   GOXO: (she has closed her magazine) Relax, Xurga. It's four o'clock in the morning. You have time.

4.   X: Fine, fine. Where is the key to the armoire? I need something in the armoire.

5.   G: What do you need?

6.   X: I need a sweater. It's cold in the house.

7.   G: Take the heater. I'm comfortable.

8.   X: Thanks a million [thousand]. (Xurga has taken the little heater and has turned it on.)

9.   After fifteen minutes have passed . . .

10. X: What time is it now?

11. G: It's four fifteen.

12. X: How do you know? You didn't look at [your] watch.

13. G: I have a very fine sense of time.

14. Now, please, I want to read a magazine. Be quiet!

15. X: Forgive me. Continue with the magazine. (Xurga has turned on the radio.)

16. After five minutes have passed, Goxo cannot read with the radio [on]

17. but she hasn't said anything.

18. Xurga has gone to the staircase.

19. X: Crap! Life is very difficult. Every day we have to climb the staircase.

20. We need an elevator! I want to go to the elevator store.

21. I want to rent a little elevator for us. Do you agree?

22. G: When do you want to go?

23. X: Right now! I have money. I can go.

24. G: No, you can't.

25. X: Why not?

26. G: (she has thrown the magazine on the floor and taken the watch off her wrist)

27. Take it! What time is it?!

28. X: Oh, my! It's four thirty in the morning! I cannot go to the store!

29. At this hour, the stores are closed!

ACTIVITY 11.2 ■ NEGATIVE AND AFFIRMATIVE

1. Ez dut ezkerretara joan nahi.
2. Ez dut zubi handia pintatu nahi.
3. Ez ditut sagarrak jan nahi.
4. Ez ditut arrautzak nahi.
   Ez dut arrautzarik nahi.
5. Ez dut garagardoa nahi.
   Ez dut garagardorik nahi.
6. Ez ditut gurasoak ikusi nahi.
7. Ez dut anaiarekin hitz egin nahi.
8. Nebarekin hitz egin behar dut.
9. Irudi polita marraztu behar dut.
10. Irratia entzun behar dut.
11. Ordenadore berria erosi behar dut.
12. Inprimagailuak saldu behar ditut.
13. Sofan eseri behar dut.
14. Presoak askatu behar ditut.

ACTIVITY 11.3 ■ ENGLISH EQUIVALENTS

1. I want to go left.
2. I want to paint the big bridge.
3. I want to eat the apples.
4. I want the eggs.
5. I want the beer.
6. I want to see [my] parents.
7. I want to talk with [my] brother.
8. I must not talk with [my] brother. I don't have to [don't need to] talk with [my] brother.
9. I must not draw a pretty picture. I don't have to [don't need to] draw a pretty picture.
10. I must not listen to the radio. I don't have to [don't need to] listen to the radio.

11. I must not buy a new computer. I don't have to [don't need to] buy a new computer.

12. I must not sell the printers. I don't have to [don't need to] sell the printers.

13. I must not sit on the sofa. I don't have to [don't need to] sit on the sofa.

14. I must not free the prisoners. I don't have to [don't need to] free the prisoners.

ACTIVITY 11.4 ■ SENTENCE BUILDING

1. **Ez dugu inoiz etxekolana egin nahi, baina asteartean etxekolana egin behar dugu.**

2. **Ez dugu inoiz kotxea gidatu nahi, baina ostiralean kotxea gidatu behar dugu.**

3. **Ez ditugu inoiz haurrak zaindu nahi, baina astelehenean haurrak zaindu behar ditugu.**

4. **Ez dugu inoiz afaria prestatu nahi, baina ostegunean afaria prestatu behar dugu.**

5. **Ez dugu inoiz banpiroen bila joan nahi, baina larunbatean banpiroen bila joan behar dugu.**

6. **Ez dugu inoiz gutunik idatzi nahi, baina igandean gutunak idatzi behar ditugu.**

7. **Ez dugu inoiz odola eman nahi, baina asteazkenean odola eman behar dugu.**

English equivalents of the sentences:

1. We never want to do housework (or homework for school), but on Tuesday we must do housework (or homework).

2. We never want to drive the car, but on Friday we must drive the car.

3. We never want to take care of the children, but on Monday we have to take care of the kids.

4. We never want to fix supper, but on Thursday we need to fix supper.

5.   We never want to go searching for vampires, but on Saturday we must go searching for vampires.

6.   We never want to write letters, but on Sunday we have to write letters.

7.   We never want to give blood, but on Wednesday, we need to give blood.

ACTIVITY 11.5 ■ SUBSTITUTION DRILLS

1.   **Ezin dut Euskadira joan.**

2.   **Ezin duzu kafea hartu.**

3.   **Ezin dute amaren etxea garbitu.**

4.   **Ezin dugu etxeko lana egin.**

5.   **Ezin duzue galdera egin.**

6.   **Ezin du irudi polita marraztu. Artistak ezin du irudi polita marraztu.**

ACTIVITY 11.6 ■ ENGLISH EQUIVALENTS

1.   I want to go to Euskadi, but I don't have a ticket. I cannot go to Euskadi.

2.   You want to have coffee, but you don't have time. You cannot have coffee.

3.   They need to clean mother's house, but they don't have a broom. They cannot clean mother's house.

4.   We must do the homework, but we don't know the answers. We cannot do the homework.

5.   You [pl.] want to ask a question, but you [pl.] are embarrassed. You [pl.] cannot ask a question.

6.   The artist wants to draw a pretty picture, but she doesn't have any crayons. She cannot draw a pretty picture.

ACTIVITY 11.8 ■ ENGLISH EQUIVALENTS

1. I want the newspaper.	I wanted the newspaper.
2. I want to read the newspaper.	I wanted to read the newspaper.
3. I want to write a book.	I wanted to write a book.

4. I want to drive the car.	I wanted to drive the car.
5. We need breakfast.	We needed breakfast.
6. We need to eat breakfast.	We needed to eat breakfast.
7. We have to fix dinner.	We had to fix dinner.
8. We must have coffee.	We had to have coffee.
9. You need spoons.	You needed spoons.
10. You have to wash the spoons.	You had to wash the spoons.
11. You must write the letters.	You had to write the letters.
12. You need to buy printers.	You needed to buy printers.

ACTIVITY 11.9 ■ EXPRESSIONS OF TIME

1. **Bost t'erdiak dira.**
2. **Hamaikak eta laurden dira.**
3. **Ordu bata da.**
4. **Hamar t'erdiak dira.**
5. **Seiak eta laurden dira.**
6. **Laurak dira.**
7. **Ordu biak eta laurden dira.**
8. **Bederatziak dira.**
9. **Hiru t'erdiak dira.**
10. **Zortziak eta laurden dira.**

ACTIVITY 11.10 ■ ENGLISH EQUIVALENTS

1. It's three thirty. It's half past three.
2. It's ten fifteen. It's a quarter past ten.
3. It's two o'clock.
4. It's eleven thirty. It's half past eleven.
5. It's twelve fifteen. It's a quarter past twelve.
6. It's five o'clock.
7. It's seven fifteen. It's a quarter past seven.
8. It's nine thirty. It's half past nine.
9. It's six o'clock.
10. It's four fifteen. It's a quarter past four.

ACTIVITY 11.11 ■ QUESTIONS AND ANSWERS

1. Who has the watch?

    Goxok dauka erlojua. Goxo has the watch.

2. What does Goxo have in her hand?

    Aldizkaria dauka. She has a magazine.

3. Do you want to read the magazines?

    Bai, aldizkariak irakurri nahi ditut. Yes, I want to read the magazines.

    Ez, ez ditut aldizkariak irakurri nahi. No, I don't want to read the magazines.

4. What is it like (how does it feel) in Xurga's house?

    Hotz dago. It's cold.

5. How is Goxo feeling?

    Eroso dago. She is comfortable.

6. What did Xurga turn on?

    Berogailua piztu du Xurgak. Xurga turned on a heater.

7. After fifteen minutes pass, what time is it?

    Laurak eta laurden dira. It's four fifteen. It's fifteen after four.

8. Who has a very fine sense of time?

    Goxok dauka. Goxo does.

9. After Xurga turns on the radio, can Goxo read? (is Goxo able to read?)

    Ez, ezin du irakurri. No, she cannot read.

10. And you? Can you read with the radio?

    Bai, irakurri ahal dut irratiarekin. Yes, I can read with the radio.

    Ez, ezin dut irakurri irratiarekin. No, I cannot read with the radio.

11. Where has Xurga gone?

    Eskailerara joan da. He has gone to the stairs.

12. Does Xurga want to climb the stairs?

    Ez, ez du eskailera igo nahi. No, he does not want to climb the stairs.

13. What does Xurga want to rent?

    Igogailu txiki bat alokatu nahi du. He wants to rent a little elevator.

14. And you? Do you want to rent an elevator?

Bai, igogailua alokatu nahi dut. Yes, I want to rent an elevator.
Ez, ez dut igogailua alokatu nahi. No, I do not want to rent an elevator.

15. What did Goxo take off her wrist?
    Erlojua kendu du Goxok. Goxo took off the watch.

ACTIVITY 11.12 ■ YEARS

1.	2006	**bi mila eta sei**
2.	1980	**mila bederatziehun eta laurogei**
3.	2000	**bi mila**
4.	1860	**mila zortziehun eta hirurogei**
5.	1512	**mila bostehun eta hamabi**
6.	1945	**mila bederatziehun eta berrogeita bost**
7.	2002	**bi mila eta bi**
8.	1789	**mila zazpiehun eta laurogeita bederatzi**

ACTIVITY 11.13 ■ ANSWERING QUESTIONS

1. **Nora joan nahi duzu 2006an (bi mila eta seian)?**
   Espainiara joan nahi dut bi mila eta seian.
2. **Nora joan nahi duzu 2007an (bi mila eta zazpian)?**
   Frantziara joan nahi dut bi mila eta zazpian.
3. **Nora joan nahi duzu 2008an (bi mila eta zortzian)?**
   Kanadara joan nahi dut bi mila eta zortzian.
4. **Nora joan nahi duzu 2009an (bi mila eta bederatzian)?**
   Mexikora joan nahi dut bi mila eta bederatzian.
5. **Nora joan nahi duzu 2010ean (bi mila eta hamarrean)?**
   Txinara joan nahi dut bi mila eta hamarrean.
6. **Nora joan nahi duzu 2011an (bi mila eta hamaikan)?**
   Errusiara joan nahi dut bi mila eta hamaikan.

CHAPTER TWELVE

What the Future Holds

Dialogue

Zer gertatuko da, Xurga Banpiroa esnatu eta gero?

1. Goxo Begi-Okerrek ipuina idatzi nahi du.
2. Hemen dauzkazu kontakizuna eta Goxoren pentsamenduak.

Kontakizuna:

3. Gauean, bederatzietan, Xurga Banpiroa esnatuko da eta hilkutxa-tik aterako da.
4. Gose eta egarri izango da.
5. Hilkutxako gelatik irtengo da, eta etxeko gela guztietara sartuko da Xurga.
6. Jan eta edan nahi izango du.
7. Baina ez da ezer egongo egongelan. Ez da ezer egongo logeletan.
8. Ez da ezer egongo komunean. Ai ene! Non aurkituko du janaria?

Goxoren pentsamenduak:

9. Sukaldean! Noski, noski, sukaldean, ezta?
10. Normalki, janaria sukaldean dago. Bale. Jarraituko dugu.

Kontakizuna:

11. Bapatean, Xurgak pentsatuko du,
12. <<Sukaldera noa! Beti dago janaria sukaldeetan!>>
13. Orduan, isil-isilik joango da Xurga sukaldera.
14. Etxea ilun-ilun egongo da, eta Xurgak ez du ezer ikusiko.

Goxoren pentsamenduak:

15. Beno. . . . . Itxoin. Banpiroek oso begi onak dauzkate, ezta?

16. Gauean dena ikusiko du Xurgak.

17. Bai, horixe. Esaldia aldatuko dut.

Kontakizuna:

18. Etxea ilun-ilun egongo da, eta etxeko saguek ez dute ezer ikusiko.

19. Baina Xurgak dena ikusiko du, banpiroa delako.

20. Sukaldera sartuko da, eta armairuak irekiko ditu.

21. Zer ikusiko du han?

Goxoren pentsamenduak:

22. Ezer ez!!! Etxea oso zaharra da,

23. eta etxeko familia beste leku batean bizi da orain.

24. Ez dago janaririk armairuetan.

25. Beno . . . beharbada lata batzuk. . . . janaria txakurrentzat.

26. Bai, txakurrentzako janaria! (Ipuinak jarraituko du gero.)

■ Hitz eta esaldi berriak ■

gertatu	to happen
gertatuko	will happen, future aspect of **gertatu**
ipuin	story
kontakizun	narrative
pentsamendu	thought
gau	night
gauean	at night
bederatzietan	at nine o'clock
gose	hungry [used without a marker, with **izan**]
gose naiz	I'm hungry
egarri	thirsty [used without a marker, with **izan**]
egarri zara	you're thirsty

gela guztietara	to all the rooms
egongela	living room
logela	bedroom (sleeping room)
aurkitu	to find
janari	food
sukalde	kitchen
bat-batean	suddenly, all of a sudden
pentsatu	to think
isil-isilik	very quietly
ilun-ilun	very dark
itxoin	to wait
aldatu	to change
sagu	mouse
delako	because he is [**da** + **lako** = **delako**]
armairu	closet, armoire, cabinet
familia	family
leku	location, place
beharbada	maybe, perhaps
lata	can (of preserved food)
txakurrentzat	for dogs [destinative case]
dentista	dentist
zuzendari	director
famatu	famous
mediku	doctor
fabrika	factory
ikasi	to study

■ The future tense ■

The future tense differs from the recent past in one small way. The basic verb carries a marker, either **-ko** or **-go**. It's actually an aspect marker, but we can call it a *future marker*. These markers are the same, morphemically speaking (both are really -**ko**), but phonetically they are perceived differently because of the change that occurs as a result of the influence of the sound that precedes them. The basic verbs in Euskara end in -**a, -i, -u,** and -**n.**

atera	to take out, to take (photos)
ireki	to open
gosaldu	to have breakfast
jan	to eat

When -**ko** follows a vowel (i.e., -**a, -i, -u**) it remains -**ko.** But when it follows an -**n,** the voiced consonant -**n** influences the voiceless -**k** and lends voicing to it, thereby making it a voiced consonant as well. When -**k** is voiced it becomes -**g,** because the only difference between the sounds -**k** and -**g** is the absence, or presence, of voicing (vibration of the vocal cords). So after -**n,** -**ko** becomes -**go.**

aterako	will take (out)
irekiko	will open
gosalduko	will have breakfast
jango	will eat

We talked about voiceless versus voiced in earlier chapters (with the ablative, -**tik** and -**dik,** and with the locative genitive -**ko** and -**go**).

Verbs in the future tense use the same auxiliary verb we used in forming the recent past (present perfect). Transitive verbs take **ukan** and intransitive verbs take **izan.** There are many examples of the use of the future tense in Goxo's story at the beginning of the chapter. Here are some more examples in the form of questions and answers. As usual, the following provides several examples of the structure of possible responses.

Q: **Noiz joango zara Afrikara?**	When will you go to Africa?
A: **Bihar joango naiz.**	I'll go tomorrow.
Q: **Noiz iritsiko dira zure lagunak?**	When will your friends arrive?
A: **Laster iritsiko dira.**	They will arrive soon.
Laster iritsiko dira nire lagunak.	My friends will arrive soon.

Nire lagunak laster iritsiko dira.	My friends will arrive soon.
Q: **Abokatua etxera etorriko da?**	Will the lawyer come to the house?
A: **Bai, etxera etorriko da.**	Yes, she will come to the house.
Bai, abokatua etxera etorriko da.	Yes, the lawyer will come to the house.
Bai, etxera etorriko da abokatua.	Yes, the lawyer will come to the house.
Ez, ez da etorriko.	No, she won't come.
Ez, ez da etxera etorriko.	No, she won't come to the house.
Ez, abokatua ez da etxera etorriko.	No, the lawyer will not come to the house.
Q: **Banpiroak hilkutxa erosiko du.**	Will the vampire buy the coffin?
A: **Bai, erosiko du.**	Yes, he'll buy it.
Bai, banpiroak erosiko du.	Yes, the vampire will buy it.
Bai, banpiroak hilkutxa erosiko du.	Yes, the vampire will buy the coffin.
Ez, ez du erosiko.	No, he won't buy it.
Ez, ez du hilkutxa erosiko.	No, he won't buy the coffin.
Ez, banpiroak ez du hilkutxa erosiko.	No, the vampire won't buy the coffin.

Now take a moment to compare the following sentence pairs. The first in each pair is in the future tense. The second is in the recent past (present perfect).

Telefonoa erantzungo dut.	I will answer the phone.
Telefonoa erantzun dut.	I have answered the phone. I answered the phone.
Telebista piztuko duzu.	You will turn on the television.
Telebista piztu duzu.	You have turned on the telly. You turned on the television
Bihar, bulegoan lan egingo du.	Tomorrow, she will work in the office.
Gaur, bulegoan lan egin du.	Today, she has worked in the office. Today, she worked in the office.

Notice how similar the future and the recent past appear to be. No big tip-off like *will* in English! But we do the same to students of English, don't we? Consider how similar English present and past sound: *You turn on the television. You turned on the television.* This is an even smaller difference, phonetically, than that between the future and recent past in Euskara. So keep it in perspective and be alert.

ACTIVITY 12.1 ■ PRACTICE DRILLS

The purpose of these drills is to practice the future tense with auxiliaries **ukan** and **izan.**

Model:

Esnatu eta gero, <u>Xurgak</u> jango <u>du</u>. After waking up, Xurga will eat.

Cues:

nik	**Esnatu eta gero, nik jango dut.**
zuk	**Esnatu eta gero, zuk jango duzu.**
haiek	**Esnatu eta gero, haiek jango dute.**
guk	**Esnatu eta gero, guk jango dugu.**
zuek	**Esnatu eta gero, zuek jango duzue.**
Goxok	**Esnatu eta gero, Goxok jango du.**

Model:

<u>Xurgak</u> ez <u>du</u> ezer ikusiko etxe ilunean. Xurga will not see anything in the dark house.

Cues:

guk	**Guk ez dugu ezer ikusiko etxe ilunean.**
zuek	**Zuek ez duzue ezer ikusiko etxe ilunean.**
haiek	**Haiek ez dute ezer ikusiko etxe ilunean.**
nik	**Nik ez dut ezer ikusiko etxe ilunean.**

zuk	Zuk ez duzu ezer ikusiko etxe ilunean.
Goxok	Goxok ez du ezer ikusiko etxe ilunean.

Model:

Guk bost lata aterako **ditugu** armairutik. We will take five cans from the cupboard.

Cues:

nik	Nik bost lata aterako ditut armairutik.
zuk	Zuk bost lata aterako dituzu armairutik.
haiek	Haiek bost lata aterako dituzte armairutik.
guk	Guk bost lata aterako ditugu armairutik.
zuek	Zuek bost lata aterako dituzue armairutik.
Xurgak	Xurgak bost lata aterako ditu armairutik.

Model:

Xurga isil-isilik joango **da** sukaldera. Xurga will go very quietly to the kitchen.

Cues:

gu	Gu isil-isilik joango gara sukaldera.
zuek	Zuek isil-isilik joango zarete sukaldera.
haiek	Haiek isil-isilik joango dira sukaldera.
ni	Ni isil-isilik joango naiz sukaldera.
zu	Zu isil-isilik joango zara sukaldera.
Goxo	Goxo isil-isilik joango da sukaldera.

ACTIVITY 12.2 ■ VERB COMPREHENSION

The purpose of this exercise is to help you recognize tenses and meanings. Determine whether the verbs in the following sentences are future, past, or present tense. Then give the English equivalent for each sentence. Check your answers at the end of the chapter.

1. Ileapaintzaile altua geltokira joan da.
2. Geltokian badaude bi tren eta jirafa bat.
3. Azafata ilehori bat dago tren geltokian.
4. Gizon ilegorriak Donostiako trena hartuko du.
5. Azafatak ez du tren hori hartuko.
6. Azafatak ez du trena hartu nahi.
7. Azafata hegazkinez etorri da herrira.
8. Ileapaintzaileak ez du hegazkina hartuko.
9. Azafatak txartela erosi du.
10. Ileapaintzailea triste dago.
11. Bere txakurra galdu du.
12. Zer egingo du?
13. Jirafa erosiko du!

ACTIVITY 12.3 ■ NEGATIVE SENTENCE BUILDING

Rewrite the following sentences as negatives. Give the English equivalent for each of your new negative sentences.

1. Dentista hori eta erizain hau lagunak izango dira.
2. Nik gutuna idatziko dut.
3. Zuzendari famatua Hollywood-en biziko da.
4. Etxekoandreek trena aldatuko dute Donostian.
5. Medikua ikusiko dugu!
6. Fabrika batean lan egingo duzue.

ACTIVITY 12.4 ■ FUTURE TENSE

Rewrite the following sentences in the future tense.

1. Nire amak giltza galdu du.
2. Matematika ikasi duzue.
3. Fabrika batera joan dira Jon eta Txema.
4. Zer egin duzu Frantzian?
5. Noiz lan egin dugu?
6. Ez naiz Txinara joan.

■ Nahi, behar, ahal, and ezin in the future ■

I'm sure you've noticed that the verbs **nahi, behar, ahal,** and **ezin** appear to be formed like the past tense but are translated as the present tense. To form the future, use **nahi izango, behar izango, ahal izango,** and **ezin izango.**

> **Bihar, Bilbora joan nahi izango dut.** Tomorrow, I will want to go to Bilbao.
>
> **Gero, etxekolana egin behar izango duzu.** Later, you will need to do homework.
>
> **Datorren astelehenean nik medikua ikusi ahal izango dut.** Next Monday, I will be able to see the doctor.
>
> **Datorren larunbatean guk ezin izango dugu klasera joan.** Next Saturday, we will not be able to go to class.

ACTIVITY 12.5 ■ SUBSTITUTION / TRANSFORMATION DRILLS

The purpose of these drills is to practice the structure of the future of **nahi, behar, ahal,** and **ezin.**

Model:

> **Esnatu eta gero, <u>Xurgak</u> jan nahi izango <u>du</u>.** After waking up, Xurga will want to eat.

Cues:

nik	Esnatu eta gero, nik jan nahi izango dut.
guk	Esnatu eta gero, guk jan nahi izango dugu.
haiek	Esnatu eta gero, haiek jan nahi izango dute.
zuk	Esnatu eta gero, zuk jan nahi izango duzu.
Goxok	Esnatu eta gero, Goxok jan nahi izango du.
zuek	Esnatu eta gero, zuek jan nahi izango duzue.

Model:

Zuk trena aldatu behar izango **duzu.** You will have to change trains.

Cues:

nik	Nik trena aldatu behar izango dut.
guk	Guk trena aldatu behar izango dugu.
haiek	Haiek trena aldatu behar izango dute.
Goxok	Goxok trena aldatu behar izango du.
zuek	Zuek trena aldatu behar izango duzue.
zuk	Zuk trena aldatu behar izango duzu.

Model:

Bihar haiek janaria erosi ahal izango **dute.** Tomorrow, they will be able to buy food.

Cues:

guk	Bihar guk janaria erosi ahal izango dugu.
nik	Bihar nik janaria erosi ahal izango dut.

zuek	Bihar zuek janaria erosi ahal izango duzue.
Edurnek	Bihar Edurnek janaria erosi ahal izango du.
zuk	Bihar zuk janaria erosi ahal izango duzu.
haiek	Bihar haiek janaria erosi ahal izango dute.

Model:

Guk ezin izango <u>dugu</u> lata ireki. We will not be able to open the can.

Cues:

zuk	Zuk ezin izango duzu lata ireki.
nik	Nik ezin izango dut lata ireki.
haiek	Haiek ezin izango dute lata ireki.
zuek	Zuek ezin izango duzue lata ireki.
Jonek	Jonek ezin izango du lata ireki.
guk	Guk ezin izango dugu lata ireki.

■ Responding to **Noiz?** (When?) ■

You already know some of the following expressions. Add them all to your personal vocabulary list. This is also a good time to revisit chapter 3 and the months of the year.

orain	now
oraintxe bertan	right now
gaur	today
orduan	then
laster	soon
gero	later
bihar	tomorrow
bost minutu barru	in five minutes' time, within five minutes
hiru egun barru	in three days' time, within three days

We have also seen:

gaur goizean	this morning
goiz goizean	early in the morning
gauean	at night

The question word **Noiz?** (When?) should be answered with one of the time expressions learned thus far. Remember the following? It still holds true.

> Q + V
> A + V

Q: **Noiz bukatuko duzu lana?**	When will you finish the job?
A: **Bihar bukatuko dut.**	I'll finish it tomorrow.
Bihar bukatuko dut lana.	I'll finish the job tomorrow.
Ez dut bukatuko gaur!	I won't finish [it] today!
Q: **Noiz idatziko du amak gutuna?**	When will mother write the letter?
A: **Abenduan idatziko du.**	She'll write it in December.
Abenduan idatziko du gutuna.	She'll write the letter in December.
Amak abenduan idatziko du gutuna.	Mother will write the letter in December.
Ez du idatziko!	She won't write it!
Ez du gutuna idatziko!	She won't write the letter!

ACTIVITY 12.6 ■ ENGLISH EQUIVALENTS

Give the English equivalents for the following questions. Then, as directed, answer in Euskara.

1. **Noiz erosiko duzu Bilboko txartela?** (soon)
2. **Noiz harrapatuko duzu Bilboko trena?** (within 20 minutes)

3.   **Noiz iritsiko zara geltokira?** (today)

4.   **Noiz joango zara kontzertura?** (at night)

5.   **Noiz idatziko duzu gutuna?** (in December)

6.   **Noiz bukatuko duzu etxeko lana?** (on Wednesday)

ACTIVITY 12.7 ■ ZER EGINGO DUZU? (WHAT WILL YOU DO?)

For each month of the year, answer the question about what you will do (future tense) during that month. Also, give the English equivalent for each of your responses.

1. **Zer egingo duzu urtarrilean?**   (unibertsitatean egon)
2. **Zer egingo duzu otsailean?**   (etxekolana egin)
3. **Zer egingo duzu martxoan?**   (asko ikasi)
4. **Zer egingo duzu apirilean?**   (denbora-makina saldu)
5. **Zer egingo duzu maiatzean?**   (jakingura izan)
6. **Zer egingo duzu ekainean?**   (afariak prestatu)
7. **Zer egingo duzu uztailean?**   (igogailuaz igon)
8. **Zer egingo duzu abuztuan?**   (ilea orraztu)
9. **Zer egingo duzu irailean?**   (altzariak erosi)
10. **Zer egingo duzu urrian?**   (odola eman)
11. **Zer egingo duzu azaroan?**   (nazioarteko egunkaria irakurri)
12. **Zer egingo duzu abenduan?**   (Santa Claus ikusi)

Dialogue

Goxoren ipuinak jarraituko du

Kontakizuna:

27.   **Han, sukaldean, Xurgak txakurrentzako janaria aurkituko du! Besterik ez.**

28.   **Bakarrik dago etxe honetan.**

29.   **Baina Xurga ez da triste egongo.**

Goxoren pentsamenduak:

30. Ez, ez, triste ez. Zergatik? Xurga banpiroa delako!!

31. Banpiroek ez dute janaria nahi. Banpiroek odola nahi dute.

32. Horregatik ez dago triste. Beno. . . . orain, zer gertatuko da?

Kontakizuna:

33. Ez, Xurga ez da triste egongo.

34. Kontuz-kontuz etxetik irtengo da.

35. Kalean, ilun-ilun egongo da.

36. Kaleko jendeak ez du ezer ikusiko. Zergatik?

37. Jendeak oso begi onak ez dauzkalako!

38. Baina banpiroek, bai, badauzkate.

39. Kalean, arin-arin mugituko da banpiroa.

40. Kale batean kotxe gorri bat aurkituko du.

41. Kotxe ondoan, ikasle bat egongo da.

42. Xurgak ikaslea ikusiko du, eta . . . !!!

Goxoren pentsamenduak:

43. Baina, ez. Hau oso bortitza da.

44. Bortxakeria gehiegi dago munduan.

45. Ez dut gehiago idatziko.

46. Orain bortxakeriari buruz pentsatu behar dut.

■ Hitz eta esaldi berriak ■

besterik ez	nothing more, that's all
kontuz-kontuz	very carefully
arin-arin	very quickly
mugitu	to move
ondoan	next to, beside
bortitz	violent
bortxakeria	violence
bortxakeriari buruz	about violence (**bortxakeri** + **ari buruz**)

ari buruz	about [used as a suffix, attached to a noun]
pentsatu	to think
bukatu	to finish
ezkutatu	to hide
petrolio	petroleum
gasolina	gasoline, petrol
beldur	afraid
beldur dira	they are afraid [**beldur** has no marker, used with **izan**]
nazioarteko	international

■ Responding to **Zergatik?** (Why?) with -**lako** (because) ■

One of the ways to say *because* in Euskara is to add the suffix -**lako** to the conjugated verb. Sometimes it attaches directly and simply to the verb, and at other times a vowel change occurs or we have to add a bridging vowel between the verb and the suffix. In a university course, these details are important, because we want to learn the correct way to speak (as much as possible). But never forget that in *real life* you can make mistakes and still be understood. In real life, we even make mistakes in our native language. Sometimes we do it on purpose to be funny. Sometimes we change our minds in the middle of a sentence and the part at the end doesn't agree with the part at the beginning. Just keep these rules in perspective. Strive for accuracy, but if you have a chance to talk to your relatives in Euskara, go for it! They aren't going to care if you miss a bridging vowel.

Having said all that, let's take a look at our verbs and see how -**lako** attaches to them. Bridging vowels and other irregularities of note will appear in capital letters.

Egon, *Present Tense*

nago	+	**lako**	=	**nagoElako**
dago	+	**lako**	=	**dagoElako**

gaude	+	lako	=	gaudelako
daude	+	lako	=	daudelako
zaude	+	lako	=	zaudelako
zaudete	+	lako	=	zaudetelako

Izan, *Present Tense*

naiz	+	lako	=	naizElako (add a bridging vowel, **-e**)
da	+	lako	=	dElako (a changes to **e**)
gara	+	lako	=	garElako (a changes to **e**)
dira	+	lako	=	dirElako (a changes to **e**)
zara	+	lako	=	zarElako (a changes to **e**)
zarete	+	lako	=	zaretelako (the **e** is already there)

ACTIVITY 12.8 ■ SENTENCE COMPLETION

In the blanks provided, complete sentences one through seven with the appropriate form of **egon** + **-lako.**

Model:

> **Edurnek ingelesez hitz egin nahi du, Ingalaterran <u>dagoelako</u>.** Edurne wants to speak English because she is in England.

1.   **Jonek frantsesez hitz egin nahi du, Frantzian _____.**
2.   **Guk italieraz hitz egin nahi dugu, Italian _____.**
3.   **Zuek errusieraz hitz egin nahi duzue, Moskun _____.**
4.   **Gurasoek txineraz hitz egin nahi dute, Txinan _____.**
5.   **Maitek portugesez hitz egin nahi du, Portugalen _____.**
6.   **Nik suomieraz hitz egin nahi dut, Finlandian _____.**
7.   **Zuk letonieraz hitz egin nahi duzu, Letonian _____.**

Now complete sentences eight through thirteen with the appropriate form of **izan** + **-lako.**

Model:

> **Haiek margo asko daukate, artistak <u>direlako</u>.** They have lots of colors because they are artists.

   8.   **Nik kotxe asko daukat, mekanikaria _____.**

   9.   **Zuk liburu asko daukazu, liburuzaina _____.**

  10.   **Guk arkatz eta boli asko daukagu, idazleak _____.**

  11.   **Gorkak diru asko dauka, aberatsa _____.**

  12.   **Gizon horiek problema asko daukate, abokatuak _____.**

  13.   **Zuek medikamentu asko daukazue, erizainak _____.**

Now provide the English equivalents for activity 12.8, one through thirteen. Let's continue our exploration of the suffix **-lako** (because).

Ukan, *Present Tense, Single Object (***du***)*

du	+	**lako**	=	**duElako** (Batua adds an **-e**)
dute	+	**lako**	=	**dutelako**
dut	+	**lako**	=	**duDAlako** (big change, separates it from **dute**)
dugu	+	**lako**	=	**dugulako**
duzu	+	**lako**	=	**duzulako**
duzue	+	**lako**	=	**duzuelako**

Ukan, present tense, plural object (**ditu**) is the same as above except you have **ditu** instead of **du** as a stem.

ditu	+	**lako**	=	**dituElako** (Batua adds an **-e**)
dituzte	+	**lako**	=	**dituztelako**
ditut	+	**lako**	=	**dituDAlako** (big change, separates it from **dituzte**)
ditugu	+	**lako**	=	**ditugulako**
dituzu	+	**lako**	=	**dituzulako**
dituzue	+	**lako**	=	**dituzuelako**

Only two person forms in **ukan** are irregular. And the good news gets even better. Once you become comfortable with the way **-lako** attaches to verbs, you'll be ready to add other verbal suffixes with no pain whatsoever.

ACTIVITY 12.9 ■ SENTENCE COMPLETION

This time, complete the sentences with the appropriate form of **ukan** + **-lako**. Determine the subject of **ukan** by identifying the subject of **egon** in the first part of each sentence.

1. **Pozik nago, kotxe berri bat erosi _____.**
    I am happy, <u>because I have</u> bought a new car.
2. **Pozik zaude, ehun bideo erosi _____.**
3. **Pozik gaude, bideo bat erosi _____.**
4. **Pozik dago, ehun bizikleta erosi _____.**
5. **Pozik daude, irrati bat erosi _____.**
6. **Pozik zaudete, telebista bat erosi _____.**
7. **Pozik nago, hiru telebista erosi _____.**
8. **Pozik daude, lau katu beltz erosi _____.**
9. **Pozik zaude, zaldi bat erosi _____.**
10. **Pozik dago, motxila berri bat erosi _____.**
11. **Pozik gaude, bi etxe txiki erosi _____.**
12. **Pozik zaudete, bi ordenadore erosi _____.**

For your reference, the following are some other present tense conjugations with **-lako** appended to the verb.

	Joan	Etorri
ni	noalako	natorrelako
bera	doalako	datorrelako
zu	zoazelako	zatozelako
gu	goazelako	gatozelako
zuek	zoaztelako	zatoztelako
haiek	doazelako	datozelako

	Jakin	Eduki(*with singular objects*)
nik	dakidalako	daukadalako
berak	dakielako	daukalako

zuk	dakizulako	daukazulako
guk	dakigulako	daukagulako
zuek	dakizuelako	daukazuelako
haiek	dakitelako	daukatelako

	Jakin	Eduki *(with plural objects)*
nik	dakizkidalako	dauzkadalako
berak	dakizkielako	dauzkalako
zuk	dakizkizulako	dauzkazulako
guk	dakizkigulako	dauzkagulako
zuek	dakizkizuelako	dauzkazuelako
haiek	dakizkitelako	dauzkatelako

REMEMBER: -lako answers the question word **Zergatik?** (Why?)

Notice that when a response is negative, Basques often move the **ez** + *verb* to the end of the sentence in order to make the -**lako** more obvious to the listener.

Q: **Zergatik daude negarrez?** Why are they crying?
A: **Dirurik ez daukatelako.** Because they don't have any money.
Q: **Zergatik zaude triste?** Why are you sad?
A: **Txakurra laztandu ezin dudalako.** Because I cannot pet the dog.

ACTIVITY 12.10 ■ SENTENCE REWRITING

Below are pairs of sentences. As in the model, rewrite each pair as an explanatory sentence, using -**lako** to form a subordinate clause. Also, give the English equivalents for each of your sentences.

Model:

Affirmative: **Pozik nago. Nire ama hiri horretan bizi da.**

Becomes: **Pozik nago, nire ama hiri horretan bizi delako.**

I am happy because my mother lives in that city.

Model:

Negative: **Triste nago. Nire anaia ez da hemen bizi.**

Becomes: **Triste nago, nire anaia hemen bizi ez delako.**

I am sad because my brother does not live here.

1. **Boisera joan nahi dut. Nire lagunak han bizi dira.**
2. **Triste daude. Haien lagunak ezin dute etorri.**
3. **Ikasleak beldur dira. Ez dute etxeko lana bukatu.**
4. **Animatuta gaude. Bihar amona Euskaditik dator.**
5. **Haserre nago. Ez dago janaririk sukaldean.**
6. **Banpiroa lasai dago. Hilkutxa ondo ezkutatu du.**
7. **Haserre daude. Ez dago gasolinarik.**

■ Ordinal numbers ■

Ordinal numbers are those that tell us in what order things happen. They describe the position of something in a sequence. The ordinal numbers in Basque are actually more logical and systematic than those in English.

first	**lehenengo** (*the exception to the pattern*)
second	**bigarren**
third	**hirugarren**
fourth	**laugarren**
fifth	**bosgarren** (Notice the loss of -**t** from **bost.**)
sixth	**seigarren**
seventh	**zazpigarren**
eighth	**zortzigarren**
ninth	**bederatzigarren**
tenth	**hamargarren**
. . . .	
twentieth	**hogeigarren**
twenty-first	**hogeita batgarren**
. . . .	
thousandth	**milagarren**

In English we often abbreviate the ordinal numbers (1st, 2nd, 3rd, 4th, etc.), and we can do so in Euskara as well, by using a dot or period (.) to replace -**garren,** most often when the ordinal is used as -**ko** adjective. This dot is used with **lehenengo,** too, even though there is no -**garren** in the word.

1. = lehenengo
11. = hamaikagarren
12. = hamabigarren
13. = hamahirugarren
19. = hemeretzigarren

ACTIVITY 12.11 ■ ORDINAL NUMBERS

Practice the ordinal numbers aloud by covering the column on the right and cuing yourself with the numbers on the left. Say them aloud until you can do the whole column easily, without peeking at the answers.

1st, **1.**	lehenengo
3rd, **3.**	hirugarren
6th, **6.**	seigarren
9th, **9.**	bederatzigarren
11th, **11.**	hamaikagarren
19th, **19.**	hemeretzigarren
24th, **24.**	hogeita laugarren
30th, **30.**	hogeita hamargarren
40th, **40.**	berrogeigarren
53rd, **53.**	berrogeita hamahirugarren
7th, **7.**	zazpigarren
62nd, **62.**	hirurogeita bigarren
75th, **75.**	hirurogeita hamabosgarren
81st, **81.**	laurogeita batgarren
98th, **98.**	laurogeita hemezortzigarren
100th, **100.**	ehungarren
1000th, **1000.**	milagarren

Ordinal numbers can be used as adjectives or as nouns. When they are used as adjectives, they come in front of the noun they modify. Remember, most adjectives in Euskara come after the noun, but ordinal numbers (like all other numbers except **bat**) come in front of the noun.

Lehenengo neska Edurne da.	The first girl is Edurne.
Bigarren mutila Gorka da.	The second boy is Gorka.
Duke nire hirugarren txakurra da.	Duke is my third dog.

When used as nouns, the ordinal number must carry the noun marker. In the sentences above, the noun markers are on **neska, mutila,** and **txakurra.** Below, the nouns have been eliminated but the noun marker (underlined) must stay with the ordinal number.

Lehenengoa Edurne da.	The first is Edurne.
Bigarrena Gorka da.	The second is Gorka.
Duke nire hirugarrena da.	Duke is my third.

ACTIVITY 12.12 ■ SENTENCE BUILDING

Write sentences in Euskara showing the order in which students entered the classroom. Base your sentence structure on the examples given. Assume that the students listed together entered the class together. (In other words, Katie and Jasone are both second, *not* Katie second and Jasone third.)

1. **Edurne**
2. **Katie eta Jasone** (a girl's name)
3. **Goxo, Antton, Iker, eta Gotzon**
4. **Irakaslea**
5. **Ander** (a boy's name) **eta Joseba** (a boy's name)
6. **Maite** (a girl's name)

Model:

Irakaslea laugarren pertsona da. The teacher is the fourth person.

1. **Maite**
2. **Goxo, Antton, Iker, eta Gotzon**

3.   **Ander eta Joseba**
4.   **Katie eta Jasone**
5.   **Edurne**

Now answer the following questions, omitting the modified noun (**pertsona, pertsonak**).

Model:

    Katie eta Jasone bigarrenak dira. Katie and Jasone are (the) second (ones).

6.   **Nor da laugarrena?**
7.   **Nortzuk dira hirugarrenak?**
8.   **Nor da seigarrena?**
9.   **Nortzuk dira bigarrenak?**

ANSWERS

ENGLISH EQUIVALENT OF ZER GERTATUKO DA, XURGA BANPIROA ESNATU ETA GERO? (WHAT WILL HAPPEN AFTER XURGA THE VAMPIRE WAKES UP?)

1.   Goxo Begi-Oker wants to write a story.
2.   Here you have the narrative and Goxo's thoughts.

Narrative:

3.   At night, at nine o'clock, Xurga the Vampire will wake up and he will leave his coffin.
4.   He will be hungry and thirsty.
5.   Xurga will leave the coffin room, and he will enter all the other rooms of the house.
6.   He will want to eat and drink.
7.   But there will be nothing in the living room. There will be nothing in the bedrooms.
8.   There will be nothing in the bathroom. Oh, my! Where will he find food?

Goxo's thoughts:

9. In the kitchen! Of course, of course, in the kitchen, right?

10. Normally, food is in the kitchen. Okay. We'll continue.

Narrative:

11. All of a sudden, Xurga will think,

12. "I'm going to the kitchen! There is always food in kitchens!"

13. Then Xurga will go very quietly to the kitchen.

14. The house will be very dark, and Xurga will not see anything.

Goxo's thoughts:

15. Well. . . . Wait. Vampires have very good eyes, don't they?

16. At night Xurga sees everything.

17. Yes, that's it. I will change the sentence.

Narrative:

18. The house will be very dark, and the mice of the house will not see anything.

19. But Xurga will see everything, because he's a vampire.

20. He will enter the kitchen, and he will open the cupboards.

21. What will he see there?

Goxo's thoughts:

22. Nothing!!! The house is very old,

23. and the house's family now lives in another location.

24. There isn't any food in the cupboards.

25. Well . . . maybe some cans . . . food for the dog.

26. Yes, dog food! (The story will continue later.)

ACTIVITY 12.2 ■ VERB COMPREHENSION

1. past   **Ileapaintzaile altua geltokira joan da.**
The tall hairdresser has gone (went) to the station.

2. present   **Geltokian badaude bi tren eta jirafa bat.**

At the station, there are two trains and one giraffe.

3. present   **Azafata ilehori bat dago tren geltokian.**

There is one blond flight attendant at the train station.

4. future   **Gizon ilegorriak Donostiako trena hartuko du.**

The redheaded man will take the train to San Sebastián.

5. future   **Azafatak ez du tren hori hartuko.**

The flight attendant will not take that train.

6. present   **Azafatak ez du trena hartu nahi.**

The flight attendant doesn't want to take the train.

7. past   **Azafata hegazkinez etorri da herrira.**

The flight attendant has come to the town by plane.

8. future   **Ileapaintzaileak ez du hegazkina hartuko.**

The hairdresser will not take the plane.

9. past   **Azafatak txartela erosi du.**

The flight attendant has bought a ticket.

10. present   **Ileapaintzailea triste dago.**

The hairdresser is sad.

11. past   **Bere txakurra galdu du.**

He has lost his dog.

12. future   **Zer egingo du?**

What will he do?

13. future   **Jirafa erosiko du!**

He will buy a giraffe!

ACTIVITY 12.3 ■ NEGATIVE SENTENCE REBUILDING

1. **Dentista hori eta erizain hau ez dira lagunak izango.** That dentist and this nurse will not be friends.

2. **Nik ez dut gutuna idatziko.** I will not write the letter.

3. **Zuzendari famatua ez da Hollywood-en biziko.** The famous director will not live in Hollywood.

4. **Etxekoandreek ez dute trena aldatuko Donostian.** The housewives will not change train(s) in San Sebastián.

5. **Ez dugu medikua ikusiko!** We will not see the doctor!

6. **Ez duzue fabrika batean lan egingo.** You (pl.) will not work in a factory.

ACTIVITY 12.4 ■ FUTURE TENSE

1. **Nire amak giltza galduko du.**

2. **Matematika ikasiko duzue.**

3. **Fabrika batera joango dira Jon eta Txema.**

4. **Zer egingo duzu Frantzian?**

5. **Noiz lan egingo dugu?**

6. **Ez naiz Txinara joango.**

ACTIVITY 12.6 ■ ENGLISH EQUIVALENTS

1. When will you buy the ticket to Bilbao?
   Laster erosiko dut. Laster erosiko dut Bilboko txartela.
   Nik laster erosiko dut Bilboko txartela.

2. When will you catch the train to Bilbao?
   Hogei minutu barru hartuko dut.
   Hogei minutu barru hartuko dut Bilboko trena.
   Nik hogei minutu barru hartuko dut Bilboko trena.
   Nik hogei minutu barru hartuko dut.

3. When will you arrive at the station?
   Gaur iritsiko naiz. Gaur iritsiko naiz geltokira.
   Ni gaur iritsiko naiz geltokira. Ni gaur iritsiko naiz.

4. When will you go to the concert?

    Gauean joango naiz. Gauean joango naiz kontzertura.

    Ni gauean joango naiz kontzertura. Ni gauean joango naiz.

5. When will you write the letter?

    Abenduan idatziko dut. Abenduan idatziko dut gutuna.

    Nik abenduan idatziko dut gutuna. Nik abenduan idatziko dut.

6. When will you finish the homework?

    Asteazkenean bukatuko dut. Asteazkenean bukatuko dut etxeko lana.

    Nik asteazkenean bukatuko dut etxeko lana. Asteazkenean bukatuko dut.

ACTIVITY 12.7 ■ ZER EGINGO DUZU?

1. **Unibertsitatean egongo naiz urtarrilean.** I will be at the university in January.

2. **Etxekolana egingo dut otsailean.** I will do homework in February.

3. **Asko ikasiko dut martxoan.** I will study a lot in March.

4. **Denbora-makina salduko dut apirilean.** I will sell the time machine in April.

5. **Jakingura izango naiz maiatzean.** I will be curious in May.

6. **Afariak prestatuko ditut ekainean.** I will fix suppers in June.

7. **Igogailuaz igongo naiz uztailean.** I will go up in (by means of) the elevator in July.

8. **Ilea orraztuko dut abuztuan.** I will comb (my) hair in August.

9. **Altzariak erosiko ditut irailean.** I will buy furniture (furnishings) in September.

10. **Odola emango dut urrian.** I will give blood in October.

11. **Nazioarteko egunkaria irakurriko dut azaroan.** I will read the international newspaper in November.

12. **Santa Claus ikusiko dut abenduan.** I will see Santa Claus in December.

ENGLISH EQUIVALENT OF GOXOREN IPUINAK JARRAITUKO DU (GOXO'S STORY WILL CONTINUE)

Narrative:

27. There, in the kitchen, Xurga will find the dog food! Nothing else.
28. He is alone in this house.
29. But Xurga will not be sad.

Goxo's thoughts:

30. No, no, not sad. Why? Because Xurga's a vampire!!
31. Vampires don't want food. Vampires want blood.
32. For that reason he's not sad. Okay. . . . now what will happen?

Narrative:

33. No, Xurga will not be sad.
34. He will leave the house very carefully.
35. Outside (in the street), it will be very dark.
36. The people on the street will not see anything. Why?
37. Because people do not have very good eyes!
38. But vampires, yes, they do (have good eyes).
39. Outside (on the street), the vampire will move very quickly.
40. In one street he will find a red car.
41. Next to the car, there will be a student.
42. Xurga will see the student, and . . . !!!

Goxo's thoughts:

43. But no. This is very violent.
44. There is too much violence in the world.
45. I will not write any more.
46. Now, I must think about violence.

ACTIVITY 12.8 ■ SENTENCE COMPLETION

1. dagoelako   Jon wants to speak French because he is in France.

2. **gaudelako**	We want to speak Italian because we are in Italy.
3. **zaudetelako**	You [pl.] want to speak Russian because you are in Moscow.
4. **daudelako**	(My) parents want to speak Chinese because they are in China.
5. **dagoelako**	Maite wants to speak Portuguese because she is in Portugal.
6. **nagoelako**	I want to speak Finnish because I am in Finland.
7. **zaudelako**	You want to speak Latvian because you are in Latvia.
8. **naizelako**	I have lots of cars because I am a mechanic.
9. **zarelako**	You have lots of books because you are a librarian.
10. **garelako**	We have lots of pens and pencils because we are writers.
11. **delako**	Gorka has lots of money because he is rich.
12. **direlako**	Those men have lots of problems because they are lawyers.
13. **zaretelako**	You [pl.] have lots of medicine because you [pl.] are nurses.

ACTIVITY 12.9 ■ SENTENCE COMPLETION

Was this difficult? You had to do several things. First, recognize the new subject for each sentence from the form of **egon** (**pozik nago** = I am happy; subject I). Then you had to provide the corresponding form of **ukan.** (Subject I = **nik dut** if there is one object, **nik ditut** if there are two or more objects.) Finally, you had to attach -**lako** and make any necessary changes to the auxiliary verb (**dut** becomes **dudalako**). Keep practicing! Soon your brain will do these things very quickly.

1. Pozik nago, kotxe berri bat erosi <u>dudalako</u>.
2. Pozik zaude, ehun bideo erosi <u>dituzulako</u>.
3. Pozik gaude, bideo bat erosi <u>dugulako</u>.
4. Pozik dago, ehun bizikleta erosi <u>dituelako</u>.
5. Pozik daude, irrati bat erosi <u>dutelako</u>.
6. Pozik zaudete, telebista bat erosi <u>duzuelako</u>.
7. Pozik nago, hiru telebista erosi <u>ditudalako</u>.
8. Pozik daude, lau katu beltz erosi <u>dituztelako</u>.
9. Pozik zaude, zaldi bat erosi <u>duzulako</u>.
10. Pozik dago, motxila berri bat erosi <u>duelako</u>.
11. Pozik gaude, bi etxe txiki erosi <u>ditugulako</u>.
12. Pozik zaudete, bi ordenadore erosi <u>dituzuelako</u>.

ACTIVITY 12.10 ■ SENTENCE REWRITING

1. **Boisera joan nahi dut, nire lagunak han bizi direlako.**
   I want to go to Boise because my friends live there.
2. **Triste daude, haien lagunak etorri ezin dutelako.**
   They are sad because their friends cannot come.
3. **Ikasleak beldur dira, etxeko lana bukatu ez dutelako.**
   The students are afraid because they have not finished the homework.
4. **Animatuta gaude, bihar amona Euskaditik datorrelako.**
   We are excited because tomorrow grandmother comes from Euskadi.
5. **Haserre nago, sukaldean janaririk ez dagoelako.**
   I am angry because there is no food in the kitchen.
6. **Banpiroa lasai dago, hilkutxa ondo ezkutatu duelako.**
   The vampire is relaxed because he has hidden his coffin well.
7. **Haserre daude, gasolinarik ez dagoelako.**
   They are angry because there is no gasoline.

ACTIVITY 12.12 ■ SENTENCE BUILDING

1. Maite seigarren pertsona da.

2. Goxo, Antton, Iker, eta Gotzon hirugarren pertsonak dira.

3. Ander eta Joseba bosgarren pertsonak dira.

4. Katie eta Jasone bigarren pertsonak dira.

5. Edurne lehenengo pertsona da.

(In six through nine, you are answering questions and must follow the rule that *Question Word + Verb, Answer + Verb* go together.)

6. Irakaslea da laugarrena.

7. Goxo, Antton, Iker, eta Gotzon dira hirugarrenak.

8. Maite da seigarrena.

9. Katie eta Jasone dira bigarrenak.

CHAPTER THIRTEEN

Living in the Here and Now

Dialogue

Banpiroek ezin dute eguzkia hartu!

1. Larunbatean, Goxo sorginak hondartzara joan nahi du.
2. Baina ez du bakarrik joan nahi.
3. Pentsatzen eta pentsatzen ari da. A! Banpiroarekin joango da.
4. Telefono gidan Xurgaren zenbakia aurkitzen du eta deitzen du.
5. XURGA: Zer?
6. GOXO: Ni naiz! Esnatuta zaude? Goazen hondartzara!
7. X: Oraintxe bertan? Ez. Ohean nago.
8. G: Goizeko zortzietan? Alferra! Jaiki! Goazen hondartzara!
9. X: Goxo, maitea, banpiroa naiz, eta lo egiten dut egunean.
10. G: Lo egin ahal duzu hondartzan. Euritako handi bat daukat.
11. Oso isilik egongo naiz. Irakurriko dut neuk, eta zuk lo egingo duzu.
12. X: Ez duzu ulertzen. Entzun! Ban-pi-ro-a naiz.
13. Hilkutxan edo etxe barruan lo egiten dut. Ezin dut hondartzan lo egin.
14. G: Baina oso egun polita da. Bero-bero egingo du.
15. Kotxez joango gara. Ez duzu erratzean eseri behar. Goazen, mesedez.
16. X: Goxo, entzun, gauza bera esaten dut. Banpiroa naiz.
17. Egun osoa pasatzen dut etxe barruan. Lo egiten dut, irakurtzen dut,
18. eta beharbada telefonoz hitz egiten dut.
19. Baina ezin dut kanpoan egon, eguzkitan, desagertuko naizelako!

20. G: (triste) A, orain ulertzen dut. Banpiroak desagertzen dira eguzkitan.
21. X: Bai, horixe. Sentitzen dut.
22. G: (pozik berriro) Baina ez dugu eguzkia ikusten gauean!
23. Ilunaldean joango gara. Ilargia hartuko dugu!

■ Hitz eta esaldi berriak ■

eguzki	sun
eguzkia hartu	to sunbathe (lit.: to take the sun)
hondartza	beach
ari da	a verb form that represents the present progressive
gida	guide
telefono gida	phone book
deitzen	call(s), calling
deitu	to call
goazen	let's go
zortzietan	at eight o'clock
euritako	umbrella
neuk	I [emphatic form]
ulertzen	understand(s)
ulertu	to understand
entzun	to listen
barruan	inside
bero	warm
bero-bero	very warm
gauza bera	same thing
desagertu	to disappear
sentitu	to feel, to be sorry
berriro	again
ilargi	moon

zaunka egin	to bark
ezabatu	to erase
isildu	to be quiet, to fall silent
bazkaldu	to have lunch
sendagile	doctor (medical)
astero	every week
inoiz ez	never
goizero	every morning
edonon	everywhere, anywhere
toki	place, location
inon ez	no where, not anywhere
gutxitan	seldom
hilabete	month
hilabetero	every month
ordutegi	schedule
liburutegi	library
bihurtu	to turn into (something)
hegaz egin	to fly
koro	chorus
abestu	to sing
aberats	rich
itsaso	sea
kalkulu	calculus [math]
Hor dago!	There it is!

■ Habitual present (compound present) ■

Now that we have learned the recent past (present perfect) and the future tense, learning the habitual or compound present will be easy. All we need to do is use the present participle of the main verb instead of the basic form or the future form, and **Hor dago!** (There it is!) the present tense. This form of the present tense is called the *habitual present,* because it describes repeated or habitual actions. These are the kinds of things you do every day, or every week, or every year, and so on. These time expressions will come in handy while practicing the habitual present, so we'll learn some of them as well. But first we must learn to form the present participle.

FORMATION OF PRESENT PARTICIPLES
(OR THE PRESENT-TENSE FORM)

In English, the present participle is the *-ing* form of the verb. In Basque, however, we'll use the term *present participle* to describe the form of the main verb that we will use to make the present tense. It won't always translate as *-ing* in English.

Observe the following sentences:

I eat lunch every day.	*I am eating lunch right now.*
We never eat breakfast.	*We're not eating breakfast at the moment.*
She cleans the house every week.	*She's cleaning the house today.*

The sentences on the left are habitual or repeated actions. They are samples of the habitual present tense (compound present). The sentences on the right are present progressive (continuous present), that is, the action is in progress as we speak. We'll study that tense in volume 2 of *Aurrera!*

In Euskara, we form the habitual present by combining the present participle of the main verb with the appropriate form of the present-tense-auxiliary verbs. These are the same auxiliary verbs you've been using for the past and the future tenses.

As mentioned in the discussion of the future, the basic forms of the verb can be divided into four categories, according to their endings or lack thereof. The three endings are **-n, -i,** and **-tu** (or **du** after **n**). Verbs that end otherwise (in **-a** for example) are said to have no ending.

The present participle of the verb is sometimes referred to as the **-ten/-tzen** form because those are the endings it takes. Let's look at the following forms:

Basic Verb	*Present Form*
joan	joaten
jan	jaten
egin	egiten
edan	edaten
hitz egin	hitz egiten
irten	irteten
jakin	jakiten
itxoin	itxoiten
esan	esaten
zaunka egin	zaunka egiten
ikasi	ikasten
erosi	erosten
ireki	irekitzen
jaiki	jaikitzen
itzali	itzaltzen
irakurri	irakurtzen
etorri	etortzen
idatzi	idazten
iritsi	iristen
itxi	ixten
hartu	hartzen
garbitu	garbitzen
margotu	margotzen
marraztu	marrazten
sartu	sartzen
gidatu	gidatzen
gertatu	gertatzen
ezabatu	ezabatzen
isildu	isiltzen
afaldu	afaltzen

saldu	saltzen
gosaldu	gosaltzen
heldu	heltzen
bukatu	bukatzen
bazkaldu	bazkaltzen
esnatu	esnatzen
abestu	abesten
piztu	pizten
atera	ateratzen

As you can see, the verbs that end in -n are the most consistent in the present form. Drop the final -n and add -ten to make the transition from basic verb to present form. The verbs that end in -i or -tu (-du) take either -ten or -tzen, depending on various phonetic factors. As you become familiar with these present forms, you will begin to see patterns with respect to which verbs take -ten and which take -tzen. But for now, it is much simpler to practice them and learn bit by bit what the present forms are. Trying to learn a bunch of phonetic rules would be frustrating and would interfere with the primary goal, communicating in Euskara.

ACTIVITY 13.1 ■ VERB PRACTICE

Identify all the above verbs in the basic verb column. Make sure you know what they mean. Practice by saying the basic verb and its present form aloud until you begin to feel confident about present-form endings. Then place a piece of paper over the right-hand column and see if you can make the present form for each basic verb. Don't cheat by trying to skip the oral work. Language is an oral phenomenon. You will learn the forms much more quickly by practicing aloud.

Now let's look at the present tense in action.

Egunero bazkaltzen dut.	I eat lunch every day.
Ez dugu inoiz gosaltzen.	We never eat breakfast.

Astero etxea garbitzen du.	She cleans the house every week.
Inoiz ez duzue abesten.	You (pl.) never sing.
Inoiz ez dira jaikitzen seietan.	They never get up at six.

Q: **Jirafa urdinak ikusten dituzu egunero?**	Do you see blue giraffes every day?
A: **Ez, ez egunero.**	No, not every day.
Ez, ez ditut egunero ikusten.	No, I don't see them every day.
Ez, nik ez ditut egunero ikusten.	No, I don't see them every day.
Bai, egunero ikusten ditut.	Yes, I see them every day.

Q: **Zer egiten duzu goizero?**	What do you do every morning?
A: **Esnatzen naiz.**	I wake up.
Ni esnatzen naiz.	I wake up.
Begiak irekiten ditut.	I open my eyes.
Nik begiak irekiten ditut.	I open my eyes.
Jaikitzen naiz.	I get up.
Kafea hartzen dut.	I have coffee. (Lit.: I take coffee.)
Ez dut ezer egiten.	I don't do anything.
Nik ez dut ezer egiten.	I don't do anything.

Q: **Norekin hitz egiten duzue?**	Who do you talk to? (With whom do you talk?)
A: **Amarekin hitz egiten dugu.**	We talk to mother. We talk with mother.
Ez dugu inorekin hitz egiten.	We don't talk to anyone. (We don't talk with anyone.)

Q: **Non ikasten dute?**	Where do they study?
A: **Egongelan ikasten dute.**	They study in the living room.
Haiek egongelan ikasten dute.	They study in the living room.
Beti etxean ikasten dute.	They always study at home.
Haiek beti etxean ikasten dute.	They always study at home.
Edonon ikasten dute.	They study everywhere (anywhere).

Toki guztietan ikasten dute.	They study everywhere (in all locations).
Haiek ez dute inon ikasten!	They don't study anywhere!
Haiek ez dute inoiz ikasten!	They never study!

Use the question-and-answer examples given in every chapter as models for your conversations in class. Practice asking and answering the model questions before inventing your own.

■ Time expressions with the habitual present ■

beti	always
inoiz ez	never
askotan	often
gutxitan	seldom

■ Responding to **Noizero?** ■

The question word **Noizero?** expects you to reply that you do something on a regular basis, every day, every week, every month, and so on.

egun	day
egunero	every day
aste	week
astero	every week
hilabete	month
hilabetero	every month
urte	year
urtero	every year

ACTIVITY 13.2 ■ SUBSTITUTION/ TRANSFORMATION DRILL

Practice orally by covering the right-hand column and transforming the sentence by employing each successive cue.

Model:

Egunero Edurnek gutunak idazten ditu. Edurne writes letters every day.

Cues:

1. nik	**Egunero nik gutunak idazten ditut.**	
2. zuk	**Egunero zuk gutunak idazten dituzu.**	
3. guk	**Egunero guk gutunak idazten ditugu.**	
4. zuek	**Egunero zuek gutunak idazten dituzue.**	
5. Jonek	**Egunero Jonek gutunak idazten ditu.**	
6. haiek	**Egunero haiek gutunak idazten dituzte.**	

Model:

Txakur hauek ez dute zaunka egiten. These dogs don't bark.

7. nik	**Nik ez dut zaunka egiten.**
8. Koiote batek	**Koiote batek ez du zaunka egiten.**
9. zuek	**Zuek ez duzue zaunka egiten.**
10. guk	**Guk ez dugu zaunka egiten.**
11. Katu honek	**Katu honek ez du zaunka egiten.**
12. zuk	**Zuk ez duzu zaunka egiten.**

Model:

Goizero etxetik irteten naiz. I leave the house every morning.

13. haiek	**Goizero etxetik irteten dira.**
14. Goxo	**Goizero etxetik irteten da.**
15. gu	**Goizero etxetik irteten gara.**
16. zu	**Goizero etxetik irteten zara.**
17. ni	**Goizero etxetik irteten naiz.**
18. zuek	**Goizero etxetik irteten zarete.**

ACTIVITY 13.3 ■ ORDUTEGIAK (SCHEDULES)

Use the charts below to answer the questions that follow.

Xurgaren ordutegia

astelehenetan eta ostegunetan	*astearteetan eta ostiraletan*
egunkariak irakurri	saguzaharra bihurtu
liburutegira joan	gaueko zeruan hegaz egin
hilkutxa garbitu	

asteazkenetan	*larunbatetan*	*igandeetan*
abokatuarekin hitz egin	irudiak pintatu	lo egin
	musika entzun	

Goxoren ordutegia

astelehenetan	*astearteetan eta ostiraletan*	*asteazkenetan*
igelak erosi	pozoia saldu	kobazuloa garbitu

ostegunetan	*larunbatetan*	*igandeetan*
katuak orraztu	sorginen koroan abestu	amaren etxera joan

1.   Zer egiten du sorginak astelehenetan?
2.   Noiz garbitzen du banpiroak hilkutxa?
3.   Nora doa sorgina igandeetan?
4.   Noiz bihurtzen da banpiroa saguzaharra?
5.   Nora doa banpiroa astelehenetan eta ostegunetan?
6.   Zer saltzen du sorginak astearteetan?
7.   Zer egiten du banpiroak igandeetan?
8.   Noiz orrazten ditu sorginak katuak?

ACTIVITY 13.4 ■ ANSWERING QUESTIONS

Now answer the following questions about your own daily activities. The English equivalents of the questions appear at the end of the chapter in the answer section.

1. **Noiz zoaz liburutegira?**
2. **Zer egiten duzu larunbatetan?**
3. **Norekin hitz egiten duzu egunero?**
4. **Nora zoaz igandeetan?**
5. **Zer ikasten duzu liburu honekin?**
6. **Noiz esnatzen zara?**
7. **Zer edaten duzu goizetan?**
8. **Sagar bat jaten duzu egunero?**

■ The negative form with more complex structures ■

We are making more complex sentences now, so let's not forget to practice making negative sentences.

Zazpietan jaikiten naiz.
I get up at seven.
Ez naiz zazpietan jaikiten.
I don't get up at seven.

Edurnek amaren etxea garbitzen du.
Edurne cleans her mother's house.
Edurnek ez du amaren etxea garbitzen.
Edurne doesn't clean her mother's house.

Gorkak abokatu altu eta aberatsekin <u>afaltzen du</u>.
Gorka has supper with tall, rich lawyers.
Gorkak <u>ez du</u> abokatu altu eta aberatsekin <u>afaltzen</u>.
Gorka doesn't have supper with tall, rich lawyers.
or

Gorkak <u>ez du afaltzen</u> abokatu altu eta aberatsekin.

Gorka doesn't have supper with tall, rich lawyers.

When a long phrase separates the main verb from the auxiliary verb in the negative, Basques tend to keep the verb together.

Erizain adimentsu horiek euskal telebista ikusten dute.

Those intelligent nurses watch Basque-language television.

Erizain adimentsu horiek ez dute telebistarik ikusten.

Those intelligent nurses don't watch any television.

ACTIVITY 13.5 ■ NEGATIVE SENTENCE BUILDING

Rewrite the following sentences as negatives. Then give their English equivalents.

1. **Nire lagun onak askotan hondartzara doaz.**
2. **Hondartzan artistek itsasoa pintatzen dute.**
3. **Musikariak isiltzen dira.**
4. **Idazleek liburu interesgarriak idazten dituzte.**
5. **Taxistek kotxe urdinak itsasora gidatzen dituzte.**
6. **Ostegunetan gure sorginak pozoia saltzen du.**
7. **Astero, nik kalkulua ikasten dut.**

Dialogue

Nori buruz pentsatzen du Xurgak? Who is Xurga thinking about? About whom is Xurga thinking?

Goxo sorgina Xurgaren etxean dago.

Goxo, the witch, is in Xurga's house.

Gero, ilunaldean, hondartzara joango dira.

Later, at sundown, they will go to the beach.

Baina orain, Goxo aulki batean eserita dago eta hondartzari buruz pentsatzen du.

But now, Goxo is sitting in a chair and thinking about the beach.

XURGA: **(murmurikatzen) Zeri buruz pentsatzen duzu egunean, Goxo?**

(murmuring) What do you think about during the day, Goxo?

GOXO: **Hondartzari buruz. Eta zuk?**

About the beach. And you?

X: **(logura) Ametsei buruz pentsatzen dut.**

(sleepily) I think about dreams.

G: **Norekin amets egiten duzu?**

Who do you dream about? (Lit.: with whom do you dream?)

X: **(erdi lotan) Saguzaharrekin amets egiten dut.**

(half asleep) I dream about bats. (I dream with bats.)

G: **(jakingura) Eta nori buruz pentsatzen duzu egunean, hilkutxan?**

(curious) And who do you think about in the daytime, in your coffin?

X: **(irrifarrez) Sorgin bati buruz.**

(smiling) About a witch.

G: **(pozik) Sorgin polit bati buruz pentsatzen duzu, ezta?**

(happy) You think about a pretty witch, right?

X: **Bai, oso polita. Botere asko daukala uste dut.**

Yes, very pretty. I think she has a lot of power.

G: **Primeran! Zer gehiago?**

Excellent! What else?

X: **(erdi lotan) Gaueko zeruan hegaz egiten duela esaten dute.**

(half asleep) They say that she flies in the night sky.

G: **Bai, egia da. Gauero erratzaz hegaz egiten dut.**

Yes, it's true. Every night I fly on (my) broom.

Gauero erratzari buruz pentsatzen dut.

Every night I think about (my) broom.

Erratzari buruz pentsatzen dudala esaten dute?

Do they say that I think about my broom?

X: **Ez. Diruari buruz pentsatzen duzula esaten dute.**

No. They say that you think about money.

G: **(haserre) Zer?! Nori buruz hitz egin duzu?**

(angry) What?! Who have you been talking about?

X: **(barrez) Sorgin politari buruz, Itxaso Altuari buruz, noski.**

(laughing) About a pretty witch, about Itxaso, the Tall One, of course.

G: **Ez niri buruz? Kaka zaharra! Lo egin, txoriburua.**

Not about me? Crap! Go to sleep, bird brain.

■ Hitz eta esaldi berriak ■

nori buruz?	about whom?
-ri buruz	about
hondartzari buruz	about the beach
murmurikatzen	murmuring, whispering
murmurikatu	to murmur, to whisper
zeri buruz?	about what?
amets	dream
ametsei buruz	about dreams
erdi	half
botere	power
uste	think, believe
uste dut	I think
-la uste dut	I think that [*that* is often omitted in English]
daukala uste dut	I think [that] she has
primeran	excellent, great, terrific (exclamation)
barrez	laughing
Itxaso	a girl's name, from **itsaso** (sea)
problema	problem
kazetari	journalist
krisi	crisis
ekonomiko	economic
politika	politics
igeri egin	to swim
makinaz idatzi	to type
erabili	to use, to employ

lisatu	to iron (clothes)
kontatu	to count
norentzat	for whom
opari	gift
kirol	sport
motxila	backpack, rucksack
futbolari	soccer player, football player
antzerki	play (theater)
suhiltzaile	fireman [fire + killer]
su	fire
hiltzaile	killer
itzultzaile	translator
enpresari	businessman
ordaindu	to pay (for)
Eguberri	Christmas (day)
ospatu	to celebrate
trakets	clumsy, awkward
ogi	bread
hasten	begin(s)
hasi	to begin
azterketa	exam, test
bostetan	at five o'clock
eme	female
dantzatoki	dance hall
jo ta ke	ardently, fervently, with gusto (lit.: hit and smoke)
jo	to hit
ke	smoke
izozgailu	refrigerator, freezer
gerla	war
amona	grandmother

amatxi	grandmother
amuma	grandmother
-garren	suffix denoting an ordinal number

■ Responding to **Zeri buruz? Zertari buruz?** (About what?) **Nori buruz?** (About who[m]?) ■

At last! We can talk about people! If the person's name ends in a consonant, attach **-i buruz.** If the name ends in a vowel, use **-ri buruz.**

Brandon	**Brandoni buruz hitz egin dugu.** We talked about Brandon.
Tomas	**Tomasi buruz hitz egingo dut.** I will talk about Thomas.
Nerea	**Nereari buruz egunero hitz egiten dute.** They talk about Nerea every day.
Jasone	**Jasoneri buruz hitz egin duzue?** Did you talk about Jasone?

With common *singular* nouns, attach **-ari buruz** to the bare word or to the last word in the noun phrase.

Telebistari buruz hitz egin dute.
(**telebista + ari = telebistari,** because **a + a = a**)
They talked about television.

Bortxakeriari buruz pentsatu behar dut.
I have to think about violence.

Etxeko lanari buruz pentsatu behar izango dugu.
We will have to think about homework.

For plurals, attach **-ei buruz** to the bare word.

Elefante urdinei buruz idatzi nahi dut.
I want to write about blue elephants.

Emakumeei buruz hitz egin nahi dugu.

(**emakume** + **ei** = **emakumeei**, **e** + **e** = **ee**)

We want to talk about women.

Neskei buruz pentsatuko dute mutilek.

(**neska** + **ei** = **neskei**, **a** + **e** = **e**)

The boys will think about girls.

Now look how **bat, batzu(k)** and **asko** take the suffix:

Programa bati buruz hitz egin nahi duzu?

Do you want to talk about one program?

Problema batzuei buruz pentsatu behar dugu.

We must think about some problems.

Gauza askori buruz idatziko dute kazetariek.

The journalists will write about a lot of things.

ACTIVITY 13.6 ■ ZERI BURUZ HITZ EGINGO DUZUE BIHAR?

What will you (pl.) talk about tomorrow? Rewrite the following sentences, substituting the suggested topic of conversation for each. Give English equivalents for each.

Models:

amaren sukalde berria

Bihar <u>amaren sukalde berriari buruz</u> hitz egingo dugu!

Tomorrow we'll talk about mom's new kitchen!

nire txakurrak

Bihar <u>nire txakurrei buruz</u> hitz egingo dugu!

Tomorrow we'll talk about my dogs!

1.   **Edurneren klaseak**

2.   **Brandonen komuna**

3.   **katu beltzak**

4. krisi ekonomikoa

5. Euskadiko politika

6. film zaharrak

7. telebista

8. Estatu Batuetako presidentea

9. nazioarteko bortxakeria

10. munduko gosea

11. banpiro jakingurak

12. Jasone

■ Expressing *I know how to* with **jakin** and present participles ■

In order to say *I know how* to do something in Euskara, you must use the present participle plus a conjugated form of **jakin**. Observe the following examples:

Kotxea gidatzen dakit.	I know how to drive a car.
Errusieraz irakurtzen dakigu.	We know how to read Russian.
Ondo marrazten dakizu!	You know how to draw well!
Ez daki igeri egiten.	She doesn't know how to swim.
Ez dakite makinaz idazten.	They don't know how to type.
Ordenadorea erabiltzen dakizue?	Do you all know how to use a computer?
Espainiara deitzen ba al dakizu?	Do you know how to call Spain?

NOTE: We learned to ask yes-or-no questions by using the affirmative-statement syntax with a question mark or by inserting the question marker **al** before the verb. Some speakers also use **ba al** before the verb to denote a yes-or-no question, as in the last example.

ACTIVITY 13.7 ■ ANSWERING QUESTIONS WITH JAKIN

Answer the following questions as directed (**bai** or **ez**) with full sentences. Then give the English equivalents for your responses.

1. **Hegaz egiten dakizu? (ez)**
2. **Pizza prestatzen ba al dakizu? (bai)**
3. **Alkondara lisatzen dakizu? (ez)**
4. **Trena hartzen al dakizu? (bai)**
5. **Euskaraz kontatzen dakizu? (bai)**
6. **Txineraz irakurtzen ba al dakizu? (ez)**
7. **Kotxea gidatzen dakizu? (bai)**
8. **Makinaz idazten al dakizu? (bai)**

■ Responding to **Norentzat?** (for whom?): Destinative case ■

We've already learned the question word **Noren?** (Whose?). The suffixes for this case attach in exactly the same manner, so the following will sound very familiar. King's grammar uses the term *benefactive* when discussing this case.

With proper nouns that end in a consonant, attach -**entzat.** If the name ends in a vowel, use -**rentzat.**

Kotxe berri hau Jonentzat da!	This new car is for Jon!
Dirua ez da Edurnerentzat.	The money is not for Edurne.

With common nouns, attach -**arentzat** to the bare word for the singular, and use -**entzat** for the plural.

Norentzat da oparia? Zure osabarentzat? Who is the gift for? For your
  uncle?
Kirolak mutilentzat eta neskentzat dira. Sports are for boys and for girls.
Janari hori txakurrentzat da! That food is for the dogs!

Pronouns in the Destinative Case

niretzat	for me	(compare with possessive **nire**)
zuretzat	for you	(compare with possessive **zure**)
guretzat	for us	(compare with possessive **gure**)

zuentzat	for you (pl.)	(compare with posses-sive **zuen**)
haientzat	for them	(compare with posses-sive **haien**)
berarentzat	for him, for her	(**bera + rentzat**)

Demonstratives in the Destinative Case

hau	**honentzat**	(compare with posses-sive **honen**)
hori	**horrentzat**	(compare with posses-sive **horren**)
hura	**harentzat**	(compare with posses-sive **haren**)
hauek	**hauentzat**	(compare with posses-sive **hauen**)
horiek	**horientzat**	(compare with posses-sive **horien**)
haiek	**haientzat**	(compare with posses-sive **haien**)

ACTIVITY 13.8 ■ SUBSTITUTION / TRANSFORMATION DRILL

The purpose of this oral drill is to practice forming the destinative case.

Cue: **Jon**
Model:

Liburu hau <u>Jonentzat</u> erosiko dut. I will buy this book for Jon.
Cues:

Edurne	**Liburu hau Edurnerentzat erosiko dut.**
Gotzon	**Liburu hau Gotzonentzat erosiko dut.**

Itxaso	Liburu hau Itxasorentzat erosiko dut.
irakaslea	Liburu hau irakaslearentzat erosiko dut.
lagun bat	Liburu hau lagun batentzat erosiko dut.
sorgin altua	Liburu hau sorgin altuarentzat erosiko dut.
gurasoak	Liburu hau gurasoentzat erosiko dut.
neskak	Liburu hau neskentzat erosiko dut.
zu	Liburu hau zuretzat erosiko dut.
gu	Liburu hau guretzat erosiko dut.
haiek	Liburu hau haientzat erosiko dut.
ni	Liburu hau niretzat erosiko dut.
zuek	Liburu hau zuentzat erosiko dut.
bera	Liburu hau berarentzat erosiko dut.
lagun hau	Liburu hau lagun honentzat erosiko dut.
lagun hauek	Liburu hau lagun hauentzat erosiko dut.
lagun hori	Liburu hau lagun horrentzat erosiko dut.
lagun horiek	Liburu hau lagun horientzat erosiko dut.
lagun hura	Liburu hau lagun harentzat erosiko dut.
lagun haiek	Liburu hau lagun haientzat erosiko dut.

ACTIVITY 13.9 ■ ANSWERING QUESTIONS
IN THE DESTINATIVE CASE

Use the following information to answer the questions regarding for whom the various gifts are intended.

koadernoa	neska bat
orrazia	emakume hori
telebista	Edurne
irratia	Mikel
poltsa	lagun hura
motxilak	ikasleak
kotxe berria	gurasoak

1.   Norentzat da telebista?
2.   Irratia amarentzat al da?
3.   Kotxe berria zuretzat da?
4.   Norentzat da koadernoa?
5.   Orrazia oso opari txikia da. Norentzat da?
6.   Zer da Mikelentzat?
7.   Norentzat da poltsa?
8.   Zer dira ikasleentzat?
9.   Norentzat da irratia?
10. Norentzat da kotxe berria?

■ Responding to **Zer esan duzu?** with subordination marker **-la** ■

The suffix -**la** is used to connect two clauses to make a compound sentence. It attaches to the verb of the subordinate clause in the same manner that the suffix -**lako** (because) is attached. In other words, -**la** is a suffix that serves a conjunctive purpose, joining two clauses together in a compound sentence. This suffix is often translated into English as *that,* but English speakers tend to omit *that* in many compound sentences. This tendency is reflected in some of the examples below that show square brackets around the word *that.*

For now, we're going to use the subordination marker -**la** to report who said what. Observe the following examples:

Irakaslea naiz.	**Mikelek esan du irakaslea naizela.**
I am a teacher.	Michael said [that] I am a teacher.
Adimentsua zara.	**Mikelek esan du adimentsua zarela.**
You're intelligent.	Michael said [that] you're intelligent.
Famatuak gara.	**Mikelek esan du famatuak garela.**
We are famous.	Michael said [that] we're famous.

When the verb in the subordinate clause is in the negative form, Basque speakers often move **ez** + _verb_ to the end of the clause so that the -**la** is easy to hear, making the compound sentence less confusing. However, it isn't necessary to do so every time. Observe the following examples:

Ez nago pozik.	**Maitek esan du ez nagoela pozik.**
	Maitek esan du pozik _ez nagoela_.
I'm not happy.	Maite told them that I'm not happy.
Ez zaude haserre.	**Maitek esan du ez zaudela haserre.**
	Maitek esan du haserre _ez zaudela_.
You're not angry.	Maite told them that you're not angry.

In addition to talking about who said what, the subordinate marker -**la** is used when we want to tell people what we think.

Antzerkia ikusiko dut.
I will see the play.
Antzerkia ikusiko dudala uste du Anttonek.
Antton thinks [that] I will see the play.

Suhiltzailearen atea itxiko duzu.
You will close the fireman's door.
Suhiltzailearen atea itxiko duzula uste du Anttonek.
Antton thinks [that] you will close the fireman's door.

Itzultzailearen argia piztuko dugu.
We will turn on the translator's light.
Anttonek uste du itzultzailearen argia piztuko dugula.
Antton thinks [that] we will turn on the translator's light.

Enpresarien afaria ordainduko duzue.
You (pl.) will pay for the businessmen's supper.
Anttonek uste du enpresarien afaria ordainduko duzuela.
Antton thinks [that] you will pay for the businessmen's dinner.

The following are the synthetic verbs we've covered so far with -**la** attached. You'll notice that -**la** and -**lako** attach in the same way, with bridging vowels in the same locations.

Egon, *Present Tense*
nagoEla   add bridging vowel, **e**
dagoEla   add bridging vowel, **e**
gaudela
daudela
zaudela
zaudetela

Izan, *Present tense*
naizEla   add bridging vowel, **e**
dEla   **a** changes to **e**
garEla   **a** changes to **e**
dirEla   **a** changes to **e**
zarEla   **a** changes to **e**
zaretela   the **e** is already present

Ukan, *Present Tense, Single Object (***du***)*
duEla   Batua adds an **e**
dutela
duDAla   big change, separates it from **dute**
dugula

duzula
duzuela

Ukan, *Present Tense, Plural Object (***ditu***)*

Ukan changes in the same way with a plural object except you have **ditu** instead of **du** as a stem. We'll write them out anyway.

dituEla	Batua adds an **e**
dituztela	
dituDAla	big change, separates it from **dute**
ditugula	
dituzula	
dituzuela	

	Joan	Etorri
ni	noala	natorrela
bera	doala	datorrela
zu	zoazela	zatozela
gu	goazela	gatozela
zuek	zoaztela	zatoztela
haiek	doazela	datozela

Ibili *(to walk)*

ni	**nabil**	I walk, I'm walking	**nabilela**
bera	**dabil**	he walks, he's walking	**dabilela**
zu	**zabiltza**	you walk, you're walking	**zabiltzala**
gu	**gabiltza**	we walk, we're walking	**gabiltzala**
haiek	**dabiltza**	they walk, they're walking	**dabiltzala**

| zuek | zabiltzate | you all walk, you all are walking | zabiltzatela |

NOTE: The forms above are Unified Basque. In Gipuzkoan and Bizkaian, there is no final -a on the **gu, haiek,** and **zu** forms of **ibili.**

	Jakin	Eduki *(with Singular Objects)*
nik	dakidala	daukadala
berak	dakiela	daukala
zuk	dakizula	daukazula
guk	dakigula	daukagula
zuek	dakizuela	daukazuela
haiek	dakitela	daukatela

	Jakin	Eduki *(with plural objects)*
nik	dakizkidala	dauzkadala
berak	dakizkiela	dauzkala
zuk	dakizkizula	dauzkazula
guk	dakizkigula	dauzkagula
zuek	dakizkizuela	dauzkazuela
haiek	dakizkitela	dauzkatela

ACTIVITY 13.10 ■ PRACTICE WITH SUBORDINATION MARKERS

Rewrite the following sentences by adding **-(e)la esan dute** (they said that . . .). Give the English equivalents for the sentences you have created.

Model:

Jonek antzerkia ikusi du.   **Jonek antzerkia ikusi duela esan dute.** They said that Jon has seen the play.

1. Zuk atea itxi duzu.
2. Ez gaude lotan.
3. Guk argia piztu dugu.
4. Ez zaude pozik.
5. Zuek traketsak zarete.
6. Eguberrian senitarte osoa gure etxean egongo da.
7. Gure lagunek ez dute etxekolana bukatu.
8. Azafatak afaria ordaindu du.

ACTIVITY 13.11 ■ MORE PRACTICE WITH SUBORDINATION MARKERS

Change the following statements into opinions by adding -(e)la uste du Edurnek. Once again, give the English equivalents for the sentences you create.

1. Jonek berogailua piztu du.
2. Maitek ogia erosi du.
3. Filmea hasten da.
4. Zu unibertsitatean egongo zara.
5. Zuek ez duzue azterketa idatzi.
6. Jende asko ikusiko dut.
7. Ni bostetan iritsiko naiz.
8. Zure lagunak haserre egongo dira.

ACTIVITY 13.12 ■ TRANSLATION AND TRANSFORMATION PRACTICE

Give the English equivalents for the following sentences. Then rewrite each as a simple sentence by removing the phrase *You think that . . .* and providing the English equivalent of your new shorter sentence.

1. Zuek desagertu zaretela uste duzu.
2. Telebista apurtuta ez dagoela uste duzu.

3.   Gaixorik nagoela uste duzu.

4.   Katua emea dela uste duzu.

5.   Dantzatokia jendez beteta ez dagoela uste duzu.

◼ Dates ◼

Before we examine the individual parts of the day, month, and year involved in expressing dates in Euskara, it is helpful to note that the word order in Basque can be thought of as a mirror image of one of the possible word orders in English. The following is a visual example.

2005.ko martxoaren bosta	the fifth of March [of the year] 2005 (March 5, 2005)
bosta	the fifth
martxoaren	of March
bi mila eta bosgarreneko	[of the year] 2005

Now let's look at the date in terms of its parts. In order to say the year, we have to learn another suffix, **-garreneko.** This is really two familiar suffixes linked together—**garren,** the ordinal number marker, and **-ko, -eko,** the locative *of, from.* The suffix **garreneko** is appended to the year, and the **garren** is often represented by a period, as we saw with ordinal numbers. For example: **2005.ko** would be read, or spoken, as **bi mila eta bosgarreneko.** Literally, you are saying *of the two thousand and fifth* with the word *year* understood.

The month will also carry a suffix. Use either the genitive suffix (as if the month were a person):

martxoaren	of March
urriaren	of October

or use a - **k:**

martxoak

urriak

The second form is usually considered more informal.

And finally, we add the day of the month itself, another number, and treat it as a noun. In other words, it takes a marker, the article -**a**.

5a	**bosta**	the fifth (lit.: the five)
10a	**hamarra**	the tenth (the ten)

But note the exception with **lehenengoa** (the first) where we use the ordinal number.

At last, we are ready to read some dates! Cover all but the top line with a piece of paper and see if you can say the date in Basque. It is written out for you on the next line. Then check yourself and move down to the next date.

2005.ko urtarrilaren 15a   January 15, 2005
bi mila eta bosgarreneko urtarrilaren hamabosta
1981.ko maiatzaren 1a   May 1, 1981
mila bederatziehun eta laurogeita batgarreneko maiatzaren lehenengoa
1776.ko uztailaren 4a   July 4, 1776
mila zazpiehun eta hirurogeita hamaseigarreneko uztailaren laua
1941.ko abenduaren 7a   December 7, 1941
mila bederatziehun eta berrogeita batgarreneko abenduaren zazpia

When you want to say, *On December 7, 1941,* you add the inessive suffix to the last word in the string:

1941.ko abenduaren 7an   On December 7, 1941
mila bederatziehun eta berrogeita batgarreneko abenduaren zazpian

ACTIVITY 13.13 ■ ORAL DRILLS
AND ENGLISH EQUIVALENTS

Read the following dates aloud, then give the English equivalents.

1. **mila bederatziehun eta berrogeita bederatzigarreneko abuztuaren hogeita hamaika**
2. **bi mila eta hamabigarreneko irailak zortzia**

3. mila laurehun eta laurogeita hamabigarreneko urriaren bederatzia

4. zazpiehun eta hamaikagarreneko abenduak hogeita bosta

5. mila zortziehun eta hirurogeita laugarreneko urtarrilaren hamaseia

6. mila zazpiehun eta laurogeita bederatzigarreneko uztailak hamalaua

ACTIVITY 13.14 ■ BASQUE EQUIVALENTS

Now it's your turn to write out dates in Euskara. First, do it the *short* way, using numerals, suffixes, punctuation, and months of the year. Then do it the *long* way, spelling everything out, including the numbers.

1. May 2, 1958
2. December 18, 1941
3. November 22, 1963
4. January 6, 2003
5. June 28, 1610
6. November 19, 1534

ANSWERS

ENGLISH EQUIVALENT OF BANPIROEK EZIN DUTE EGUZKIA HARTU! VAMPIRES CANNOT SUNBATHE! (VAMPIRES CANNOT TAKE THE SUN.)

1. On Saturday, Goxo the witch wants to go to the beach.
2. But she doesn't want to go alone.
3. She thinks and thinks. Oh! She will go with the vampire!
4. She finds Xurga's number in the phone book and calls.
5. XURGA: Hello? (Lit.: What?)
6. GOXO: It's me! Are you awake? Let's go to the beach!

7.   x: Right now? No. I'm in bed.

8.   g: At eight in the morning? Lazy! Get up! Let's go to the beach!

9.   x: Goxo, dear, I'm a vampire, and I sleep during the day.

10. g: You can sleep on the beach. I have a big umbrella.

11. I'll be very quiet. *I* will read, and you will sleep.

12. x: You don't understand. Listen! I'm a vam-pire.

13. I sleep in a coffin or inside a house. I cannot sleep on the beach.

14. g: But it's a very pretty day. It'll be very warm.

15. We'll go by car. You don't have to sit on (my) broom. Let's go, please.

16. x: Goxo, listen, I say the same thing. I'm a vampire.

17. I spend the whole day inside the house. I sleep, I read,

18. and maybe I talk on the phone.

19. But I cannot be outside, in the sun, because I will disappear!

20. g: (sad) Oh, now I understand. Vampires disappear in the sun.

21. x: That's right. I'm sorry.

22. g: (happy again) But we don't see the sun at night!

23. We'll go at sunset. We'll moonbathe! (We'll take the moon.)

ACTIVITY 13.1 ■ VERB PRACTICE

joan	to go
jan	to eat
egin	to do, to make
edan	to drink
hitz egin	to speak, to talk
irten	to leave
jakin	to know
itxoin	to wait
esan	to say
zaunka egin	to bark
ikasi	to learn
erosi	to buy
ireki	to open

jaiki	to get up
itzali	to turn off
irakurri	to read
etorri	to come
idatzi	to write
iritsi	to arrive
itxi	to close
hartu	to take
garbitu	to clean
margotu	to color
marraztu	to draw
sartu	to enter, to put in
gidatu	to drive
gertatu	to happen
ezabatu	to erase
isildu	to be quiet, to fall silent
afaldu	to dine, to eat supper
saldu	to sell
gosaldu	to eat breakfast
heldu	to arrive
bukatu	to finish, to end
bazkaldu	to eat lunch
esnatu	to wake up
abestu	to sing
piztu	to turn on
atera	to take out, to take (photos)

ACTIVITY 13.3 ■ ORDUTEGIAK (SCHEDULES)

1. What does the witch do on Mondays?

   Igelak erosten ditu. Astelehenetan sorginak igelak erosten ditu.

2. When does the vampire clean his coffin?

   Astelehenetan garbitzen du.

   Banpiroak hilkutxa astelehenetan garbitzen du.

3. Where does the witch go on Sundays?

    Amaren etxera doa. Sorgina amaren etxera doa igandeetan.

    Igandeetan sorgina amaren etxera doa.

4. When does the vampire turn into a bat?

    Astearteetan eta ostiraletan bihurtzen da.

    Banpiroa astearteetan eta ostiraletan bihurtzen da saguzarra.

5. Where does the vampire go on Mondays and Thursdays?

    Liburutegira doa.

    Banpiroa liburutegira doa astelehenetan eta ostegunetan.

6. What does the witch sell on Tuesdays?

    Pozoia saltzen du.

    Sorginak pozoia saltzen du astearteetan.

7. What does the vampire do on Sundays?

    Lo egiten du.

    Banpiroak lo egiten du igandeetan.

8. When does the witch comb the cat?

    Ostegunetan orrazten ditu.

    Sorginak ostegunetan orrazten ditu katuak.

ACTIVITY 13.4 ■ ANSWERING QUESTIONS

Your responses may be different, because these are questions about your activities.

1. When do you go to the library?

    Egunero noa. Egunero noa liburutegira. I go to the library every day.

    Inoiz ez noa. I never go.

2. What do you do on Saturdays?

    Etxeko lana egiten dut.

    Ezer ez. Nothing.

    Ezer ez dut egiten. Ez dut ezer egiten. I don't do anything.

3. With whom do you speak every day? Who do you talk to every day?

    Amarekin hitz egiten dut.

    Inorekin ez dut hitz egiten. Ez dut inorekin hitz egiten. I don't talk with anyone.

4.   Where do you go on Sundays?

     Elizara noa. I go to church.

     Inora ez noa. Ez noa inora. I don't go anywhere.

5.   What do you study in this book?

     Euskara ikasten dut. I study Basque.

6.   When do you wake up?

     Goizean esnatzen naiz. I wake up in the morning.

     Goizeko seietan esnatzen naiz. I wake up at six in the morning.

7.   What do you drink in the mornings?

     Kafea edaten dut. Ura (water) **edaten dut.** I drink coffee. I drink water.

     Ezer ez. Nothing.

     Ez dut ezer edaten. I don't drink anything.

8.   Do you eat an apple every day?

     Bai, sagar bat jaten dut egunero. Yes, I eat an apple every day.

     Ez, ez dut sagar bat jaten egunero. No, I do not eat an apple every day.

ACTIVITY 13.5 ■ NEGATIVE SENTENCE BUILDING

1. **Nire lagun onak ez doaz askotan hondartzara.**

     My good friends do not often go to the beach.

2. **Hondartzan artistek ez dute itsasoa pintatzen.**

     On the beach artists do not paint the sea.

3. **Musikariak ez dira isiltzen.**

     [The] musicians are not quiet. The musicians do not fall silent.

4. **Idazleek ez dituzte liburu interesgarriak idazten.**

     [The] writers do not write interesting books.

5. **Taxistek ez dituzte kotxe urdinak itsasora gidatzen.**

     [The] taxi drivers do not drive blue cars to the sea.

6. **Ostegunetan gure sorginak ez du pozoia saltzen.**

     On Thursdays, our witch does not sell poison.

7. **Astero, nik ez dut kalkulua ikasten.**

Every week, I do not study calculus.

ACTIVITY 13.6 ■ ZERI BURUZ HITZ EGINGO DUZUE BIHAR?

1. **Bihar Edurneren klaseei buruz hitz egingo dugu.**

Tomorrow, we will talk about Edurne's classes.

2. **Bihar Brandonen komunari buruz hitz egingo dugu.**

Tomorrow, we will talk about Brandon's bathroom.

3. **Bihar katu beltzei buruz hitz egingo dugu.**

Tomorrow, we will talk about black cats.

4. **Bihar krisi ekonomikoari buruz hitz egingo dugu.**

Tomorrow, we will talk about the economic crisis.

5. **Bihar Euskadiko politikari buruz hitz egingo dugu.**

Tomorrow, we will talk about the politics of Euskadi.

6. **Bihar film zaharrei buruz hitz egingo dugu.**

Tomorrow, we will talk about old movies.

7. **Bihar telebistari buruz hitz egingo dugu.**

Tomorrow, we will talk about television.

8. **Bihar Estatu Batuetako presidenteari buruz hitz egingo dugu.**

Tomorrow, we will talk about the president of the United States.

9. **Bihar nazioarteko bortxakeriari buruz hitz egingo dugu.**

Tomorrow, we will talk about international violence.

10. **Bihar munduko goseari buruz hitz egingo dugu.**

Tomorrow, we will talk about world hunger.

11. **Bihar banpiro jakingurei buruz hitz egingo dugu.**

Tomorrow, we will talk about curious vampires.

12. **Bihar Jasoneri buruz hitz egingo dugu.**

Tomorrow, we will talk about Jasone.

ACTIVITY 13.7 ■ ANSWERING QUESTIONS WITH JAKIN

1. **Ez, ez dakit hegaz egiten.** No, I don't know how to fly.

2. **Bai, badakit pizza prestatzen.** Yes, I know how to prepare pizza.

3. **Ez, ez dakit alkondara lisatzen.** No, I don't know how to iron a shirt.

4. **Bai, trena hartzen dakit.** Yes, I know how to take a train.
   Bai, badakit trena hartzen. Yes, I do know how to take a train.

5. **Bai, badakit euskaraz kontatzen.** Yes, I do know how to count in Basque.

6. **Ez, ez dakit txineraz irakurtzen.** No, I don't know how to read Chinese.

7. **Bai, badakit kotxea gidatzen.** Yes, I do know how to drive a car.

8. **Bai, makinaz idazten dakit.** Yes, I know how to type.

ACTIVITY 13.9 ■ ANSWERING QUESTIONS WITH THE DESTINATIVE CASE

1. Who is the television for? For whom is the television?
   Edurnerentzat da. Telebista Edurnerentzat da.

2. Is the radio for mother?
   Ez, irratia ez da amarentzat. Irratia Mikelentzat da.

3. Is the new car for you?
   Ez, ez da niretzat. Kotxe berria gurasoentzat da.

4. Who is the notebook for?
   Neska batentzat da. Koadernoa neska batentzat da.

5. The comb is a very small gift. Who is it for?
   Emakume horrentzat da.

6. What is for Mikel? What is destined for Mikel? (In English we are more likely to ask, Which one is for Mikel?)
   Irratia da Mikelentzat.

7. For whom is the purse? Who is the purse for?
   Lagun harentzat da. Poltsa lagun harentzat da.

8. What's for the students? (Which one is for the students?)
   Motxilak dira ikasleentzat.

9. Who is the radio for?
   Mikelentzat da irratia.

10. Who is the new car for?

Gurasoentzat da kotxe berria.

ACTIVITY 13.10 ■ PRACTICE WITH SUBORDINATION MARKERS

1. **Zuk atea itxi duzula esan dute.**

    They said that you closed [have closed] the door.

2. **Lotan ez gaudela esan dute.** (Notice how the negative verb <u>ez gau-dela</u> is moved closer to the main clause **esan dute.**)

    They said that we are not asleep.

3. **Guk argia piztu dugula esan dute.**

    They said that we [have] turned on the light.

4. **Pozik ez zaudela esan dute.**

    They said that you are not happy.

5. **Zuek traketsak zaretela esan dute.**

    They said that you (pl.) are clumsy.

6. **Eguberrian senitarte osoa gure etxean egongo dela esan dute.**

    They said that at Christmas the whole family will be at our house.

7. **Gure lagunek etxekolana bukatu ez dutela esan dute.**

    They said that our friends did not finish the homework.

8. **Azafatak afaria ordaindu duela esan dute.**

    They said that the flight attendant [has] paid for the supper.

ACTIVITY 13.11 ■ MORE PRACTICE WITH SUBORDINATION MARKERS

1. **Jonek berogailua piztu duela uste du Edurnek.**

    Edurne thinks that Jon turned on the heater.

2. **Maitek ogia erosi duela uste du Edurnek.**

    Edurne thinks that Maite has bought bread.

3. **Filmea hasten dela uste du Edurnek.**

    Edurne thinks that the movie is beginning [begins].

4. **Zu unibertsitatean egongo zarela uste du Edurnek.**

    Edurne thinks that you will be at the university.

5. **Zuek azterketa idatzi ez duzuela uste du Edurnek.**

Edurne thinks that you (plural) did not write the exam [take the exam].

6. **Jende asko ikusiko dudala uste du Edurnek.**

Edurne thinks that I will see a lot of people.

7. **Ni bostetan iritsiko naizela uste du Edurnek.**

Edurne thinks that I will arrive at five o'clock.

8. **Zure lagunak haserre egongo direla uste du Edurnek.**

Edurne thinks that your friends will be angry.

Edurne thinks too much!!!

ACTIVITY 13.12 ■ TRANSLATION AND TRANSFORMATION PRACTICE

1. You think that you (pl.) have disappeared.

   Zuek desagertu zarete. You (pl.) have disappeared.

2. You think that the television is not broken.

   Telebista ez dago apurtuta. (Notice that the verb **ez dago** returns to its usual negative position.) The television is not broken.

3. You think that I am sick.

   Gaixorik nago. I am sick.

4. You think that the cat is female.

   Katua emea da. The cat is female.

5. You think that the dance hall is not full of people.

   Dantzatokia ez dago jendez beteta. The dance hall is not full of people.

ACTIVITY 13.13 ■ ORAL DRILL AND ENGLISH EQUIVALENTS

1. August 31, 1949

2. September 8, 2012

3. October 9, 1492

4. December 25, 711

5. January 16, 1864

6. July 14, 1789

ACTIVITY 13.14 ■ BASQUE EQUIVALENTS

1.   1958. ko maiatzaren 2a

mila bederatziehun eta berrogeita hamazortzigarreneko maiatza-
ren bia

2.   1941.ko abenduaren 18a

mila bederatziehun eta berrogeita batgarreneko abenduaren
hemezortzia

3.   1963.ko azaroaren 22a

mila bederatziehun eta hirurogeita hirugarreneko azaroaren
hogeita bia

4.   2003.ko urtarrilaren 6a

bi mila eta hirugarreneko urtarrilaren seia

5.   1610.ko ekainaren 28a

mila seiehun eta hamargarreneko ekainaren hogeita zortzia

6.   1534.ko azaroaren 19a

mila bostehun eta hogeita hamalaugarreneko azaroaren
hemeretzia

CHAPTER FOURTEEN

Like It or Not

Dialogue

Gustatzen zaizu horrelako telesaioa?

1. GOXO: Gaueko hamarrak dira.
2. Nire telesaio gogokoena ikusi nahi dut.
3. XURGA: Nolako telesaioa da?
4. G: Oso atsegina. Bi detektibe daude.
5. Ez dira aktoreak. Benetakoak dira.
6. Delituei buruz hitz egiten dute.
7. Adibidez, desfalkua deskribatzen dute,
8. eta gero benetako kasuari buruz hitz egiten dute.
9. Aktoreek gaiztoen paperak jokatzen dituzte. Oso interesgarria da.
10. X: Ez niretzat! Ez zait interesatzen horrelako telesaioa.
11. G: Nolakoak gustatzen zaizkizu?
12. X: Beno . . . filmak gustatzen zaizkit.
13. Gauerdian beti filmak daude telebistan.
14. Gaur goizean film oso polita ikusi dut.
15. Gizon bat dibortziatu nahi izan du,
16. bere emaztea aurkitu duelako ohean—
17. G: Badakit! Badakit! Beste gizonarekin!
18. X: Ez, ez. Ez gizonarekin. Otsogizonarekin. Ez da gauza bera.
19. G: (harrituta) Arrazoia daukazu. Ez da gauza bera!

■ Hitz eta esaldi berriak ■

gustatzen	pleases, pleasing
gustatu	to please
telesaio	television series

atsegin	pleasant
delitu	crime
desfalku	embezzlement
deskribatu	to describe
kasu	case
gaizto	bad guy
papera	role
jokatu	to play (a role)
dibortziatu	to divorce, to get a divorce
harrituta	surprised
arrazoi	right, reason
arrazoia daukazu	you're right (you have reason)
suge	snake
harrapatu	to catch
lirain	graceful
hunkigarri	moving, touching (emotionally)
ulertezin	incomprehensible
arropa	clothes, clothing, laundry
zabaldu	to hang out (laundry), to widen, to open (books)
bihozgogor	hard-hearted, cruel, mean
jatetxe	restaurant
sentibera	sensitive
alokairu	rent
bainugela	bathroom
inori	to someone
ez inori	to no one
berdin	same, it's all the same
biak	both, the two
supermerkatu	supermarket

produktu	product
txanpoi	coin
elur	snow
elurrezko	made of snow
zintzo	good, faithful, decent, honest, upstanding, sincere
auzo	neighborhood
azoka	open-air market
kutxa	bank
dirua trukatu	to make change, to exchange currency
klasiko	classic, classical
zoo	zoo

▓ Izan (to be) and nor-nori (who- to whom) ▓

In this chapter, we will learn a new present-tense form of the verb **izan** (to be). By now you realize that in Euskara a lot of information is contained in the verb, so much information that Basques label their verbs with descriptive phrases that tell us what is included in each form. In chapter 1, we learned the **nor** (who) form of **izan**. This is the form we use when **izan** is a stand-alone verb or when it acts as an auxiliary for an intransitive verb without an indirect object.

Now we'll learn the present-tense **nor-nori** (who-to whom) form of **izan.** The forms are outlined below for your reference, and we will master them by the end of the chapter by using them in practice.

In the **nor** (who) form of **izan,** we learned that the initial sound of the verb represents the subject: **ni naiz, zu zara, gu gara, zuek zarete, bera da, haiek dira.** In **nor-nori,** we will use only two subjects:

za	it, he, she
zaizk	they

These two subject markers represent the **nor** portion of **nor-nori.** The **nori** (to whom) portions are listed below.

Nori Part of the Verb

to me	-**it** (or -**ida**- if you are adding a suffix)
to you	-**izu**
to us	-**igu**
to you (plural)	-**izue**
to him, her	-**io**
to them	-**ie**

When we put all the forms together, we have:

Nor	**Nori**	**Nor**	**Nori**
(it)	(to . . .)	(they)	(to . . .)
za	**it**	**zaizk**	**it**
za	**izu**	**zaizk**	**izu**
za	**igu**	**zaizk**	**igu**
za	**izue**	**zaizk**	**izue**
za	**io**	**zaizk**	**io**
za	**ie**	**zaizk**	**ie**

Now let's learn when and how to use these new forms.

■ Responding to **Gustatzen zaizu?** (Do you like it?) ■

In Euskara, when we want to say *I like* something, we must say *It pleases me* or *It is pleasing to me.* The verb **gustatu** (to please) is used in its present form, **gustatzen.** If we analyze the auxiliary verb **zait,** we would find the singular subject *it* in the **za-** part of **zait** and the *to me* in the -**it.**

Do you ever watch old pirate movies? You know the part where the peg-legged old pirate with the black patch over one eye lifts up his bottle of rum and says, "Ay, me hearties, me likes the rum!!!!" Did you ever wonder why he said it that way? (Apart from the scriptwriters, of course.) Well, pirates and buccaneers sailed the high seas two to three hundred years ago, and at that time in English, it was acceptable to use the same grammatical structure for *like* that Basques use with **gustatzen**! The *me* was an indirect object (as in *give me the book*) and *likes* was the verb form that went with *the rum.* We never say it this way today, and we only hear this language in old pirate movies. Languages change. But at least you can take some comfort in the knowledge that English speakers *used to* say it the same way!

As a reminder, the phrase **gustatzen zait** will sound approximately like **goostaht-ssen site** (or sight).

Observe (and pronounce aloud) the following:

Kafea gustatzen zait.	I like coffee. Coffee is pleasing to me.
Gustatzen zait kafea.	I like coffee. Coffee is pleasing to me.
Esnea gustatzen zait.	I like milk. Milk is pleasing to me.
Gustatzen zait esnea.	I like milk. Milk is pleasing to me.
Telebista gustatzen zait.	I like television. Television is pleasing to me.
Gustatzen zait telebista.	I like television. Television is pleasing to me.

Notice that the thing you like can come before **gustatzen zait,** or it can come afterward, but it *cannot* come in between the two parts of the verb in an affirmative sentence.

If you like more than one thing, or more than one thing is pleasing to you, the auxiliary verb reflects the plural subject by changing from **za** (it) to **zaizk** (they).

Elefanteak gustatzen zaizkit.	I like elephants. Elephants are pleasing to me.
Gustatzen zaizkit elefanteak.	I like elephants. Elephants are pleasing to me.
Txakurrak gustatzen zaizkit.	I like dogs. Dogs are pleasing to me.
Gustatzen zaizkit txakurrak.	I like dogs. Dogs are pleasing to me.

In the negative, the auxiliary moves up to the front of the sentence—to the left end or to the left side of **gustatzen.**

Ez zait gustatzen.	I don't like it.
Ez zaizkit gustatzen.	I don't like them.

Sugeak ez zaizkit gustatzen.	I don't like snakes. Snakes are not pleasing to me.
Ez zaizkit sugeak gustatzen.	I don't like snakes. Snakes are not pleasing to me.
Ez zaizkit gustatzen sugeak.	I don't like snakes. Snakes are not pleasing to me.
Saguak ez zaizkit gustatzen.	I don't like mice. Mice are not pleasing to me.
Ez zaizkit gustatzen saguak.	I don't like mice. Mice are not pleasing to me.
Ez zaizkit saguak gustatzen.	I don't like mice. Mice are not pleasing to me.

The question form, *Do you like it?* or *Does it please you?* is **Gustatzen zaizu?** And *Do you like them?* or *Do they please you?* is **Gustatzen zaizkizu?**

Q: **Etxeko lana gustatzen zaizu?** Do you like homework?

A: **Bai, gustatzen zait!** Yes, I like it!

Bai, etxeko lana gustatzen zait! Yes, I like homework!

Ez, ez zait gustatzen. No, I don't like it.

Ez, etxeko lana ez zait gustatzen. No, I don't like homework.

Ez, ez zait gustatzen etxeko lana. No, I don't like homework.

Ez, ez zait etxeko lana gustatzen. No, I don't like homework.

Q: **Gustatzen zaizkizu kotxe gorriak?** Do you like red cars?

A: **Bai, gustatzen zaizkit.** Yes, I like them.

Bai, kotxe gorriak gustatzen zaizkit. Yes, I like red cars.

Bai, gustatzen zaizkit kotxe gorriak. Yes, I like red cars.

Ez, ez zaizkit gustatzen. No, I don't like them.

Ez, kotxe gorriak ez zaizkit gustatzen. No, I don't like red cars.

Ez, haiek ez zaizkit gustatzen. No, they don't please me.

Ez, ez zaizkit gustatzen kotxe gorriak. No, I don't like red cars.

ACTIVITY 14.1 ■ SUBSTITUTION / TRANSFORMATION DRILL

The purpose of this oral drill is to practice the **nor-nori** present tense forms of **izan**.

Model:

Telesaioa gustatzen zait.   I like the television series.

Cues:

Txanponak	**Txanponak gustatzen zaizkit.**
Auzo hori	**Auzo hori gustatzen zait.**
Azoka handiak	**Azoka handiak gustatzen zaizkit.**
Kutxa modernoa	**Kutxa modernoa gustatzen zait.**
Janari garestia	**Janari garestia gustatzen zait.**
Alokairu merkeak	**Alokairu merkeak gustatzen zaizkit.**

Model:

Sugeak ez zaizkit gustatzen.   Snakes are not pleasing to me.

Cues:

Alokairu garestiak	**Alokairu garestiak ez zaizkit gustatzen.**
Desfalkua	**Desfalkua ez zait gustatzen.**
Delituak	**Delituak ez zaizkit gustatzen.**
Sorgin bihozgogorra	**Sorgin bihozgogorra ez zait gustatzen.**
Film hunkigarriak	**Film hunkigarriak ez zaizkit gustatzen.**
Liburu ulertezina	**Liburu ulertezina ez zait gustatzen.**

ACTIVITY 14.2 ■ QUESTIONS AND ANSWERS WITH **GUSTATZEN**

For each of the cues below, write first the question in Euskara, and then your response. Check your answers at the end of the chapter.

Cue:

zigarroko kea (notice that this cue is singular, so you will use **zaizu**)

Model:

Q: **Gustatzen zaizu zigarroko kea?**

A: **Bai, gustatzen zait zigarroko kea.**

Ez, ez zait gustatzen zigarroko kea.

1. **euritako gorriak**
2. **txakur handiak**
3. **kafesnea**
4. **txokolatea**
5. **sagarrak**
6. **suge hori**
7. **zaldi beltzak**
8. **sagu txiki hau**
9. **elefanteak**
10. **gure txakurra**

■ Verbal nouns from present participles ■

When we want to talk about how we like or dislike doing things or being in places, we need to use a verbal noun—a noun made from the verb. In English, the verbal noun looks just like the present participle:

I am eating. (<u>eating</u> is a present participle.)

I like eating. (<u>eating</u> is a verbal noun.)

In Euskara, the verbal noun is made from the present participle, but lacks the final -**n.** Here are some examples:

jaten	**- n = jate**	eating (verbal noun)
edaten	**- n = edate**	drinking
gidatzen	**- n = gidatze**	driving (you get the idea, right?)
jaikitzen	**jaikitze**	getting up
gosaltzen	**gosaltze**	having breakfast
ikasten	**ikaste**	learning, studying
irakurtzen	**irakurtze**	reading

Because the forms in the right-hand column are nouns, they take noun markers just as **etxe** and other nouns do, even if those markers aren't always translated into English:

Etxea gustatzen zait. I like the house. The house pleases me.

Ez zait gustatzen etxea garbitzea.   I don't like cleaning the house.

Q: **Euskara ikastea gustatzen zaizu?**   Do you like studying Basque?

Bai, gustatzen zait!   Yes, I do! Yes, I like it!

Bai, euskara ikastea gustatzen zait!   Yes, I like studying Basque!

Ez, ez zait gustatzen.   No, I don't. No, I don't like it.

Ez, ez zait euskara ikastea gustatzen.   No, I don't like studying Basque.

Ez, ez zait gustatzen euskara ikastea.   No, I don't like studying Basque.

Q: **Bostetan jaikitzea eta jatea gustatzen al zaizkizu?**

Do you like getting up and eating at five?

A: **Ez, ez zaizkit gustatzen.**

No, I don't.

Ez, ez zaizkit gustatzen bostetan jaikitzea eta jatea.

No, I don't like getting up and eating at five.

Bai, gustatzen zaizkit.

Yes, I do.

Bai, gustatzen zaizkit bostetan jaikitzea eta jatea.

Yes, I like getting up and eating at five.

ACTIVITY 14.3 ■ VERBAL NOUNS AND GUSTATZEN ZAIT

Answer the following questions about your likes and dislikes.

1. **Ingelesez hitz egitea gustatzen zaizu?**
2. **Telebista ikustea gustatzen al zaizu?**
3. **Hegaz egitea gustatzen zaizu?**
4. **Elvisen musika entzutea gustatzen al zaizu?**
5. **Marilyn Monroeren filmak ikustea gustatzen zaizu?**
6. **Detektibe liburuak irakurtzea gustatzen al zaizu?**
7. **Conan Doyle-ren ipuinak irakurtzea gustatzen zaizu?**
8. **Aerobic egitea gustatzen zaizu?**

■ Gustatzen zaio? (Is it pleasing to him? Does she like it?) ■

We have used **zait** and **zaizkit** as well as **zaizu** and **zaizkizu,** and we have talked about what I like and what you like. But what about our friends? And the witch and the vampire? How do we say, *It pleases him / her* and *They please him/her*? We use the auxiliary verb forms **zaio** and **zaizkio.**

Trena harrapatzea ez zaio gustatzen.

He doesn't like catching the train. (Catching the train is not pleasing to him.)

Irudiak margotzea Mireni gustatzen zaio?

Does Miren like coloring pictures? (Is coloring pictures pleasing to Miren?)

Dantzari argal eta lirain hau asko gustatzen zaizu, baina ez zaio Xurgari gustatzen.

You like this thin and graceful dancer a lot, but Xurga doesn't. (This thin and graceful dancer pleases you a lot, but she doesn't please Xurga.)

Film hunkigarriak niri gustatzen zaizkit, baina ez zaizkio Joni gustatzen.

I like emotionally touching films, but Jon doesn't [like them]. (Emotionally touching films are pleasing to me, but not to Jon.)

Liburu ulertezin hori Edurneri gustatzen zaio, baina niri ez zait gustatzen!

Edurne likes that incomprehensible book, but I don't! (That incomprehensible book is pleasing to Edurne, but not to me!)

■ Dative case (indirect object) with pronouns and nouns ■

When we use the **nor-nori** forms of **izan** with **gustatzen,** we are including information in the verb about the indirect object (**nori**), the person to whom something is pleasing. When verbs, nouns, or pronouns are marked for **nori,** we refer to them as being in the *dative case.* We can also put indirect object markers on the *pronouns* we are already familiar with. Grammatically, these are dative forms.

Nominative	Ergative	Dative	
ni	nik	niri	to me
zu	zuk	zuri	to you
gu	guk	guri	to us
zuek	zuek	zuei	to you (pl.)
bera	berak	berari	to him, to her
haiek	haiek	haiei	to them

These come in handy when we want to say simply *to me* or *to you,* and so on. They can also add emphasis to a sentence.

The indirect object (or dative) markers for *proper nouns* are **-i** (if the name ends in a consonant sound) or **-ri** (if it ends in a vowel sound).

Miren	**Mireni**	to Miren
Jon	**Joni**	to Jon
Edurne	**Edurneri**	to Edurne
Xurga	**Xurgari**	to Xurga

For *common nouns,* attach **-ari** to the bare word for singular dative forms or **-ei** to the bare word for plural dative forms.

Bare word	Singular dative	Plural dative
mutil	mutilari	mutilei
emakume	emakumeari	emakumeei
neska	neskari (a + a = a)	neskei (a + e = e)

■ Responding to **Nori gustatzen zaio?** (Who likes it?) ■

Nori? (to whom) is the *question word*. Now we can ask who likes what (remembering, of course, that in Euskara we are really saying *to whom is it pleasing?*).

Q: **Nori gustatzen zaio poltsa handi hau?** Who likes this big purse? To whom is this big purse pleasing?

A: **Niri gustatzen zait!** I like it! It's pleasing to me! (**niri** used for emphasis and answers **nori?**)

Zuri gustatzen zaizu! You like it!

Mireni gustatzen zaio! Miren likes it!

Q: **Nori gustatzen zaio arropa zabaltzea?** Who likes hanging out laundry (clothes)? To whom is hanging out laundry pleasing?

A: **Niri gustatzen zait!** I like it! It's pleasing to me!

Ez zait niri gustatzen! I don't like it!

Guri gustatzen zaigu. We like it.

Ez zaie haiei gustatzen. They don't like it.

ACTIVITY 14.4 ■ NORI GUSTATZEN ZAIO? (WHO LIKES IT? TO WHOM IS IT PLEASING?)

Rewrite the sentence below, substituting the suggested cues for the underlined portion and making all necessary changes in the auxiliary verbs. Be sure you know what you are saying.

Cue:

film hunkigarriak

Model:

Film hunkigarriak gustatzen zaizkit, baina ez zaizkio Joni gustatzen.

I like touching films, but Jon doesn't like them.

Cue:

Dantzari argal hau

Model:

<u>**Dantzari argal hau**</u> **gustatzen zait, baina ez zaio Joni gustatzen.**

1. **Pertsona bihozgogorrak**
2. **Telebista ikustea**
3. **Detektibe filmak**
4. **Jatetxe politetan jatea**
5. **Hegazkin handiak**
6. **Kotxe txiki eta gorri hura**
7. **Sendagile sentiberak**
8. **Abokatuarekin hitz egitea**
9. **Tren luzeak**
10. **Etxea garbitzea**

ACTIVITY 14.5. ■ NIRI, ZURI, BERARI

Below, you are given information about items or actions and who likes or doesn't like them. Create sentences to express it all in Euskara, as in the model. Then give the English equivalents of your sentences. Take your time. This is a complex exercise. Feel free to read the answers first, then attempt to re-create them without looking. Repeat as often as necessary until you are successful in creating the sentences on your own.

Cue:

zuri / ez / medikuarengana joatea

Model:

Medikuarengana joatea ez zaizu gustatzen.

<u>You don't like going to the doctor.</u>

1. **berari / bai / txokolatea jatea**
2. **niri / ez / saguzaharrak**
3. **zuri / bai / logela arrosak**
4. **berari / ez / film bortitzak**

5.   niri / bai / txakurrentzako janaria erostea

6.   zuri / ez / gose izatea

■ Responding to **Interesatzen zaizu?** (Does it interest you?)
  and **Berdin zaizu?** (Is it all the same to you?) ■

The verb form **interesatzen** (interesting, interests) and the construction with
berdin, loosely translated as *it's all the same,* work the same way as **gustatzen.**
In English we usually say *I am interested in* something (or *You are interested
in,* and so on), but the expression *it's all the same to me* is very close to the
Basque pattern. For quick reference, the verb **interesatzen** appears below with
the **nor-nori** form of **izan.**

niri	to me	Interesatzen zaIT.	Interesatzen zaizkIT.
zuri	to you	Interesatzen zaIZU.	Interesatzen zaizkIZU.
berari	to her, to him	Interesatzen zaIO.	Interesatzen zaizkIO.
guri	to us	Interesatzen zaIGU.	Interesatzen zaizkIGU.
zuei	to you (pl.)	Interesatzen zaIZUE.	Interesatzen zaizkIZUE.
haiei	to them	Interesatzen zaIE.	Interesatzen zaizkIE.

REMEMBER: The **nor-nori** verb form (**zait, zaio,** etc.) contains the information
imparted by the indirect object forms of the pronouns (**niri, berari,** etc.), so you
don't have to use the pronoun forms in your sentences except for emphasis.

Abokatu altu eta adimentsua Mireni interesatzen zaio.

Miren is interested in the tall, smart lawyer.

(Lit.: The tall and smart lawyer is interesting to Miren.)

Alokairu altuak ez zaizkigu gustatzen.

We don't like high rents.

(Lit.: High rents are not pleasing to us.)

Q: **Nori interesatzen zaio bainugela pintatzea?**
Who is interested in painting the bathroom?
A: **Niri!**
Me!
Niri interesatzen zait.
I'm interested.
Niri interesatzen zait bainugela pintatzea.
I'm interested in painting the bathroom.
Ez zaio inori interesatzen!
No one is interested!

Q: **Sagar gorriak ala berdeak nahi dituzte?**
Sagar gorriak ala berdeak nahi al dituzte?
Do they want red apples or green apples?
A: **Berdin zaie.**
It's all the same to them. It doesn't matter to them.
Sagar guztiak gustatzen zaizkie.
They like all apples.

Q: **Euskaraz ala ingelesez hitz egin nahi duzue?**
Euskaraz ala ingelesez hitz egin nahi al duzue?
Do you all want to speak Basque or English?
A: **Berdin zaigu.**
It's all the same to us. It doesn't matter to us.
Biak gustatzen zaizkigu.
We like them both.

Q: **Supermerkatu handiak gustatzen zaizkizue?**
Supermerkatu handiak gustatzen al zaizkizue?
Do you like big supermarkets?
A: **Ez, ez zaizkigu gustatzen.**
No, we don't. No, they are not pleasing to us.
Bai, gustatzen zaizkigu, supermerkatuko produktuak merkeak direlako.
Yes, we like them because supermarket products are inexpensive.

ACTIVITY 14.6 ■ GUSTATZEN ZAIZU? INTERESATZEN ZAIZU?

Answer the following questions first in the affirmative and then in the negative.

1. Erraldoi bihozgogorrak gustatzen al zaizkizu?
2. Film triste eta hunkigarriak interesatzen zaizkizu?
3. Txokolatezko txanponak gustatzen zaizkie?
4. Elurrezko gizon bat egitea interesatzen al zaizue?
5. Emakume zintzo eta sentiberak gustatzen zaizkio?

ACTIVITY 14.7 ■ IT'S ALL THE SAME TO ME

Give the English equivalents for the questions and answers below.

1. Auzo honetan ala horretan bizi nahi al duzu? Berdin zait.
2. Azoka handira ala txikira joan nahi dute? Berdin zaie.
3. Txartel garestiak ala merkeak erosi nahi al dituzue? Berdin zaigu.
4. Herriko merkatura ala supermerkatura joan nahi du Edurnek? Berdin zaio.
5. Kutxa honetan ala hartan dirua trukatu nahi duzu? Berdin zait.

ACTIVITY 14.8 ■ GUSTATZEN ZAIZU? (DO YOU LIKE IT?) GUSTATZEN ZAIZKIZU? (DO YOU LIKE THEM?)

For each of the items or activities listed below, write a sentence describing whether you like them or not. Check your answers at the end of the chapter.

1. telebistako programa hau
2. jatea
3. musika klasikoa
4. bilete handiak
5. liburu interesgarriak irakurtzea
6. Europako filmak

7.   **Errusiako taberna hori**

8.   **Frantziako ardoak**

9.   **Afrikako elefante hauek**

10.   **zoora joatea**

11.   **kotxe txikiak**

12.   **telefonoz hitz egitea**

■ Responding to **Norengana zoaz? Norengana joan zara?** (To whom are you going? To whom did you go?) ■

Now that we have learned the forms of the genitive case (possessive), we can begin to use other cases with human beings and living creatures. The animate forms of the allative case are built on the genitive forms. In other words, if you can form the possessive, you can add one more element to the string of suffixes and form the allative to say *to whom* you are going.

Let's look at the question words for a moment.

<u>Noren</u> motxila da hau? <u>Whose</u> backpack is this?

and

<u>Norengana</u> zoaz? <u>To whom</u> are you going?

Do you see it? **Noren** is part of **norengana.** Easy, right?

In order to answer the question—*to whom are you going?*—you build on the possessive in the same way we did with the question word.

When a proper name *ends in a vowel sound,* the suffix to use is **-rengana.** When the name *ends in a consonant sound,* the suffix is **-engana.**

Lindaren euritakoa aurkitu duzu. You've found Linda's umbrella.

Q: **Norengana zoaz?** To whom are you going?

A: **Lindarengana noa.** I'm going to Linda [presumably to return the umbrella].

Edurneren poltsa aurkitu duzu. You have found Edurne's purse.

Q: **Norengana zoaz?** Where are you going? To whom are you going?

A: **Edurnerengana noa.** I'm going to Edurne.

Mikelen koadernoa aurkitu duzu. You found Mikel's notebook.

Q: **Norengana zoaz?** Where are you going? To whom are you going?

A: **Mikelengana noa.** I'm going to Mikel.

Gorkaren hiztegia aurkitu duzu. You have found Gorka's dictionary.

Q: **Norengana zoaz?** Where are you going? To whom are you going?

A: **Gorkarengana noa.** I'm going to Gorka.

Itxasoren katuak aurkitu dituzu. You have found Itxaso's cats.

Q: **Norengana zoaz?** Where are you going? To whom are you going?

A: **Itxasorengana noa.** I'm going to Itxaso.

When using common nouns (not people's names), the singular and plural suffixes attach to the bare word. The singular suffix for the allative with animate beings is -**arengana.** The plural suffix is -**engana.** As with all our other suffixes, if you have a phrase (noun and descriptive adjectives), -**arengana** and -**engana** attach to the last word in the phrase. Let's practice by returning more lost items.

NOTE: If you are using adjectives to describe a person, the suffix attaches to the end of the word string, that is, to the end of the phrase.

taxista lodi	**taxista lodiarengana** to the fat taxi driver
nire izeba altu	**nire izeba altuarengana** to my tall aunt
gure txakur beltz eta zuri	**gure txakur beltz eta zuriarengana** to our black and white dog

Remember, you are using the allative case, a directional case. You are moving toward these living beings. (I went to Jon.) This is *not* the dative case, although in English they sound the same (I gave it to Jon.)

The following are examples of the allative case with common nouns instead of people's names.

Emakumearen orraziak aurkitu dituzu. You've found the woman's combs.

Q: **Norengana zoaz?** Where are you going? To whom are you going?

A: **Emakumearengana noa.** I'm going to the woman.

Gizon burusoil eta altuaren prakak aurkitu dituzu. You have found the tall bald man's pants.

Q: **Norengana zoaz?** To whom are you going? Where are you going?

A: **Gizon burusoil eta altuarengana noa.** I'm going to the tall bald man.

Mutil baten euroak aurkitu dituzu. You've found a boy's Euros.

Q: **Norengana zoaz?** Where are you going? To whom are you going?

A: **Mutil batengana noa.** I'm going to one boy (to one boy's house).

Neska adimentsuen panpinak aurkitu dituzu. You've found the intelligent girls' dolls.

Q: **Norengana zoaz?** Where are you going? To whom are you going?

A: **Neska adimentsuengana noa.** I'm going to the intelligent girls.

▨ Hitz eta esaldi berriak ▨

Norengana?	To whom? To whose house?
euro (ay-oo-roh)	euro [European Union currency]
pezeta	peseta [an old Spanish currency]
panpina	doll
paperontzi	wastepaper basket
magia	magic
magikoa	magical
serio	serious
xurgatu	to suck
odolxurgatzaile	blood sucker
norengandik?	from whom?
pobre	poor
fidatu	to trust, to have confidence
sinetsi	to believe
sinesten	believe(s) (present participle from **sinietsi**)
Jaungoikoa	God
Jainkoa	God

iratxo	goblin, elf, fairy
maitagarri	lovable
Olentzero	a Basque folk figure associated with Christmas
hiribide	avenue
pisu	floor of a building
eskuinalde	the right side
erraza	easy
ezkerralde	the left side
idatzita	written
honako hau	as follows (lit.: this of this)
laburpen	abbreviation
gazteleraz	Castilian (Spanish)

ACTIVITY 14.9 ■ GOING TO (TOWARD) A PERSON / LIVING BEING

The following is an oral drill with the singular allative forms of animate beings:

Model:

Gorkarengana goaz. We are going to (toward) Gorka.

Cues:

Edurne	**Edurnerengana goaz.**
Ander	**Anderrengana goaz.**
Txema	**Txemarengana goaz.**
Itxaso	**Itxasorengana goaz.**
Jon	**Jonengana goaz.**
Jasone	**Jasonerengana goaz.**
Cameron	**Cameronengana goaz.**
Linda	**Lindarengana goaz.**

Model:

Taxistarengana zoazte. You (pl.) are going to the taxi driver.

Cues:

mutil	Mutilarengana zoazte.
neska	Neskarengana zoazte.
irakasle	Irakaslearengana zoazte.
sorgin	Sorginarengana zoazte.
ikasle serio	Ikasle serioarengana zoazte.
izeba altu	Izeba altuarengana zoazte.
txakur zuri	Txakur zuriarengana zoazte.
katu lodi	Katu lodiarengana zoazte.
jende	Jendearengana zoazte.

The English equivalents for this drill are located in the answer section at the end of the chapter.

ACTIVITY 14.10 ■ GOING TO (TOWARD) PEOPLE / LIVING BEINGS

The following is an oral drill with the plural allative forms of animate beings:

Model:

Zergatik doaz neskengana? Why are they going to the girls?

Cues:

banpiroak	Zergatik doaz banpiroengana?
ikasleak	Zergatik doaz ikasleengana?
sorgin orlegiak	Zergatik doaz sorgin orlegiengana?
otsogizon iletsuak	Zergatik doaz otsogizon iletsuengana?
lehengusuak	Zergatik doaz lehengusuengana?
amatxi zaharrak	Zergatik doaz amatxi zaharrengana?
elefante handiak	Zergatik doaz elefante handiengana?
erraldoi aberatsak	Zergatik doaz erraldoi aberatsengana?

dantzari lirain eta altuak	Zergatik doaz dantzari lirain eta altuengana?
musikari polit eta alferrak	Zergatik doaz musikari polit eta alferrengana?

The English equivalents for this drill are located in the answer section at the end of the chapter.

ACTIVITY 14.11 ■ ALLATIVE WITH ANIMATE BEINGS

In the following exercise you are given what you need. Check each person's list of belongings to determine who has what you need, then answer the question appropriately.

Gauza batzuk behar dituzu. Norengana zoaz? You need a few things. Where do you go?

Katie /panpina, txakurra

Edurne / kotxea, koadernoa, poltsa, euritakoa

Ander, Txema eta Jon (mutilak) / hiru bizikleta, giltza bat, liburuak, paperontzia

Banpiroa / hilkutxa, giltzak

Sorgina / pozoia, erratza, magia

Maite eta Nerea (neskak) / dirua, motxilak

1. Paperontzia behar duzu. Norengana zoaz?
2. Dirua behar duzu. Norengana zoaz?
3. Panpina nahi duzu. Norengana zoaz?
4. Kotxea behar duzu. Norengana zoaz?
5. Magia behar duzu. Norengana zoaz?
6. Liburuak behar dituzu. Norengana zoaz?
7. Txakurra nahi duzu. Norengana zoaz?
8. Bizikletak behar dituzu. Norengana zoaz?
9. Hiru giltza behar dituzu. Norengana zoaz?

ACTIVITY 14.12 ■ QUESTIONS

Let's practice again with questions about the people in activity 14.11. But let's not use their names. Here's a list of descriptive phrases for each one.

Katie neska gazte eta txikia da.

Edurne ikasle serioa da.

Txema, Jon, eta Ander mutil adimentsuak dira.

Sorgina emakume orlegia da.

Banpiroa odolxurgatzaile lodia da.

Maite eta Nerea neska aberatsak dira.

1. **Dirua behar duzu. Norengana zoaz?**
2. **Hiru bizikleta behar dituzu. Norengana zoaz?**
3. **Koadernoa behar duzu. Norengana zoaz?**
4. **Hilkutxa ikusi nahi duzu. Norengana zoaz?**
5. **Motxilak erosi nahi dituzu. Norengana zoaz?**
6. **Bilbora kotxez joan nahi duzu. Norengana zoaz?**
7. **Ez duzu pozoirik behar. Norengana ez zoaz?**
8. **Ez duzu euritakorik nahi. Norengana ez zoaz?**
9. **Ez duzu dirurik behar. Norengana ez zoaz?**

■ Responding to **Norengandik zatoz? Norengandik etorri zara?**
(From whom have you come?) ■

We've just reviewed the allative case. The ablative is also built on the possessive forms. When a proper name ends in a vowel sound, the suffix to use is **-rengandik.** When the name ends in a consonant sound, the suffix is **-engandik.** Because there is only one letter difference in these variations, it appears in many books as -**(r)engandik,** assuming that you will know which to use with vowels and which with consonants.

Gorkarengandik etorri naiz. I have come from Gorka.

Jonengandik gatoz. We come from Jon.

You may be wondering just when you would want to say such a strange thing. But it's only strange in isolation. For instance:

I've just come from Itxaso's [house], and she needs money.

Often in Euskara, instead of saying *from Itxaso's house* you just say *from Itxaso*. That's who you went to see in the first place, right? Not the house, but the woman. So the sentence above in Euskara would be

Itxasorengandik etorri naiz, eta dirua behar du.

ACTIVITY 14.13 ■ SENTENCE BUILDING

Everybody needs money! Let's practice orally using the following names and saying in Basque, *I've come from [name's house], and she/he needs money!* Cover the responses and create the sentence on your own before checking the answer.

Gotzon	**Gotzonengandik etorri naiz, eta dirua behar du.**
Edurne	**Edurnerengandik etorri naiz, eta dirua behar du.**
Linda	**Lindarengandik etorri naiz, eta dirua behar du.**
Elin	**Elinengandik etorri naiz, eta dirua behar du.**
Jasone	**Jasonerengandik etorri naiz, eta dirua behar du.**
Jon	**Jonengandik etorri naiz, eta dirua behar du.**
Andoni	**Andonirengandik etorri naiz, eta dirua behar du.**
Brandon	**Brandonengandik etorri naiz, eta dirua behar du.**

| Mariasun | Mariasunengandik etorri naiz, eta dirua behar du. |
| Joseba | Josebarengandik etorri naiz, eta dirua behar du. |

When using common nouns, the singular and plural suffixes attach to the bare word. The singular ablative suffix with animate beings is -**arengandik,** and the plural is -**engandik.**

ACTIVITY 14.14 ■ SENTENCE BUILDING

Let's practice orally as we did above, but this time our people and animals need food (**janaria**) instead of money. (Don't forget that animals are animate beings!)

Singular

ama	Amarengandik etorri naiz, eta janaria behar du.
nire seme	Nire semearengandik etorri naiz, eta janaria behar du.
zure aita	Zure aitarengandik etorri naiz, eta janaria behar du.
gure irakasle	Gure irakaslearengandik etorri naiz, eta janaria behar du.
haien txakur	Haien txakurrarengandik etorri naiz, eta janaria behar du.
katu	Katuarengandik etorri naiz, eta janaria behar du.

Plural

| **lagunak** | Lagunengandik etorri naiz, eta janaria behar dute. |
| **apaizak** | Apaizengandik etorri naiz, eta janaria behar dute. |

idazleak	Idazleengandik etorri naiz, eta janaria behar dute.
abokatuak	Abokatuengandik etorri naiz, eta janaria behar dute.
artista gazteak	Artista gazteengandik etorri naiz, eta janaria behar dute.
abeslariak	Abeslariengandik etorri naiz, eta janaria behar dute.
ikasle pobreak	Ikasle pobreengandik etorri naiz, eta janaria behar dute.

Can you feel the rhythm as you say each sentence? Are the syllables rolling easily off your tongue? Practice until you can pronounce them fluidly and easily. Remember, if you are using this text for self-study, you must make an extra effort to compensate for the missing four hours a week you would normally spend in the classroom, talking to your teacher and other students. Do every exercise aloud, in addition to writing them out.

ACTIVITY 14.15. ■ ABLATIVE WITH ANIMATE BEINGS

Fill in the blanks below with the proper ablative forms.

Elin	1. _____ etorri naiz, eta dirua behar du.
ikasle pobreak	2. _____ etorri naiz, eta janaria behar dute.
Jon	3. _____ etorri naiz, dirua behar du.
abeslariak	4. _____ etorri naiz, eta janaria behar dute.
Andoni	5. _____ etorri naiz, eta dirua behar du.
gure irakasle	6. _____ etorri naiz, eta janaria behar du.

haien txakur

7. ____ etorri naiz, eta janaria behar du.

Jasone

8. ____ etorri naiz, eta dirua behar du.

artista gazteak

9. ____ etorri naiz, eta janaria behar dute.

zure aita

10. ____ etorri naiz, eta janaria behar du.

■ Inessive with animate beings ■

By now, you are getting the idea about how to form many of the cases with animate beings—by building on the possessive forms! I've left the inessive for last, because it is the least used of these three cases where people and animals are concerned. We seldom talk about things being *in a person* or *in an animal.* Two of the most common expressions that use this case are *I believe in . . . [a person]* and *I trust [in] . . . [a person].*

Zuregan fidatzen naiz. I trust you.
Jaungoikoarengan sinesten dugu. We believe in God.
Jainkoarengan sinesten dugu. We believe in God.

NOTE: **Jaungoikoa** and **Jainkoa** are dialectal variations of the word for God.

The inessive with animate beings is formed almost exactly like the allative. The only difference is that the inessive loses the final -a of the suffix.

When a proper name *ends in a vowel sound,* the suffix to use is -**rengan.** When the name *ends in a consonant sound,* the suffix is -**engan.**

Josebarengan sinesten dut. I believe in Joseba.
Mirenengan fidatzen naiz. I trust [in] Miren. I have confidence in Miren.

When using common nouns, the singular and plural suffixes attach to the bare word. The singular suffix for the inessive with animate beings is -**arengan.** The plural suffix is -**engan.** As with all our other suffixes, if you have a phrase (noun and descriptive adjectives), -**arengan** and -**engan** attach to the last word in the phrase.

Amarengan fidatzen naiz. I have confidence in mother.

Nire irakasleengan fidatzen naiz. I trust my professors.

Ez naiz zure abokatuarengan fidatzen! I don't trust your lawyer!

ACTIVITY 14.16 ■ SENTENCE BUILDING

Let's practice the inessive with animate beings. A brief list is provided of animate beings of one sort or another (names and bare words). Create a statement about each one, using the inessive and one of the two phrases: **sinesten dut** (I believe) or **fidatzen naiz** (I have confidence, I trust). (You may also say you do not believe or do not trust these people.)

1. **iratxoak**
2. **Estatu Batuetako presidentea**
3. **ama**
4. **aita**
5. **unibertsitateko irakasleak**
6. **Olentzero** (a Basque folk figure associated with the Christmas holiday)
7. **Santa Claus**

■ Demonstratives: Allative, ablative, and inessive with animate beings ■

Allative (Directional, to a Person or Animal)

neska hau	**neska honengana**
neska hori	**neska horrengana**
neska hura	**neska harengana**
mutil hauek	**mutil hauengana**
mutil horiek	**mutil horiengana**
mutil haiek	**mutil haiengana**

Ablative (from a Person or Animal)

neska hau	neska honengandik
neska hori	neska horrengandik
neska hura	neska harengandik
mutil hauek	mutil hauengandik
mutil horiek	mutil horiengandik
mutil haiek	mutil haiengandik

Inessive (in a Person or Animal)

neska hau	neska honengan
neska hori	neska horrengan
neska hura	neska harengan
mutil hauek	mutil hauengan
mutil horiek	mutil horiengan
mutil haiek	mutil haiengan

■ Zer ordu da? Telling time before the hour ■

Zer ordu da?	What time is it?
Hirurak bost gutxi dira.	It's five minutes to three.
	It's two fifty-five.

Notice how the expression in Euskara can be translated two ways in English.

Hirurak hamar gutxi dira.	It's ten minutes to three.
	It's two fifty.
Hirurak laurden gutxi dira.	It's fifteen minutes to three.
	It's two forty-five.
Hirurak hogei gutxi dira.	It's twenty minutes to three.
	It's two forty.
Hirurak hogeita bost gutxi dira.	It's twenty-five minutes to three.
	It's two thirty-five.
Laurak bost gutxi dira.	It's five minutes to four.
	It's three fifty-five.

ZER ORDU DA? 375

Bostak hamar gutxi dira.	It's ten minutes to five.
	It's four fifty.
Seiak laurden gutxi dira.	It's fifteen minutes to six.
	It's five forty-five.
Zazpiak hogei gutxi dira.	It's twenty mintues to seven.
	It's six forty.
Zortziak hogeita bost gutxi dira.	It's twenty-five minutes to eight.
	It's seven thirty-five.
Bederatziak bost gutxi dira.	It's five minutes to nine.
	It's eight fifty-five.
Hamarrak hamar gutxi dira.	It's ten minutes to ten.
	It's nine fifty.
Hamaikak laurden gutxi dira.	It's fifteen minutes to eleven.
	It's ten forty-five.
Hamabiak hogei gutxi dira.	It's twenty minutes to twelve.
	It's eleven forty.
Ordu bat hogeita bost gutxi dira.	It's twenty-five minutes to one.
	It's twelve thirty-five.
Ordu biak bost gutxi dira.	It's five minutes to two.
	It's one fifty-five.

NOTE: In Euskara *one fifty-five* is NEVER expressed by **ordu bat eta berrogeita hamabost**. You must say *five minutes to two* or **ordu biak bost gutxi**. The same is true for all the other possible combinations between thirty-one and fifty-nine minutes after the hour. Also, no one really says *twenty-two minutes to three* or *sixteen minutes to nine* in Euskara. You'll be close enough to the hour if you use multiples of five.

■ Norengana doa Goxo? (Where is Goxo going?) ■

The following dialogue demonstrates expressing addresses with apartment numbers and floors:

XURGA: **Norengana zoaz, Goxo?**
Where are you going, Goxo?

GOXO: **Otsogizonarengana noa.**

I'm going to the werewolf (to the werewolf's house).

X: **Benetan? Non bizi da?**

Really? Where does he live?

G: **Zarautz Hiribidea, 90 - 5. esk.**

Number 90 Zaurautz Avenue, Five Right.

X: **Ez dut ulertzen. Zer da hiribidea?**

I don't understand. What is "**hiribidea?**"

G: **Entzun. Zarautz Hiribidea kalea da.**

Listen. Zarautz Avenue is the street.

Laurogeita hamar etxeko zenbakia da.

Ninety is the house number.

Etxera heldu eta gero, sartu igogailuan.

After arriving at the house, get into the elevator.

Irten igogailutik bosgarren pisuan.

Get out of the elevator on the fifth floor.

Hor dago otsogizonaren atea, eskuinaldean. Ulertzen?

There's the werewolf's door, on the right side. Understand?

X: **A, bai! Erraza da orain. Mila esker. Ate bat dago pisuan?**

Oh, yes! Now it's easy. Thanks a lot. Is there one door on the floor?

G: **Ez. Bi daude. Bestea ezkerraldean dago.**

No. There are two. The other one is on the left side.

Idatzita, honako hau: Zarautz Hiribidea, 90 - 5. ezk.

[Written as] Number 90 Zarautz Avenue, Five Left.

Kontuz esk eta ezk laburpenekin!

Be careful with the abbreviations **esk** and **ezk**.

Batzuetan, lau apartamentu daude pisuan.

Sometimes there are four apartments on a floor.

A, B, C eta D deitzen dira.

They are called A, B, C and D.

Jende askok helbidea gazteleraz idazten du.

A lot of people write the address in Spanish.

ANSWERS

ENGLISH EQUIVALENT OF **GUSTATZEN ZAIZU HORRELAKO TELESAIOA?** DO YOU LIKE THAT KIND OF TELEVISION PROGRAM?

1. GOXO: It's 10 P.M.
2. I want to see my favorite television program.
3. XURGA: What kind of program is it?
4. G: Very pleasant. There are two detectives.
5. Not actors. They're real [ones].
6. They talk about crimes.
7. For example, they describe embezzlement,
8. and afterward they talk about a real case.
9. Actors play the roles of the bad guys. It's very interesting.
10. X: Not to me! I'm not interested in that kind of television program.
11. G: What kinds do you like?
12. X: Well . . . I like movies.
13. At midnight there are always movies on television.
14. This morning I saw a lovely film.
15. A man wanted to get a divorce,
16. because he found his wife in bed—
17. G: I know! I know! With another man!
18. X: No, no. Not with another man. With a werewolf. It's not the same thing.
19. G: (surprised) You're right. It's not the same thing!

ACTIVITY 14.2 ■ QUESTIONS AND ANSWERS WITH **GUSTATZEN**

1. **Gustatzen zaizkizu euritako gorriak?**

   Bai, gustatzen zaizkit euritako gorriak. Bai, gustatzen zaizkit.

   Ez, ez zaizkit gustatzen euritako gorriak.

   (or, **Ez, ez zaizkit euritako gorriak gustatzen.**)

2. **Gustatzen zaizkizu txakur handiak?**

   Bai, gustatzen zaizkit txakur handiak.

   Ez, ez zaizkit gustatzen txakur handiak.

3. **Gustatzen zaizu kafesnea?**

   Bai, gustatzen zait kafesnea.

   Ez, ez zait gustatzen kafesnea.

4. **Gustatzen zaizu txokolatea?**

   Bai, gustatzen zait txokolatea.

   Ez, ez zait gustatzen txokolatea.

5. **Gustatzen zaizkizu sagarrak?**

   Bai, gustatzen zaizkit sagarrak.

   Ez, ez zaizkit gustatzen sagarrak.

6. **Gustatzen zaizu suge hori?**

   Bai, gustatzen zait suge hau. [**suge hori** is also acceptable]

   Ez, ez zait gustatzen suge hau.

7. **Gustatzen zaizkizu zaldi beltzak?**

   Bai, gustatzen zaizkit zaldi beltzak.

   Ez, ez zaizkit gustatzen zaldi beltzak.

8. **Gustatzen zaizu sagu txiki hau?**

   Bai, gustatzen zait sagu txiki hori. [**sagu txiki hau** is also
   acceptable]

   Ez, ez zait gustatzen sagu txiki hori.

9. **Gustatzen zaizkizu elefanteak?**

   Bai, gustatzen zaizkit elefanteak.

   Ez, ez zaizkit gustatzen elefanteak.

10. **Gustatzen zaizu gure txakurra?**

    Bai, gustatzen zait zuen txakurra.

    Ez, ez zait gustatzen zuen txakurra.

ACTIVITY 14.3 ■ VERBAL NOUNS AND **GUSTATZEN ZAIT.**

1. Do you like speaking English?

   Bai, ingelesez hitz egitea gustatzen zait.

   Ez, ez zait ingelesez hitz egitea gustatzen.

2. Do you like watching television?

   Bai, telebista ikustea gustatzen zait.

   Ez, ez zait telebista ikustea gustatzen.

3. Do you like flying?

   Bai, hegaz egitea gustatzen zait.

   Ez, ez zait hegaz egitea gustatzen.

4. Do you like listening to Elvis's music?

   Bai, Elvisen musika entzutea gustatzen zait.

   Ez, ez zait Elvisen musika entzutea gustatzen.

   Ez, ez zait gustatzen Elvisen musika entzutea.

5. Do you like watching Marilyn Monroe's movies?

   Bai, Marilyn Monroeren filmak ikustea gustatzen zait.

   Ez, ez zait Marilyn Monroeren filmak ikustea gustatzen.

   Ez, ez zait gustatzen Marilyn Monroeren filmak ikustea.

6. Do you like reading detective books?

   Bai, detektibe liburuak irakurtzea gustatzen zait.

   Ez, ez zait detektibe liburuak irakurtzea gustatzen.

   Ez, ez zait gustatzen detektibe liburuak irakurtzea.

7. Do you like reading Conan Doyle's stories?

   Bai, Conan Doyle-ren ipuinak irakurtzea gustatzen zait.

   Ez, ez zait Conan Doyle-ren ipuinak irakurtzea gustatzen.

   Ez, ez zait gustatzen Conan Doyle-ren ipuinak irakurtzea.

8. Do you like doing aerobics?

   Bai, aerobic egitea gustatzen zait.

   Ez, ez zait aerobic egitea gustatzen.

ACTIVITY 14.4 ■ NORI GUSTATZEN ZAIO? (WHO LIKES IT? TO WHOM IS IT PLEASING?)

1. **Pertsona bihozgogorrak gustatzen zaizkit, baina ez zaizkio Joni gustatzen.**

   I like cruel people, but Jon doesn't.

2. **Telebista ikustea gustatzen zait, baina ez zaio Joni gustatzen.**

   I like watching television, but Jon doesn't.

3. **Detektibe filmak gustatzen zaizkit, baina ez zaizkio Joni gustatzen.**
    I like detective movies, but Jon doesn't.

4. **Jatetxe politetan jatea gustatzen zait, baina ez zaio Joni gustatzen.**
    I like eating in pretty restaurants, but Jon doesn't.

5. **Hegazkin handiak gustatzen zaizkit, baina ez zaizkio Joni gustatzen.**
    I like big airplanes, but Jon doesn't.

6. **Kotxe txiki eta gorri hura gustatzen zait, baina ez zaio Joni gustatzen.**
    I like that little red car over there, but Jon doesn't.

7. **Sendagile sentiberak gustatzen zaizkit, baina ez zaizkio Joni gustatzen.**
    I like sensitive doctors, but Jon doesn't.

8. **Abokatuarekin hitz egitea gustatzen zait, baina ez zaio Joni gustatzen.**
    I like talking with lawyers, but Jon doesn't.

9. **Tren luzeak gustatzen zaizkit, baina ez zaizkio Joni gustatzen.**
    I like long trains, but Jon doesn't.

10. **Etxea garbitzea gustatzen zait, baina ez zaio Joni gustatzen.**
    I like cleaning the house, but Jon doesn't.

ACTIVITY 14.5 ■ NIRI, ZURI, BERARI

1. **Txokolatea jatea gustatzen zaio.** He/she likes eating chocolate.

2. **Ez zaizkit saguzaharrak gustatzen.** I don't like bats.

3. **Logela arrosak gustatzen zaizkizu.** You like pink roses.

4. **Ez zaizkio film bortitzak gustatzen.** He/she doesn't like violent movies.

5. **Txakurrentzako janaria erostea gustatzen zait.** I like buying dog food.

6. **Ez zaizu gose izatea gustatzen.** You don't like being hungry.

ACTIVITY 14.6 ■ GUSTATZEN ZAIZU? INTERESATZEN ZAIZU?

1. Do you like cruel (hard-hearted) giants?

   Bai, erraldoi bihozgogorrak gustatzen zaizkit. Bai, gustatzen zaizkit.

   Ez, ez zaizkit erraldoi bihozgogorrak gustatzen. Ez, ez zaizkit gustatzen.

2. Are you interested in sad, moving films?

   Bai, interesatzen zaizkit. Bai, film triste eta hunkigarriak interesatzen zaizkit.

   Ez, ez zaizkit interesatzen. Ez, ez zaizkit interesatzen film triste eta hunkigarriak.

3. Do they like chocolate coins?

   Bai, gustatzen zaizkie. Bai, txokolatezko txanponak gustatzen zaizkie.

   Ez, ez zaizkie gustatzen. Ez, ez zaizkie gustatzen txokolatezko txanponak.

4. Are you (pl.) interested in making a snowman?

   Bai, interesatzen zaigu. Bai, elurrezko gizon bat egitea interesatzen zaigu.

   Ez, ez zaigu interesatzen. Ez, ez zaigu interesatzen elurrezko gizon bat egitea.

5. Does he/she like decent, sensitive women?

   Bai, gustatzen zaizkio. Bai, emakume zintzo eta sentiberak gustatzen zaizkio.

   Ez, ez zaizkio gustatzen. Ez, ez zaizkio gustatzen emakume zintzo eta sentiberak.

ACTIVITY 14.7 ■ IT'S ALL THE SAME TO ME

1. Do you want to live in this neighborhood or that one? It doesn't matter to me.

2. Do they want to go to a large market or a small one? It's all the same to them.

3. Do you want to buy expensive tickets or cheap ones? It doesn't matter to us.

4. Does Edurne want to go to the town market or the supermarket? It doesn't matter to her.

5. Do you want to get change in this bank or that one? It's all the same to me.

ACTIVITY 14.8 ■ GUSTATZEN ZAIZU? (DO YOU LIKE IT?) GUSTATZEN ZAIZKIZU? (DO YOU LIKE THEM?)

1. **Ez zait gustatzen! Ez zait telebistako programa hau gustatzen! Gustatzen zait. Telebistako programa hau gustatzen zait.**

2. **Ez zait gustatzen. Ez zait jatea gustatzen. Gustatzen zait. Jatea gustatzen zait.**

3. **Gustatzen zait. Musika klasikoa gustatzen zait. Ez zait gustatzen. Ez zait musika klasikoa gustatzen.**

4. **Bilete handiak gustatzen zaizkit. Ez zaizkit bilete handiak gustatzen.**

5. **Liburu interesgarriak irakurtzea gustatzen zait. Ez zait liburu interesgarriak irakurtzea gustatzen. Ez zait gustatzen liburu interesgarriak irakurtzea.** [When the phrase is a long one, speakers prefer to keep the auxiliary verb and **gustatzen** closer together.]

6. **Europako filmak gustatzen zaizkit. Ez zaizkit Europako filmak gustatzen.**

7. **Errusiako taberna hori gustatzen zait. Ez zait Errusiako taberna hori gustatzen.**

8. **Frantziako ardoak gustatzen zaizkit. Ez zaizkit Frantziako ardoak gustatzen.**

9. **Afrikako elefante hauek gustatzen zaizkit. Ez zaizkit Afrikako elefante hauek gustatzen.**

10. Zoora joatea gustatzen zait.

Ez zait zoora joatea gustatzen.

11. Kotxe txikiak gustatzen zaizkit.

Ez zaizkit kotxe txikiak gustatzen.

12. Telefonoz hitz egitea gustatzen zait.

Ez zait telefonoz hitz egitea gustatzen.

ACTIVITY 14.9 ■ ENGLISH EQUIVALENTS FOR THE SECOND DRILL

You (pl.) are going to the boy.

You (pl.) are going to the girl.

You (pl.) are going to the teacher.

You (pl.) are going to the witch.

You (pl.) are going to the serious student.

You (pl.) are going to tall aunt.

You (pl.) are going to the white dog.

You (pl.) are going to the fat cat.

You (pl.) are going to the people.

REMEMBER: **jende** (people) is treated grammatically as a singular.

ACTIVITY 14.10 ■ ENGLISH EQUIVALENTS

Why are they going to the vampires?

Why are they going to the students?

Why are they going to the green witches?

Why are they going to the hairy werewolves?

Why are they going to the cousins?

Why are they going to the old grandmothers?

Why are they going to the big elephants?

Why are they going to the rich giants?

Why are they going to the tall, graceful dancers?

Why are they going to the lazy, good-looking musicians?

ACTIVITY 14.11 ■ ALLATIVE WITH ANIMATE BEINGS

1. Ander, Txema eta Jonengana noa.
2. Maite eta Nerearengana noa.
3. Katierengana noa.
4. Edurnerengana noa.
5. Goxorengana noa. Sorginarengana noa.
6. Ander, Txema eta Jonengana noa.
7. Katierengana noa.
8. Ander, Txema eta Jonengana noa.
9. Banpiroarengana noa. Xurgarengana noa.

ACTIVITY 14.12 ■ QUESTIONS

1. Neska aberatsengana noa.
2. Mutil adimentsuengana noa.
3. Ikasle serioarengana noa.
4. Odolxurgatzaile lodiarengana noa.
5. Neska aberatsengana noa.
6. Ikasle serioarengana noa.
7. Emakume orlegiarengana ez noa.
8. Ikasle serioarengana ez noa.
9. Neska aberatsengana ez noa.

ACTIVITY 14.15 ■ ABLATIVE WITH ANIMATE BEINGS

1. Elinengandik
2. ikasle pobreengandik
3. Jonengandik
4. abeslariengandik
5. Andonirengandik
6. gure irakaslearengandik
7. haien txakurrarengandik
8. Jasonerengandik
9. artista gazteengandik
10. zure aitarengandik

ACTIVITY 14.16 ■ SENTENCE BUILDING

1. **Nik iratxoengan siniesten dut. Nik ez dut iratxoengan sinesten.**
   I believe in fairies. I don't believe in fairies.

2. **Ni Estatu Batuetako presidentearengan fidatzen naiz.**
   I have faith in the president of the United States.
   Ni ez naiz Estatu Batuetako presidentearengan fidatzen.
   I do not have faith in the president of the United States.

3. **Ni amarengan fidatzen naiz. Ni ez naiz amarengan fidatzen.**
   I trust mother. I do not trust mother.

4. **Ni aitarengan fidatzen naiz. Ni ez naiz aitarengan fidatzen.**
   I have faith in father. I don't have faith in father.

5. **Ni unibertsitateko irakasleengan fidatzen naiz.**
   I trust (my) university professors.
   Ni ez naiz unibertsitateko irakasleengan fidatzen.
   I don't trust (my) university professors.

6. **Nik Olentzerorengan sinesten dut.**
   I believe in Olentzero.
   Nik ez dut Olentzerorengan sinesten.
   I don't believe in Olentzero.

7. **Nik Santa Clausengan sinesten dut.**
   I believe in Santa Claus.
   Nik ez dut Santa Clausengan sinesten.
   I don't believe in Santa Claus.

Glossary

A!	Oh!
abendu	December
abenduan	in December
aberats	rich
abere	animal
abeslari	singer
abestu	sang, sung, to sing
abokatu	lawyer
abuztu	August
abuztuan	in August
adibidez	for example
adimentsu	intelligent, smart (adj.)
adjektibo	adjective
ados	agreement
ados zaude?	Are you in agreement? Do you agree?
aerobic egin (du)	to do aerobics
afaldu (du)	to eat supper
afari	supper
agiri	document
-ago	added to adjectives or adverbs to form the comparative, more
ahal	can
ahal izan	could, was able, to be able
ahizpa	sister [speaker is a woman; woman's sister]
ahul	weak (adj.)
Ai ene!	My goodness!
aizto	knife

aizu	hey
aktore	actor
al	[question marker, not translated]
ala	or
aldatu	changed, to change
aldizkari	magazine, periodical
alemanaz	German
alfer	lazy (adj.)
alokairu	rent
alokatu	rented, to rent
altu	tall (adj.)
altzariak	furnishings, furniture
ama	mother
Amara	a neighborhood in Donosti
amatxi	grandmother
amets	dream
ametsei buruz	about dreams
amona	grandmother
amuma	grandmother
anaia	brother [speaker is a man; man's brother]
animatuta	excited
antropologia	anthropology
antzerki	play (theater)
apaiz	priest
apal	shelf
apiril	April
arbel	blackboard
arbol	tree [from Spanish]
ardo	wine
argal	thin (adj.)
argazki	photograph
argi	light
arin-arin	very quickly

arkatz	pencil
armairu	closet, armoire, cabinet
arrain	fish
Arraioa!	Darn!
arraro	rare, unusual, strange
arratsaldeko	P.M. [until about 8 P.M.]
arrautza	egg
arrazoi	right, reason
arrazoia daukazu	you're right, you have reason
arreba	sister [speaker is a man; man's sister]
arriskutsu	dangerous
arropa	clothes, clothing, laundry
arrosa argia	light pink
artikulu	article
asko	a lot, many
askotan	often
aspergarri	boring (adj.)
aspirina	aspirin
astearte	Tuesday
asteazken	Wednesday
astelehen	Monday
astero	every week
asti	time
astronauta	astronaut
ate	door
atera (du)	took, to take [a photo]
atsegin	pleasant
atzeratu	backward, mentally slow
atzerritar	foreigner
aulki	chair
aurkitu (du)	found, to find
aurpegi	face
aurrean	in front of, before, facing

Australiako	from Australia
autobus	bus
autobusez	by bus
auzo	neighborhood
azafata	flight attendant
azal	skin
azaro	November
azaroan	in November
azkenean	at last
azoka	open-air market
azterketa	exam, test
badago	there are, there is [emphatic form]
badaude	there are [emphatic form]
bagoaz	we're going!
bai	yes
bai, horixe	that's exactly right, that's it
baina	but
baino lehen	before
bainugela	bathroom
baizik	but rather
bakarrik	alone [use with **egon**]
balet-dantzari	ballet dancer
banpiro	vampire
banpiroen bila joan	to go in search of vampires
barkatu	forgive (me), pardon (me)
barrez	laughing
barru	within
barruan	inside
baso	drinking glass
bat	one
bat-batean	suddenly, all of a sudden
batekin	with one

batzuetan	sometimes
batzuk	some
bazara	if you are
bazkaldu	lunched, had lunch, to have lunch
bederatzietan	at nine o'clock
begi	eye
begira	look
begiratzen	looking
behar (du)	need
beharbada	maybe, perhaps
behar izan	needed, to need
beldur	afraid
beltz	black [used here as a dog's name, Blackie]
beltzaran	brunet, brunette
benetako	real
beno	well, okay, fine
bera	he, she, it
berarentzat	for him, for her
berde	green
berdin	same, it's all the same, equals [in arithmetic problems]
berdin zait	it's all the same to me
bere	his
bero	warm
bero-bero	very warm
berogailu	heater
berri	new
berriro	again
besaulki	armchair
beste	another
beste bat	another one
beste batzuk	some others
beste pertsona batzuk	some other people

besteak	the others
besterik ez	nothing more, that's all
beteta	full (adv.)
beti	always
biak	both, the two
bibotedun	mustached, having a mustache
bide	path
bideo	video tape
bider	times [multiplication]
bigun	soft
bigunegi	too soft
bihar	tomorrow
bihozgogor	hard-hearted, cruel, mean
bihurtu	turned into, to turn into [something]
bila	in search (of)
bilete	ticket
biluzi	bare, naked
bizi izan	to live
bizikleta	bicycle
bizikletaz	by bicycle
bizirik	alive
bizkor	energetic
boligrafo	ballpoint pen
bortxagarri	violent
bortxakeria	violence
bortxakeriari buruz	about violence (**bortxakeri** + **ari buruz**)
bostetan	at five o'clock
bota	threw, thrown, to throw
botere	power
boteretsu	powerful
botila	bottle
brasildar	Brazilian

brasildar(ra), brasildar(rak)	(a, the) Brazilian, (the) Brazilians
Brasileko	from Brazil
Britaina Handia	Great Britain
bueltatu (da)	returned, to return
bukatu	finished, to finish
bulego	office
bulegoan	in the office
bulegoko mahaian	on the office desk
buru	head
burugogor	stubborn, hard-headed [lit.: hard head]
burukomin	headache
burusoil	bald (adj.)
da	is (**izan**)
dago	he is, she is, it is (**egon**)
dantzatoki	dance hall
daukala uste dut	I think [that] he/she has
daukat	I have
dauzka	he/she has [more than one thing]
deitu	called, to call
deitzen	call(s)
delako	because he/she is (**da** + **lako**)
delitu	crime
denak	all
denbora	time
denbora-makina	time machine
denda	store, shop
dentista	dentist
desagertu	disappeared, to disappear
desfalku	embezzlement
deskribatu	described, to describe

detektibe	detective
dibortziatu	divorced, to get a divorce, to divorce
dira	(they) are
diru	money
dirua trukatu	to make change, to exchange currency
dirurik	any money, no money
dolar	dollar
donostiar	native of Donosti
edalontzi	drinking glass
edan!	drink!
ederki!	very well (done)! Great! Excellent!
edonon	everywhere, anywhere
Edurne	Snow [a woman's name]
egarri	thirsty [used without a marker, with **zan**]
egi	truth
-egi	too much [added to adjectives or adverbs to express excess]
egin	made, did, done, to make, to do
egongela	living room
Eguberri	Christmas (Day)
eguerdi	noon
egun	day
egunero	everyday
egunkari	newspaper, daily
eguzki	sun
eguzkia hartu	to sunbathe [lit.: to take the sun]
ekain	June
ekainean	in June
ekonomiko	economic
elefante	elephant
eliza	church
elkar	each other

elkarrekin	with each other, together
elkarrizketa	conversation
elur	snow
elurrezko	made of snow
emakume	woman
eman	gave, given, to give
emazte	wife
eme	female
enpresari	businessman
entzun	listen, listened, to listen
Epa!	Hey!
erabili	used, employed, to use, to employ
erantzun	answer
erdi	half (adj.); town center, downtown (n.)
ere	also
ere bai	also, as well
ere ez	either
erizain	nurse
erloju	watch, clock
erosi	buy
eroso	comfortable
erraldoi	giant (n.)
erratz	broom
erraza	easy
errebista	magazine
erregela	ruler [for taking measurements]
erromantiko	romantic
erromantizismo	romanticism
Errusiako	from Russia
errusiar	Russian
errusieraz	Russian [language]
esaldi	phrase
esan	to say

eseri	sat, seated, to sit, to sit down
eserita	seated, sitting
eskailera	staircase
eskola	school
Eskoziako whiski	Scotch whiskey
esku	hand
eskuinaldea	the right side
eskuinetara	to the right
eskumutur	wrist
esnatu!	wake up!
esnatuta	awake
esne	milk
Esne-bide	Milky Way
esnesaltzaile	milkman (or woman), a person who sells milk
Espainia	Spain
Estatu Batuak	United States
eta	and
eta gero	after
etsai	enemy
etxe	house
etxean	in the house, at home
etxekoandre	housewife
etxeko lan	homework; housework
etxera	home, to [my] house
etzanda	lying down
euritako	umbrella
euro	euro (money)
Euskadi	the political entity encompassing Araba, Bizkaia, and Gipuzkoa
euskaldun	Basque person [lit.: possessor of Euskara]
ez	no, not [when negating a verb]
ezabatu	erased, to erase
ez da?	isn't it?

Ez dakit.	I don't know.
ez daukat astirik	I don't have time.
ezer ez, ez . . . ezer	anything, nothing
ez esan	don't say
ezin	cannot
ezin izan	couldn't, to be unable
ez inori	to no one
ezkerralde	the left side
ezkerretara	to the left
ezkonduta	married
ezkutatu	hid, hidden, to hide
ezpain	lip
ezpainetako	for the lips
ezpainetako lapitza	lipstick (pencil for the lips)
fabrika	factory
famatu	famous
familia	family
ferry	ferry [big enough to carry cars]
fidatu	trusted, to trust, to have confidence
film	film, movie
filosofo	philosopher
fin	fine
footing egin (du)	to jog, go jogging
frantsesez	French
Frantzia	France
Frantziako	from France
futbolari	soccer player, football player
gailu	machine
gainera	furthermore, in addition
gaixorik	sick
gaizki	bad, badly (adv.)

gaizto	bad guy
galaxia	galaxy
galdera	question
galdetu	ask, ask away
galdu (du)	lost; to lose
galduta	lost (adv.)
ganibet	razor, clasp knife
gara	we are
garagardo	beer
garbi	clean (adj.)
garbitu (du)	to clean
garesti	expensive
garrantzitsu	important
garratz	bitter
-garren	suffix denoting an ordinal number
gasolina	gasoline
gau	night
gauean	at night
gaueko	P.M. (until midnight)
gauerdi	midnight
gaur	today
gaur goizean	this morning
gaurko	today's, of today
gauza	thing
gauza bera	same thing
gazte	young
gazteleraz	Spanish
gehi	plus (in addition)
gehiago	more
gehiegi	too much, too many
gela	room
gela guztietara	to all the rooms
geltoki	station [trains, buses]

geografia	geography
gerla	war
gero	later
gertatu	happened, to happen
gertatuko	will happen [future aspect of **gertatu**]
gida	guide
gidatu (du)	to drive
giltza	key
gitarra	guitar
gitarra-uhal	guitar strap
gizon	man
goaz	we go, we're going
goazen	let's go
Goazen hemendik!	Let's get out of here!
gogoko	favorite
gogokoen	most favorite
gogor	hard
gogoratzen?	remember?
goiz	early (adv.); morning (n.)
goizean	in the morning
goizeko	A.M., in the morning
goizero	every morning
gorri	red
gosaldu (du)	breakfasted, (had) breakfast, to have breakfast
gosari	breakfast
gose	hungry [used without a marker, with **izan**]
goxo	sweet
Greziako	from Greece
greziar	Greek
gripe	influenza, flu
gris	gray
Gros	a neighborhood in Donosti
Groseko hotelean	in a hotel in Gros (lit.: of Gros)

gu	we
gurasoak	parents
guretzat	for us
gustatu	pleased, to please
gustatzen	pleases, pleasing
gutun	letter, missive
gutunontzi	mailbox
gutxienez	at least
gutxi gorabehera	more or less
gutxitan	seldom
guztiak	all
guztiz	completely
haiek	they, those over there
haien	their (possessive)
haientzat	for them
haietan	in those over there, on those over there
haitzulo	cave (also, **kobazulo**)
haize	breeze, wind
han	there, over there [farther away than **hor**]
handi	big (adj.)
handik	from there
hangoak	the people from there, the ones from there
haran	valley
harrapatu	caught, to catch
harrituta	surprised
hartan	on that (over there), in that (over there)
hartara	to that (over there)
hartatik	from that (over there)
hartu (du)	took, taken, to take
haserre	angry
hasi	began, begun, to begin
hasten	begin(s)

hau	this
hauek	these
hauekin	with these
hauetan	in these, on these
haur	child
hegaz	flying (by wing)
hegaz egin	flew, flown, to fly
hegazkin	plane, airplane
hegazkinez	by plane
hego	wing
heldu	arrived, to arrive
hemen	here [very close to the speaker]
hemendik	from here
hemengoak	people from here, the ones from here
herri	village, town
hezur	bone
hilabete	month
hilabetero	every month
hilik	dead (adv.)
hilkutxa	coffin
hilkutxan	in a coffin
hilkutxara sartu (da)	to get into the coffin
hiltzaile	killer
hiribide	avenue
hitz	word
hitz egin	talked, to talk
hitz egin eta gero	after talking
hitz eta esaldi sorginduak	enchanted words and phrases
hizkuntza	language
hiztegi	dictionary, vocabulary list
hobe	better
hobeki	better

hoberen	best
hobeto	better
honako hau	as follows [lit.: this of this]
hondartza	beach
hondartzari buruz	about the beach
honetan	on this, in this
honetatik	from this
hor	there [away from the speaker]
hori	that
hori	yellow
horiek	those
horietan	in those, on those
horma	wall
hormako apalean	wall shelf
horregatik	for that reason
horrela	in that way, therefore, thus
horrelako	like that
horrelako gauzak	things like that
horretan	on that, in that
horretara	to that
hotel	hotel
hotz	cold
hunkigarri	moving, touching (emotionally)
hura	that over there [farther away than **hori**]
ia	almost
ibai	river
ibai ondoko bidea	the path beside the river
ibaira	to the river
idatzi	wrote, written, to write
idatzita	written
idazpaper	notepaper
ideia	idea

igande	Sunday
igandean	on Sunday
igel	frog
igeri egin	swam, swum, to swim
igogailu	elevator, lift
igon	climbed, went up, to climb, to ascend, to go up
ikasgela	classroom
ikasi	studied, to study
ikasle	student
ikusgura	curious, eager to see
ikusi	saw, seen, looked at, to see, to look at
ilargi	moon
ile	hair
ileapaintzaile	hairdresser
ilegorri	redhead
ilehori	blond, blonde
ilun	dark
ilunalde	sunset, nightfall, dusk
ilunaldean	at sunset
ilun-ilun	very dark
indartsu	strong (adj.)
ingelesez	English
inoiz ez	never
inon ez	nowhere, not anywhere
inor	someone
inorekin ez	with no one, not with anyone
inor ez	no one
inori	to someone
interesgarri	interesting
internet	Internet
ipuin	story
irail	September
irailean	in September

irakasle	teacher
irakurri (du)	read, to read
iratxo	goblin, elf, fairy
ireki	opened, to open
irekita	open
irekita dago	it's open
iritsi (da)	arrived, to arrive
irrati	radio
irribarrez	smiling
irten	left, to leave
irudi	picture, image, painting
isildu	to be quiet, to fall silent
isilik!	be quiet, shut up!
isil-isilik	very quietly
ispilu	mirror
italieraz	Italian
itsaso	sea
itsasontzi	ship
itsusi	ugly (adj.)
Itxaso	Sea [a girl's name]
itxi	close [it]
itxita	closed
itxita dago	it's closed
itxoin	wait, to wait
itzali (du)	to turn off
itzuli	to translate
itzultzaile	translator
izar	star
izeba	aunt
izen	name
izenlagun	adjective
izozgailu	refrigerator, freezer

jaiki	get up
Jainkoa	God
jakingura	curious, eager to know
jan (du)	ate, eaten, to eat
janari	food
jangela	dining room
jangelako mahaia	a dining room table
jantzi (da)	dressed, got dressed, to get dressed
jarraitu	continue; follow
jasotzen	lifting
jatetxe	restaurant
Jaungoikoa	God
je, je	hee-hee
jende	people [always singular in Euskara]
jendez beteta	full of people
jertse	sweater
jirafa	giraffe
joan	went, gone, to go
jolastu	played, to play
Jon	John [the J in Jon is pronounced like a *Y*]
Jose	Jose [Basques often drop the diacritical *é*]
jo ta ke	ardently, fervently, with gusto [lit.: hit and smoke]
kafe	coffee
kafea hartu	to have coffee, to drink coffee
kafesne	café au lait, half coffee, half milk
Kaixo.	Hi, Hello.
kaka zaharra!	crap!
kale	street
kalera	outside, to the street
kalkulu	calculus [math]
kanpo	outside

kanpora	outside, to the outdoors
kartak	playing cards
kasete	cassette tape
kasu	case
katarro	cold [illness]
katilu	cup
katilu bat te	cup of tea
katilu handi	bowl
katu	cat
kazeta	newspaper, daily
kazetari	journalist
ke	smoke
ken	minus [in subtraction]
kendu	took, taken, removed, to take (off, from), to remove
kimika	chemistry
kirol	sport
klarion	chalk
klase	class
klasiko	classic, classical
koaderno	notebook
kobazulo	cave
kobazuloan	in a cave
koilara	spoon
kolore	color
komun	toilet, bathroom
kontakizun	narrative
kontatu	counted, to count
kontuz-kontuz	very carefully
kopa	wine glass
koro	chorus
kotxe	car
kreditu	credit
kredituz	on credit

krisi	crisis
kultur	culture
kultur etxea	the cultural center [lit.: culture house]
kupel	barrel
kutxa	bank
labana	knife
laborategi	laboratory
laburpen	abbreviation
lagun	friend
lan egin (du)	to work
lanpetuta	busy
lar	too, excessively [used in front of adj. or adv.]
laranja	orange
larri	upset
larunbat	Saturday
larunbatetan	on Saturdays
lasai	relaxed, calm
laster	soon
lata	can (of preserved food)
laurak eta laurden dira	it's a quarter past four
laurden	quarter
-la uste dut	I think that [*that* is often omitted in English]
lau t'erdiak dira	it's half past four
legegizon	lawyer
lehendakari	president [of the Basque Country]
lehengusin	cousin (female)
lehengusu	cousin (male)
lehoi	lion
leiho	window
leku	location, place
leku askotara	to a lot of places [indefinite plural]
lepoko	collar (for a dog); necklace

leun	gentle (breeze), soft (clothes), smooth (surface), calm (sea)
liburu	book
liburutegi	library
lirain	graceful
lisatu	ironed, to iron (clothes)
literatura	literature
lodi	thick, fat
logela	bedroom (sleeping room)
logura	sleepy
lohi	mud
lohitsu	muddy
Londres	London
Londreskoa	the person from London
lore	flower
lotan	asleep, sleeping (adv.)
lotsatuta	embarrassed
lozio	lotion
lur; Lur	floor, ground, earth; Earth, when capitalized
lurrean	on the floor
luze	long
magia	magic
magikoa	magical
mahai	table, desk
mahaian	on the desk
maiatze	May
maiatzean	in May
maitagarri	fairy [lit.: lovable one]
maitasun	love
Maite	Darling, a woman's name
makilaje	make-up
makilajea ipini (du)	to put on makeup

makina	machine
makinaz idatzi	typed, to type
maleta	suitcase
mapa	map
margo	crayon, color
margotu (du)	to color
marko	picture frame
marraztu (du)	to draw
marroi	brown
martxo	March
martxoan	in March
matematika	mathematics, math
medikamentu	medication
mediku	doctor
mekanikari	mechanic
mendi	mountain
mendiko	mountain (adj.), of the mountain
merkatu	market
merke	cheap, inexpensive
mesedez	please
mila esker	thanks, a million thanks [lit.: a thousand thanks]
minduta	hurt (feelings)
minutu	minute (unit of time)
more	purple
motxila	backpack, rucksack
mugitu	moved, to move
murmurikatu	murmured, whispered, to murmur, to whisper
murmurikatzen	murmuring, whispering
museo	museum
mutil	boy
nago	I am (**egon**)
nahi	want, wants

nahi izan	wanted, to want
nahiko	rather, quite
nahikoa	enough (**nahiko** as an adj.)
naiz	I am (**izan**)
nazioarteko	international
neba	brother [speaker is a woman; woman's brother]
negarrez	crying, weeping
nekatuta	tired
neska	girl
neuk	I [emphatic form]
ni	I
nire	my
Nire txanda da.	It's my turn.
niretzat	for me
noa	I'm going, I go
nola	how
Non?	Where?
Non bizi dira?	Where do they live?
Nondik?	From where?
Nongoak dira?	Where are they from?
Nongoa zara?	Where are you from?
Nor?	Who?
Nora?	Where? To where?
Norekin?	With whom?
Noren?	Whose?
norena	whose
Norengan?	In whom?
Norengana?	To whom? To whose house?
Norengandik?	From whom?
Norentzat?	For whom?
Nori buruz?	About whom?
normal	normal (adj.)
normalki	normally (adv.)

Nortzuk?	Who? (plural)
noski	of course
odol	blood
odolez beteta	full of blood
odolxurgatzaile	blood sucker
ogi	bread
ohe	bed
ohea egin (du)	made the bed, to make the bed
ohean	in bed, in the bed
oheratu (da)	to go to bed
ohi	usually
ohiz kanpoko	unusually (outside of the usual)
oihan	forest
oihanera	to the forest
oin	foot
oinez	on foot
oker	evil, wrong
okerrago	worse
Olentzero	a Basque folk figure associated with Christmas
on	good
Ondarreta	a neighborhood in Donosti
ondo	well (seen earlier) [use the word your family prefers]
ondoan	next to, beside
ondoen	best
onena	best [use the word your family prefers]
ongi	well
ontsa	well
opari	gift
opor	vacation, holiday
oporretan	on vacation, on holiday
oporretan egon	to be on vacation
orain	now

oraintxe bertan	right now
ordaindu	paid, to pay (for)
ordenadore	computer
ordu	hour, time
orduan	then, at that time
ordu berean	at the same time
ordutegi	schedule
orlegi	green (adj.)
orrazi	comb
orraztu (du)	to comb
orri bat	a sheet of paper
osaba	uncle
oso	very [preceding an adj. or adv.]; complete, whole [following a noun]
oso ondo	very good [lit.: very well]
ospatu	celebrated, to celebrate
ospitale	hospital
ostegun	Thursday
ostiral	Friday
ostiraletan	on Fridays
otsail	February
otsailean	in February
otsogizon	werewolf
pairu	patience
pairugabe	impatient
pairu handiko gizona	a very patient man [lit.: a man of great patience]
panpina	doll
papera	paper
paperontzi	wastepaper basket
pasatu	passed, to pass
pelota	ball

pentsamendu	thought
pentsatu	thought, to think
perretxiko	mushroom
pertsona	person
petrolio	petroleum
pezeta	peseta [a former Spanish currency]
pinguino	penguin
pintatu (du)	to paint
pisu	floor of a building
pixkat	a little bit
piztu (du)	to turn on
planeta	planet
planetan	on the planet
plastiko	plastic
pobre	poor
poliki	slowly
poliki-poliki	very slowly
polit	pretty, handsome (adj.)
politika	politics
poltsa	bag, purse
postari	postman (or woman)
postetxe	post office
pottoka	mountain pony found in the Pyrenees
pottolo	chubby (adj.)
pozik	happy
pozoi	poison
presidente	president
prest	ready
prestatu	fixed, prepared, to fix, to prepare, to make ready
primeran	excellent, great, terrific [exclamation]
problema	problem
produktu	product

profesio	profession
programa	program
-ri buruz	about
sagar	apple
sagardo	hard cider, alcoholic cider
sagu	mouse
saguzahar	bat
saldu	sell
sardeska	fork
sartu (da)	entered, got into, to enter, to get into
sartu (du)	put in, to put in
sendagile	doctor (medical)
sendo	robust (adj.)
senitarte	family
sentibera	sensitive
sentitu	felt, to feel, to be sorry
sentsu	sense
serio	serious
setati	stubborn
setatiago	more stubborn
sinatu	sign [it]
sinesten	believe(s) [present participle from **sinetsi**]
sinetsi	believed, to believe
sobera	too, excessive (used in front of adj. or adv.)
sofa	sofa
sonanbulu	sleepwalker
sorgin	witch
sorgindu	enchanted (by witchcraft)
su	fire
Suedia	Sweden

suediar	Swede, Swedish person
suge	snake
suhiltzaile	fireman
sukalde	kitchen
sumingarri	exasperating, infuriating (adj.)
suomiera	Finnish
supermerkatu	supermarket
sutegi	fireplace
taberna	tavern, bar
taxista	taxi driver
te	tea
telebista	television
telefono gida	phone book
telesaio	television series
t'erdiak	half past (the hour)
toki	place, location
trakets	clumsy, awkward
tren	train
triste	sad
txakur	dog
txanda	turn
txanpon	coin
txar	bad (adj.)
txarrago	worse (adj.)
txarren	worst (adj.)
txartel	card
txarto	bad, badly (adv.) [use the word your family prefers]
txartoago	worse (adv.)
txartoen	worst (adv.)
Txema	short for Jose Mari [a man's name]
txiki	short, small (adj.)

txokolatezko	chocolate, made of chocolate
txoriburu	silly person [lit.: bird head]
txosten	paper [at a conference]
ubel	purple, violet, bruise
udaletxe	town hall
udaletxe aurrean	in front of the town hall
ukitu	touch (it)
ulertezin	incomprehensible
ulertu	understood, to understand
ulertzen?	understand?
unibertsitate	university
urdin	blue
urdin argi	light blue
urdin ilun	dark blue
urduri	worried
urri	October
urrian	in October
urruti	far, distant
urtarril	January
urtarrilean	in January
urte	year
uste	think, believe
uste dut	I think
uztail	July
uztailean	in July
whiski	whiskey
Xurga	Sucky [derived from the verb **xurgatu**, to suck]
Xurga eta biok	Xurga and I [lit.: Xurga and the two of us]
xurgatu	sucked, to suck

zabaldu	to hang out (laundry), to widen, to open (books)
zahar	old
zail	difficult
zaindu	cared for, took care of, to care for, to take care of
zaldi	horse
zapi	scarf
zara	you are, you're (sing.)
zarete	(you) are (pl.)
zati	divided by (division)
zaude	you are
zaunka egin	barked, to bark
zebra	zebra
zein?	which?
Zein koloretakoa da?	What color is it?
Zein margotakoa da?	What color is it?
Zenbat?	How much, how many?
Zer?	What?
zerbait	something
Zergatik?	Why?
zergatik ez	why not
Zer gehiago?	What else?
Zer gertatu da?	What happened?
Zeri buruz?	About what?
zerrenda	list
zeru	sky, heaven
zeruko urdin	sky blue
zigarro	cigarette
zikin	dirty
zintzo	good, faithful, decent, honest, upstanding, sincere
ziur	sure, certain
ziur nago	I'm sure, I'm sure of it
zoaz	are you going, you go, you're going

zoo	zoo
zortzietan	at eight o'clock
zu	you (sing.)
zubi	bridge
zuek	you (pl.)
zuentzat	for you (plural)
zuhaitz	tree
zuretzat	for you
zuri	white
zurito	small glass of beer
zutik	standing up, standing
zuzendari	director

Index

Genitive case
  and adjectives, 227–29
  with common animate nouns, 231–33
  demonstrative forms of, 235
  and **norena?** 227–29
  and proper nouns, 230
Gustatzen
  . . . **zaio?:** responding to, 355–56
  . . . **zaizu?:** responding to, 349–51
  nori gustatzen zaio?: responding to,
    357

Habitual present, 309–12
Hika
  evolution of forms of, 137
  use of, 37

Ibili
  with -**la,** 331–32
Imperative. *See* Commands
Inessive case, 40
  with animate beings, 372–73
  with days of the week, 149
  with demonstratives, 114–16
  drill with, 50–52
  and **egon,** 44
  endings for, 42–43
  with inanimate nouns, 90–91, 94
  and **non?** 42
  plural form of, 92–93, 94
  with years, 267
Instrumental case
  definite form of, 144
  indefinite form of, 143, 144
  and **nola zoaz?** 143–44
Interference, 122
Izan
  drill with plural subjects, 7–9
  drill with present-tense forms, 11–12
  drill with singular subjects, 5–7
  and **egon,** 4
  with -**la,** 330
  with -**lako,** 291
  as nominative-intransitive verb, 4
  present tense, 4–5
  present tense with **nor-nori,** 348–49

Jakin
  conjugation of, 169–72
  expressing "I know how to," 324–25
  present participle, 324
  present tense, 170–71
Joan
  conjugation of, 136–37

-**ko / -eko**
  to create adjectives, 59–61
  as locative, with inanimate object or places,
    58–59
  plural of, 59

-**la**
  use of, 328–30
-**lako**
  and negative response, 294
  use of, 290–92, 293–94
Languages
  Basque names for, 172–73
Local-genitive case. *See* Locative case
Location words
  hemen, hor, and **han** compared, 42
Locative case
  formation of, 58–59
  placement of adjectives with, 75
  use of, 58–61

Markers
  drill for use of, 14–15
  with future tense, 278–81
  placement of, in noun phrases, 74, 75, 76
  singular and plural, 12–14
Modifiers
  singular/plural markers for, 12
Months, 77–78

Nafarroa (Autonomous Community of
    Nafarroa), 58
Nahi
  conjugation of, 251–52
  future tense, 284
  negative forms of, 252
  with noun object, 252–53
  past tense, 258, 261